GRöLS Verlage

„Bücher sind wie Fallschirme. Sie nützen uns nichts, wenn wir sie nicht öffnen."

Gröls Verlag

Redaktionelle Hinweise und Impressum

Das vorliegende Werk wurde zugunsten der Authentizität sehr zurückhaltend bearbeitet. So wurden etwa ursprüngliche Rechtschreibfehler regelmäßig *nicht* behoben, denn kleine Unvollkommenheiten machen das Buch – wie im Übrigen den Menschen – erst authentisch. Mitunter wurden jedoch zum Beispiel Absätze behutsam neu getrennt, um den Lesefluss zu erleichtern.

Um die Texte zu rekonstruieren, werden antiquarische Bücher von Lesegeräten gescannt und dann durch eine Software lesbar gemacht. Der so entstandene Text wird von Menschen gegengelesen und korrigiert – hierbei treten auch Fehler auf. Wenn Sie ebenfalls antiquarische Texte einreichen möchten, finden Sie weitere Informationen auf www.groels.de

Viel Freude bei der Lektüre wünscht Ihnen das Team des Gröls-Verlags.

Adressen

Verleger: Hermann-Josef Gröls,

Im Borngrund 26, 61440 Oberursel

Externer Dienstleister für Distribution & Herstellung:

BoD, In de Tarpen 42, 22848 Norderstedt

Unsere „Edition | Werke der Weltliteratur" hat den Anspruch, eine der größten und vollständigsten Sammlungen klassischer Literatur in deutscher Sprache zu werden. Nach und nach versammeln wir hier nicht nur die „üblichen Verdächtigen" von Goethe bis Schiller, sondern auch Kleinode der vergangenen Jahrhunderte, die – zu Unrecht – drohen, in Vergessenheit zu geraten. Wir kultivieren und kuratieren damit einen der wertvollsten Bereiche der abendländischen Kultur. Kleine Auswahl:

Francis Bacon • Neues Organon • **Balzac** • Glanz und Elend der Kurtisanen • **Joachim H. Campe** • Robinson der Jüngere • **Dante Alighieri** • Die Göttliche Komödie • **Daniel Defoe** • Robinson Crusoe • **Charles Dickens** • Oliver Twist • **Denis Diderot** • Jacques der Fatalist • **Fjodor Dostojewski** • Schuld und Sühne • **Arthur Conan Doyle** • Der Hund von Baskerville • **Marie von Ebner-Eschenbach** • Das Gemeindekind • **Elisabeth von Österreich** • Das Poetische Tagebuch • **Friedrich Engels** • Die Lage der arbeitenden Klasse • **Ludwig Feuerbach** • Das Wesen des Christentums • **Johann G. Fichte** • Reden an die deutsche Nation • **Fitzgerald** • Zärtlich ist die Nacht • **Flaubert** • Madame Bovary • **Gorch Fock** • Seefahrt ist not! • **Theodor Fontane** • Effi Briest • **Robert Musil** • Über die Dummheit • **Edgar Wallace** • Der Frosch mit der Maske • **Jakob Wassermann** • Der Fall Maurizius • **Oscar Wilde** • Das Bildnis des Dorian Grey • **Émile Zola** • Germinal • **Stefan Zweig** • Schachnovelle • **Hugo von Hofmannsthal** • Der Tor und der Tod • **Anton Tschechow** • Ein Heiratsantrag • **Arthur Schnitzler** • Reigen • **Friedrich Schiller** • Kabale und Liebe • **Nicolo Machiavelli** • Der Fürst • **Gotthold E. Lessing** • Nathan der Weise • **Augustinus** • Die Bekenntnisse des heiligen Augustinus • **Marcus Aurelius** • Selbstbetrachtungen • **Charles Baudelaire** • Die Blumen des Bösen • **Harriett Stowe** • Onkel Toms Hütte • **Walter Benjamin** • Deutsche Menschen • **Hugo Bettauer** • Die Stadt ohne Juden • **Lewis Caroll** • *und viele mehr….*

Inhalt

Andersens Märchen

- Eine Auswahl der schönsten Märchen -

Des Kaisers neue Kleider

Vor vielen Jahren lebte einmal ein Kaiser, der so viel auf schöne neue Kleider hielt, daß er all sein Geld ausgab, um immer recht geputzt einherzugehen. Er kümmerte sich nicht um seine Soldaten und kümmerte sich auch nicht um das Theater oder Waldpartien, außer wenn er seine neuen Kleider dabei zeigen konnte. Für jede Tageszeit hatte er einen besonderen Rock, und wie man sonst von den Königen sagt: Seine Majestät befindet sich im Staatsrat, so sagte man hier: der Kaiser ist im Ankleidezimmer. In der Hauptstadt des Landes, wo er wohnte, ging es sehr lebhaft zu, und jeden Tag kamen dort viele Fremde an. So erschienen eines Tages auch zwei Betrüger, die sich für Weber ausgaben und behaupteten, sie seien imstande, den allerschönsten Stoff, den man sich nur denken könne, zu weben. Nicht allein seien schon die Farben und das Muster außergewöhnlich schön, sondern es hätten auch die Kleider, die man aus diesem Stoff verfertigte, die wunderbare Eigenschaft, daß sie für solche Menschen, die für ihren Beruf nicht taugten oder unerlaubt dumm seien, unsichtbar blieben.

"Das wären ja ausgezeichnete Kleider!" dachte der Kaiser. "Wenn ich solche Anzüge hätte, könnte ich leicht dahinter kommen, welche Männer in meinem Reiche für das Amt, das sie bekleiden, tauglich sind oder nicht, und ich könnte dann die Dummen aus den Klugen ausscheiden. "Ja, solch ein Stoff muß gleich für mich gewebt werden!" Und er gab den beiden Betrügern ein reiches Handgeld, damit sie sofort mit ihrer Arbeit begännen.

Sie stellten auch richtig zwei Webstühle auf und taten, als ob sie daran arbeiteten, hatten aber nicht das geringste auf dem Stuhle.

Trotzdem begehrten sie mit frecher Stirne die feinste Seide und das prächtigste Gold. Das steckten sie dann in ihre eigenen Taschen und arbeiteten an den leeren Webstühlen immer bis tief in die Nacht hinein.

"Nun möchte ich doch wissen, wie weit sie mit dem Stoffe sind!" dachte der Kaiser, aber es war ihm doch ein wenig sonderbar zu Mut, wenn er daran dachte, daß derjenige, welcher dumm oder für sein Amt untauglich war, die Weberei nicht zu sehen vermochte. Er glaubte zwar wohl, er brauche seinetwegen nicht ängstlich zu sein, zog es aber doch vor, erst einen anderen zu senden, um nachzusehen, wie die Sache sich verhielt. Jedermann in der ganzen Stadt wußte, welch eine wunderbare Kraft der Stoff haben sollte, und war daher sehr gespannt zu sehen, wie untauglich und dumm sein Nachbar sei.
"Ich will meinen guten, alten Minister zu den Webern schicken", dachte der Kaiser, "er kann am besten beurteilen, wie der Stoff sich ausnimmt, denn er ist sehr klug, und niemand ist besser für sein Amt geeignet als er."

Nun ging der alte, gutmütige Minister in den Saal, wo die beiden Betrüger an den leeren Stühlen saßen und arbeiteten. "Lieber Gott!" dachte der alte Minister und riß die Augen auf, "ich sehe ja gar nichts!", aber er sagte es nicht laut.

Die beiden Betrüger ersuchten ihn, näher zu treten, und fragten, ob das nicht ein sehr schönes Muster und prächtige Farben seien. Dabei deuteten sie auf den leeren Webstuhl, aber obgleich sich der arme Minister die größte Mühe gab, konnte er doch nichts wahrnehmen, denn es war nichts da. "Mein Gott!" dachte er, "sollte ich am Ende dumm sein? Das hätte ich doch nicht gedacht, und das darf kein Mensch erfahren. Sollte ich für mein Amt nicht taugen? Nein, nein! ich darf nicht erzählen, daß ich den Stoff auf dem Webstuhl nicht gesehen habe."

"Nun, Sie sagen ja gar nichts!" bemerkte der eine der Weber.

"O, es ist prachtvoll! Ganz wunderschön!" antwortete der alte Minister und schaute durch seine Brille. "Dieses Muster und diese Farben! Ja, ich werde dem Kaiser berichten, daß es mir außerordentlich gut gefällt."

"Nun, das freut uns!" sagten die Weber, und darauf nannten sie die Farben mit Namen und erklärten ihm das eigentümliche Muster. Der alte Minister hörte aufmerksam zu, damit er dem Kaiser nachher genauen Bericht darüber erstatten könne. Aber nun verlangten die Betrüger noch mehr Geld, Seide und Gold, indem sie vorgaben, sie brauchten es noch zu dem Gewebe. Sie steckten alles in ihre eigenen Taschen, auf den Webstuhl kam nicht ein einziger Faden, und sie arbeiteten nach wie vor an den leeren Stühlen weiter.

Nach kurzer Zeit sandte der Kaiser einen andern gutmütigen Beamten hin, um nachzusehen, wie es mit dem Stoff gehe und ob er bald fertig sei. Diesem Herrn ging es genau wie dem Minister; er sah sich fast die Augen aus; da aber außer dem leeren Webstuhle nichts da war, konnte er natürlich auch nichts sehen.

"Ist das nicht ein schöner Stoff?" fragten die beiden Betrüger und erklärten auch ihm das schöne Muster, das gar nicht da war. "Dumm bin ich doch eigentlich nicht", dachte der Mann, "demnach tauge ich, wie es scheint, nicht zu meinem Amt. Das ist doch sonderbar, und ich darf es natürlich niemand merken lassen." Er rühmte also den Stoff, den er nicht sah, und sprach den Webern seine Freude über die schönen Farben und das herrliche Muster aus. "Es ist wirklich wunderschön!" sagte er zum Kaiser.

In der ganzen Stadt sprach man von dem prächtigen Stoffe. Endlich wollte ihn der Kaiser selbst auch sehen, so lange er noch auf dem Webstuhle sei. Er begab sich also mit einer Schar auserwählter Männer, unter denen sich auch die beiden alten, treuen Beamten befanden, die vorher schon dort gewesen waren, zu den beiden listigen Betrügern, die nun aus Leibeskräften webten, aber ohne Zettel und Einschuß.

"Ist es nicht prachtvoll?" sagten die beiden treuen Beamten. "Geruhen Eure Majestät zu bewundern. Welch ein schönes Muster! Welch feurige Farben!" Dabei deuteten sie auf den leeren Webstuhl, denn sie dachten, die andern könnten den Stoff gewiß sehen.

"Was ist das?" dachte der Kaiser, "ich sehe ja gar nichts! Wie entsetzlich! Bin denn ich dumm? Tauge ich am Ende nicht zum Kaiser? Das wäre das

Schrecklichste, was mir passieren könnte." – "Es ist recht hübsch!" sagte er darauf, "es hat meinen allerhöchsten Beifall!" Und er nickte zufrieden, indem er immerfort den leeren Webstuhl betrachtete; denn er wollte nicht gestehen, daß er nichts sehen konnte.

Das ganze Gefolge gab sich die größte Mühe, guckte und guckte, konnte aber natürlich auch nicht mehr entdecken als die Ersten. Gleichwohl sprachen sie alle dem Kaiser nach: "Ja, es ist recht hübsch!" Sie rieten ihm, die aus diesem herrlichen Stoffe verfertigten Kleider bei einem feierlichen Umzuge, der nahe bevorstand, zum ersten Mal zu tragen. "Reizend! entzückend! wundervoll!" ging es von Mund zu Mund, und alle waren sehr erfreut darüber. Der Kaiser verlieh den beiden Betrügern einen Orden und gab ihnen den Titel "Hofweber".

Die ganze Nacht vor dem Umzuge verbrachten die beiden Betrüger beim Scheine von mehr als sechzehn Kerzen an ihren Webstühlen, damit die Leute meinen sollten, sie arbeiteten so fleißig an den neuen Kleidern des Kaisers. Sie taten, als ob sie den Stoff von den Stühlen abnähmen, schnitten mit großen Scheren in der Luft herum, nähten mit Nähnadeln ohne Faden und sagten schließlich: "So, nun sind die Kleider fertig!"

Der Kaiser kam mit seinen vornehmsten Hofleuten selbst herbei, und die Betrüger erhoben den Arm, als ob sie etwas vorzeigten und sagten: "Seht, hier sind die Beinkleider! hier ist der Rock! hier ist der Mantel und so weiter. Leicht wie Spinnengewebe sind sie! Man könnte meinen, man hätte gar nichts auf dem Leibe; aber das ist gerade der Vorzug dabei."

"Ja", sagten alle Hofleute, sahen aber nichts; denn es war ja gar nichts da. "Geruhen Eure Majestät nun allergnädigst Dero Kleider abzulegen!" sagten die Betrüger, "dann werden wir Eurer Majestät hier vor dem großen Spiegel die neuen anlegen."

Der Kaiser entkleidete sich, und die Betrüger taten nun, als ob sie ihm jedes Stück der neuen Kleidung, eins ums andere, anzögen; dann faßten sie ihn um die Hüften, nestelten an ihm herum, als ob sie etwas festbänden, was die Schleppe vorstellen sollte, und der Kaiser wandte und drehte sich vor dem Spiegel. "Wunderschön! Sie sitzen ausgezeichnet und kleiden Eure

Majestät herrlich!" riefen alle Anwesenden. "Welches Muster! welche Farben! es ist ein unvergleichlicher Anzug!"

"Draußen steht schon der Thronhimmel bereit, der bei dem feierlichen Umzug über Eurer Majestät getragen werden soll!" meldete der Ober-Zeremonienmeister.

"Nun, ich bin ja fertig!" sagte der Kaiser, "nicht wahr, es ist alles in Ordnung?" Dann wandte er sich noch einmal gegen den Spiegel, denn er wollte sich den Anschein geben, als ob er seinen Anzug genau betrachtete.

Die Kammerherren, die die Schleppe zu tragen hatten, langten nun mit den Händen auf den Fußboden, als ob sie die Schleppe aufhöben, und hielten dann die Hände steif vor sich in der Luft, denn sie wollten und durften es sich nicht anmerken lassen, daß auch sie nichts sahen.

So ging nun der Kaiser bei dem feierlichen Umzug unter dem Thronhimmel, und alle Leute auf den Straßen und in den Fenstern riefen: "Des Kaisers neue Kleider sind unvergleichlich! Welch eine herrliche Schleppe! Es sitzt alles wie angegossen!" Niemand wollte sich merken lassen, daß er nichts sah; denn das wäre ja ein Zeugnis gewesen, daß er zu seinem Amte untauglich oder schrecklich dumm sei. Noch niemals hatten die Kleider des Kaisers solchen Jubel hervorgerufen.

"Aber er hat ja gar nichts an!" rief plötzlich ein kleines Kind. "Lieber Gott! hört ihr die Stimme der Unschuld!" sagte der Vater. Und einer flüsterte dem andern zu, was das Kind gesagt hatte. "Er hat gar nichts an; das kleine Kind dort hat behauptet, er habe gar nichts an!" erklang es.

"Er hat ja gar nichts an!" rief endlich das ganze Volk. Da erschrak der Kaiser, denn es kam ihm selbst so vor, als ob das Volk recht habe, allein er dachte: "Nun hilft alles nichts; ich muß es eben aushalten!" So nahm er eine noch stolzere Haltung an, und die Kammerherren trugen die Schleppe, die gar nicht da war, noch stolzer hinter ihm her.

Das Feuerzeug

Ein Soldat kam auf der Landstraße dahermarschiert: "Eins, zwei! Eins, zwei!" Er hatte seinen Tornister auf dem Rücken und seinen Säbel an der Seite, denn er war im Kriege gewesen und kehrte nun heim. Da begegnete er auf der Landstraße einer garstigen alten Hexe, der die Unterlippe bis auf die Brust herabhing. Sie sagte: "Guten Abend, Soldat! Welch einen schönen Säbel und großen Tornister du hast! Du bist ein echter Soldat! Du sollst nun so viel Geld bekommen, als du nur willst."

"Schönen Dank, alte Hexe!" sagte der Soldat.

"Siehst du hier den großen Baum?" fragte die Hexe und deutete auf einen neben ihnen stehenden Baum. "Der ist innen ganz hohl. Wenn du nun auf seinen Gipfel kletterst, siehst du ein Loch, durch das du hinuntergleiten und bis tief in den Baum hinunterkommen kannst. Ich werde dir einen Strick um den Leib binden und dich wieder daran heraufziehen, sobald du mich rufst."

"Aber was soll ich denn da unten in dem Baum?" fragte der Soldat.

"Geld holen", sagte die Hexe. "Sobald du nämlich auf dem Boden des Baumes angekommen bist, befindest du dich in einer großen, von über hundert Lampen erhellten Halle. Dann gewahrst du drei Türen, die du öffnen kannst; denn die Schlüssel stecken in den Schlössern. Gehst du in die erste Kammer hinein, so erblickst du mitten auf dem Fußboden eine große Kiste, auf der ein Hund sitzt. Er hat so große Augen wie Tassen; aber das darf dich nicht beunruhigen. Ich gebe dir meine blaugewürfelte Schürze mit, die mußt du auf dem Fußboden ausbreiten, und dann geh nur rasch hin, ergreife den Hund, setze ihn auf meine Schürze, öffne dann die Kiste und nimm dir so viel Geld, als du willst. In der Kiste sind lauter Kupfermünzen. Wenn du jedoch lieber Silber haben möchtest, mußt du in das nächste Zimmer gehen; dort sitzt ein Hund, der hat Augen so groß wie Mühlräder; aber das darf dich nicht beunruhigen.

Setze ihn nur auf meine Schürze und nimm dir von dem Gelde. Willst du aber Gold haben, so kannst du das auch bekommen, und zwar so viel, als du tragen kannst, wenn du in die dritte Kammer hineingehst. Allein der Hund, der hier auf der Geldkiste sitzt, hat Augen, von denen jedes so groß wie der Runde Turm in Kopenhagen ist.

Das ist ein böser Hund, das sage ich dir. Aber du brauchst keine Angst zu haben; setze ihn nur auf meine Schürze, so tut er dir nichts, und dann nimm dir aus der Kiste so viel Gold, als du Lust hast."

"Das gefällt mir nicht schlecht", sagte der Soldat; "aber was soll ich denn dir geben, du alte Hexe? Denn daß du auch etwas haben willst, das kann ich mir schon denken."

"Nein", sagte die Hexe, "ich will keinen Pfennig davon haben. Mir sollst du nur ein altes Feuerzeug bringen, das meine Großmutter vergaß, als sie zum letzten Mal dort unten war."

"Nun, dann binde mir eben den Strick um den Leib", sagte der Soldat.

"Hier ist er", sagte die Hexe, "und hier ist auch meine blaugewürfelte Schürze."

Der Soldat kletterte also auf den Baum, ließ sich durch das Loch hinunter und stand nun, wie ihm die Hexe gesagt hatte, in einer großen Halle, wo viele hundert Lampen brannten.

Er öffnete die erste Tür. Huh! da saß der Hund mit Augen so groß wie Tassen und glotzte ihn an.

"Du bist ein netter Kerl!" sagte der Soldat, setzte ihn rasch auf die Schürze der Hexe und nahm aus der Kiste so viel Kupfergeld, als in seine Tasche hineinging. Dann machte er die Kiste wieder zu, setzte den Hund wieder darauf und ging in das nächste Zimmer. Richtig! da saß der Hund mit Augen so groß wie Mühlräder.

"Du solltest mich lieber nicht so starr ansehen", sagte der Soldat, "die Augen könnten dir sonst weh tun." Damit setzte er den Hund auf die Schürze der Hexe, als er aber das viele Silbergeld in der Kiste gewahrte, warf er alles Kupfergeld fort und füllte sich die Taschen und seinen Tornister mit lauter Silber.

Dann ging er in die dritte Kammer hinein. O wie schrecklich! der Hund darin hatte wirklich zwei Augen so groß wie der Runde Turm in Kopenhagen, die drehten sich immerfort wie Räder in seinem Kopfe.

"Guten Abend", sagte der Soldat und griff an seine Mütze; denn einen solchen Hund hatte er noch nie gesehen. Nachdem er ihn aber eine Weile betrachtet hatte, dachte er: "Nun ist's genug!" setzte ihn auf den Boden und öffnete die Kiste. Himmel! Welch eine Menge Gold! Dafür konnte er ganz Kopenhagen und alle Zuckerschweinchen der Kuchenweiber, alle Zinnsoldaten, Peitschen und Schaukelpferde der ganzen Welt kaufen. War das einmal viel Gold! Rasch warf der Soldat all das Silbergeld, womit er seine Taschen und seinen Tornister angefüllt hatte, fort und nahm statt dessen Gold: alle Taschen, der Tornister, die Mütze und die Stiefel wurden damit angefüllt, so daß er kaum noch gehen konnte. Nun hatte er Geld die schwere Menge! Den Hund setzte er wieder auf die Kiste, schlug die Türe hinter sich zu und rief dann durch den Baum hinauf:

"Zieh mich hinauf, alte Hexe!"

"Hast du auch das Feuerzeug?" fragte die Hexe.

"Alle Wetter!" sagte der Soldat, "das habe ich ganz und gar vergessen!"

Darauf wandte er wieder um und holte das Feuerzeug. Nun zog ihn die Hexe empor, und da stand er wieder auf der Landstraße, aber Taschen, Stiefel, Tornister und Mütze ganz voll mit Gold.

"Was willst du denn eigentlich mit dem Feuerzeug?" fragte der Soldat. "Das geht dich nichts an", sagte die Hexe. "Du hast ja Geld bekommen, gib mir also das Feuerzeug!"

"Nichts da!" sagte der Soldat, "entweder sagst du mir auf der Stelle, was du damit willst, oder ich ziehe meinen Säbel und schlage dir den Kopf ab!"

"Nein", sagte die Hexe.

Da schlug ihr der Soldat den Kopf ab. Nun lag sie tot da! Er aber band sein Geld in ihre Schürze, nahm das Bündel auf den Rücken, steckte das Feuerzeug in die Tasche und ging geradewegs in die Stadt.

Es war eine schöne, große Stadt, und in dem schönsten Wirtshause kehrte er ein, verlangte die allerbesten Zimmer und bestellte seine Lieblingsspeisen; denn nun war er ja reich, da er so viel Gold hatte.

Dem Hausknecht, der ihm die Stiefel putzte, kam es freilich vor, als seien es merkwürdig schlechte Stiefel für einen so reichen Herrn; denn der Soldat hatte sich noch keine neuen gekauft. Am nächsten Tag jedoch kaufte er sich Stiefel, die sich sehen lassen konnten, und auch feine, elegante Kleider. Nun war aus dem Soldaten ein vornehmer Herr geworden, und die Leute erzählten ihm von all den Herrlichkeiten der Stadt und auch, daß der König eine reizende Tochter habe.

"Wo kann man denn die Prinzessin zu sehen bekommen?" fragte der Soldat.

"Man kann sie gar nicht zu sehen bekommen!" lautete die Antwort. "Sie wohnt in einem großen kupfernen Schlosse, das ringsum von vielen Mauern und Türmen umgeben und beschützt ist. Außer dem König und der Königin darf niemand bei ihr aus- und eingehen; denn es ist prophezeit worden, die Prinzessin werde sich mit einem ganz gewöhnlichen Soldaten verheiraten, und das ist dem König ein schrecklicher Gedanke."

"Ich möchte sie wohl einmal sehen", dachte der Soldat, aber dazu konnte er ja, wie schon gesagt, keine Erlaubnis bekommen.

Nun lebte er alle Tage herrlich und in Freuden, ging fleißig ins Theater, fuhr in den königlichen Gärten spazieren und gab den Armen viel Geld. Das war recht gut von ihm, ja, er wußte eben von früher her, wie schwer es ist, wenn man nicht einen roten Heller in der Tasche hat. Er war jetzt reich, hatte seine Kleider und bekam sehr viele Freunde, die ihm alle sagten, er sei ein guter Mensch und ein echter Kavalier. Das behagte dem Soldaten natürlich außerordentlich. Da er aber jeden Tag Geld ausgab und nie etwas einnahm, so hatte er zuletzt nur noch zwei Pfennige übrig und mußte aus den prächtigen Zimmern, die er bisher bewohnt hatte, in ein ganz kleines Dachstübchen ziehen, mußte sich seine Stiefel selbst putzen und sie mit einer Stopfnadel flicken. Aber keiner seiner vielen Freunde besuchte ihn hier, weil man so viele Treppen hinaufsteigen mußte.

Es war ein ganz dunkler Abend, und der Soldat konnte sich nicht einmal ein Licht kaufen. Da erinnerte er sich plötzlich, daß in dem Feuerzeug, das er aus dem hohlen Baume mitgebracht, in den ihm die Hexe hinuntergeholfen hatte, noch ein kleines Lichtstümpchen war. Er holte das Feuerzeug herbei und begann Feuer zu schlagen. Als nun die Funken aus dem Feuerstein flogen, sprang die Türe auf, und der Hund mit Augen so groß wie Tassen, den er dort unten unter dem Baume gesehen hatte, stand vor ihm und sagte: "Was befiehlt mein Herr?"

"Was ist denn das?" sagte der Soldat. "Ei, das ist ja ein famoses Feuerzeug, wenn ich dadurch erlangen kann, was ich will." – "Verschaffe mir sofort etwas Geld!" befahl er dem Hunde. Schwipp! war der Hund fort, und schwapp! war er wieder da und hielt einen großen Beutel voll Kupfermünzen in seinem Maule.

Nun wußte der Soldat, was das für ein prächtiges Feuerzeug war. Schlug er einmal Feuer, so kam der Hund, der auf der Kiste mit Kupfergeld saß; schlug er zweimal, so kam der, der das Silbergeld hatte; schlug er aber dreimal, so erschien der, der das Gold bewachte. Jetzt zog der Soldat wieder in die schönen Zimmer hinunter, zeigte sich wieder in feinen Kleidern, und da erkannten ihn auch alle seine guten Freunde gleich wieder und hielten aufs neue große Stücke auf ihn.

Da dachte er einmal: "Es ist doch sonderbar, daß man die Prinzessin gar nicht sehen darf. Jedermann behauptet, sie sei wunderschön. Aber was nützt denn das, wenn sie immer in dem großen kupfernen Schlosse mit den vielen Türmen sitzen muß? Wäre es denn gar nicht möglich, daß ich sie sehen könnte? Wo ist nur mein Feuerzeug?" Nun schlug er Feuer, und flugs erschien der Hund mit den Augen so groß wie Tassen.

"Es ist zwar mitten in der Nacht", sagte der Soldat, "aber ich möchte eben so schrecklich gerne die Prinzessin, wenn auch nur für einen Augenblick, sehen."

Der Hund war gleich aus der Türe, und ehe der Soldat sich's versah, kehrte er schon mit der Prinzessin zurück. Schlafend saß sie auf dem Rücken des Hundes und war so schön, daß jedermann gleich sehen konnte, daß es eine wirkliche Prinzessin sei, und der Soldat konnte sich nicht enthalten, sie zu küssen; denn er war eben ein echter Soldat.

Darauf lief der Hund mit der Prinzessin wieder zurück. Als nun am nächsten Morgen der König und die Königin beim Frühstück saßen, sagte die Prinzessin, sie habe in der Nacht einen höchst sonderbaren Traum von einem Hunde und einem Soldaten gehabt; sie sei auf dem Hunde geritten, und der Soldat habe sie geküßt.

"Das wäre ja eine nette Geschichte!" sagte die Königin.

In der nächsten Nacht mußte eine der alten Hofdamen an dem Bette der Prinzessin wachen, um zu sehen, ob es ein wirklicher Traum gewesen sei, oder was es sonst gewesen sein könnte.

Der Soldat aber fühlte eine unwiderstehliche Sehnsucht, die schöne Prinzessin wiederzusehen, und so kam der Hund auch in dieser Nacht, nahm sie und lief so schnell als möglich mit ihr davon. Allein die alte Hofdame zog Wasserstiefel an und lief ebenso schnell hinterher. Als sie nun sah, daß sie in einem großen Hause verschwanden, dachte sie: "Nun weiß ich, wo es ist!" und zeichnete mit einem Stück Kreide ein großes Kreuz an die Tür. Darauf ging sie wieder ins Schloß, legte sich nieder, und nach kurzer Zeit kam auch der Hund mit der Prinzessin wieder. Als er aber sah, daß auf der Türe, wo der Soldat wohnte, ein Kreuz stand, nahm er auch ein Stück Kreide und malte auf alle Haustüren der Stadt Kreuze.

Früh morgens kamen der König und die Königin, die alte Hofdame und alle Offiziere, um zu sehen, wo die Prinzessin gewesen war.

"Da ist es!" sagte der König, als er die erste mit einem Kreuze bezeichnete Türe erblickte.

"Nein, hier ist es, lieber Mann!" sagte die Königin, als sie eine zweite Türe mit einem Kreuze gewahrte.

"Aber da ist noch eins, und noch eins!" riefen alle zusammen; wohin sie blickten, waren Kreuze an den Türen. Da sahen sie wohl ein, daß alles Suchen vergeblich sein würde.

Nun, die Königin war eine äußerst kluge Frau, die mehr verstand, als nur in der Kutsche zu fahren. Sie nahm ihre große goldene Schere, zerschnitt ein Stück Seidenzeug und nähte einen niedlichen, kleinen Beutel, den sie mit feiner Buchweizengrütze füllte und der Prinzessin auf den Rücken band; dann schnitt sie ein kleines Loch in den Beutel, so daß die Grütze den ganzen Weg, durch den die Prinzessin kam, bestreuen mußte.

Nachts kam der Hund abermals, nahm die Prinzessin auf seinen Rücken und lief mit ihr zu dem Soldaten, der sie herzlich lieb gewonnen hatte und für sein Leben gern ein Prinz gewesen wäre, um sie heimführen zu können.

Der Hund merkte nicht, wie die Grütze über den ganzen Weg vom Schlosse bis zu dem Fenster, durch das er mit der Prinzessin zu dem Soldaten hineinstieg, verstreut wurde. Aber der König und die Königin sahen am nächsten Morgen deutlich, wo die Prinzessin gewesen war. Da ergriff man den Soldaten und warf ihn ins Gefängnis.

Da saß er nun. Ach, wie finster und langweilig war es da drin! Überdies sagte man ihm, daß er am nächsten Tage gehenkt werde. Das war keine angenehme Nachricht, und sein Feuerzeug hatte er obendrein daheim im Wirtshause gelassen.

Am nächsten Morgen sah er von seinem kleinen Gitterfenster aus, wie das Volk aus der Stadt strömte, um ihn hängen zu sehen. Er hörte die Trommeln wirbeln und sah die Soldaten vorbeimarschieren. Alles lief nach dem Richtplatze hinaus. Darunter war auch ein Schusterjunge mit Schurzfell und Pantoffeln; er galoppierte so eilig dahin, daß ihm ein Pantoffel abflog und gerade vor der Mauer, wo der Soldat dahintersaß und durch das Gitter hinausschaute, zu Boden fiel.

"Hör' einmal, Schusterjunge!" sagte der Soldat zu ihm, "du brauchst dich nicht so sehr zu beeilen; die Sache geht doch nicht vor sich, ehe ich da bin. Wenn du aber in meine frühere Wohnung laufen und mir mein Feuerzeug holen willst, dann schenke ich dir vier Groschen. Aber du mußt die Beine ordentlich rühren!" Der Schusterjunge wollte natürlich gern die vier Groschen haben, lief pfeilgeschwind in die Wohnung des Soldaten, holte das Feuerzeug, brachte es dem Soldaten und – ja, das werden wir gleich hören.

Außerhalb der Stadt war ein großer Galgen errichtet worden; ringsum standen die Soldaten und viele hunderttausend Menschen. Der König und die Königin saßen auf einem prächtigen Thron, den Richtern und dem ganzen Rate gerade gegenüber.

Schon stand der Soldat oben auf der Leiter. Als ihm aber der Henker den Strick um den Hals legen wollte, sagte er, man erfülle doch einem armen Sünder, der hingerichtet werde, stets noch eine letzte, unschuldige Bitte; er möchte nun gar zu gern noch eine Pfeife Tabak rauchen, denn das sei ja die letzte Pfeife, die er auf dieser Welt bekäme.

Diese Bitte wollte ihm der König nicht abschlagen, und so nahm der Soldat sein Feuerzeug und schlug Feuer: Einmal – zweimal – dreimal! Und siehe! da standen plötzlich alle drei Hunde da: der mit den Augen so groß wie Tassen, der mit den Augen wie Mühlräder und der, dessen Augen so groß waren wie der Runde Turm in Kopenhagen.

"Helft mir, daß ich nicht gehenkt werde!" sagte der Soldat. Da fuhren die Hunde auf die Richter und den ganzen Hof los, ergriffen den einen bei den Beinen, den andern bei der Nase, und warfen sie viele Meter hoch in die Luft, so daß sie beim Niederfallen ganz zerschmettert wurden.

"Ich will nicht!" sagte der König. Aber der größte der Hunde ergriff ihn und auch die Königin und warf sie den andern allen nach. Da erschraken die Soldaten, und alles Volk schrie: "Lieber Soldat, du sollst unser König sein und die schöne Prinzessin zur Frau bekommen!"

Darauf setzte man den Soldaten in des Königs Kutsche, und die drei Hunde tanzten voran und schrien: "Hurra!" Die Knaben pfiffen auf den Fingern, und die Soldaten präsentierten das Gewehr. Die Prinzessin wurde aus dem kupfernen Schlosse geholt und zur Königin erklärt, und das gefiel ihr recht wohl. Die Hochzeit dauerte acht Tage, und die Hunde saßen mit an der Tafel und machten große Augen.

Der standhafte Zinnsoldat

Es waren einmal fünfundzwanzig Zinnsoldaten, und zwar waren es lauter Brüder; denn sie waren alle miteinander aus demselben alten zinnernen Löffel gegossen worden. Sie schulterten das Gewehr, wandten das Gesicht geradeaus dem Feinde entgegen, und ihre Uniformen waren wunderschön rot und blau. Das allererste, was sie auf dieser Welt vernahmen, als der Deckel von der Schachtel, in der sie lagen, abgenommen wurde, war das Wort: "Zinnsoldaten!" Das rief ein kleiner Knabe und klatschte dabei vor Wonne in die Hände. Er hatte sie zu seinem Geburtstage bekommen und stellte sie nun in Reih und Glied auf dem Tische auf. Der eine Soldat glich dem andern aufs Haar. Nur ein einziger war etwas verschieden, er hatte nämlich nur ein Bein; denn er war zuletzt gegossen worden, und da hatte das Zinn nicht mehr ausgereicht. Doch stand er auf seinem einen Beine ebenso fest als die andern auf ihren beiden, und gerade ihm ward ein höchst merkwürdiges Schicksal zuteil.

Auf dem Tische, wo sie aufgestellt waren, stand noch viel anderes Spielzeug, aber das schönste davon war doch ein prächtiges Schloß aus Papier. Durch die kleinen Fenster konnte man innen in die Säle hineinschauen, und vor dem Schloß standen rings um ein Stück Spiegelglas, das einen Teich vorstellen sollte, kleine Bäume. Schwäne von Wachs schwammen auf dem Teiche und spiegelten sich darin. Das war alles sehr niedlich, aber das niedlichste war doch ein kleines Mädchen, das mitten in dem offenen Portale stand. Es war ebenfalls aus Papier ausgeschnitten, hatte aber ein Röckchen aus feinstem Batist und ein kleines, schmales blaues Band als Schärpe über den Schultern, mitten auf dieser saß ein funkelnder Flitterstern so groß wie ihr ganzes Gesicht. Das kleine Mädchen hob anmutig die beiden Arme in die Höhe, denn sie war eine Tänzerin, und hielt das eine Bein so hoch empor, daß der Zinnsoldat es gar nicht entdecken konnte und dachte, daß sie, wie er auch, nur *ein* Bein habe.

"Das wäre gerade eine Frau für mich", dachte er, "aber sie ist gewiß zu vornehm für mich; denn sie wohnt in einem Schlosse und ich nur in einer Holzschachtel, die ich überdies noch mit vierundzwanzig andern teilen muß. Nein, das ist keine Wohnung für sie. Ich will aber dennoch sehen, ob ich nicht ihre Bekanntschaft machen kann. Darauflegte er sich der Länge nach hinter eine Schnupftabaksdose, die auf dem Tische stand. Von hier aus konnte er die kleine, feine Dame, die immerfort auf einem Beine stand, ohne das Gleichgewicht zu verlieren, nach Herzenslust betrachten.

Als es Abend wurde, legte man die andern Zinnsoldaten in ihre Schachtel, und die Leute im Hause gingen zu Bette. Nun begannen die Spielsachen zu spielen; bald "Besuch", bald "Räuber", bald "Tanzvergnügen". Die Zinnsoldaten rasselten in ihrer Schachtel, weil sie auch gerne dabei gewesen wären, sie konnten aber leider den Deckel nicht abnehmen. Der Nußknacker schlug Purzelbäume, und der Griffel fuhr ausgelassen über die Tafel hin. Es entstand ein solcher Lärm, daß der Kanarienvogel erwachte und nun auch dareinredete, und zwar in lauter Versen. Die beiden einzigen, die sich nicht von der Stelle bewegten, waren der Zinnsoldat und die kleine Tänzerin. Sie stand kerzengerade auf der Zehenspitze und hatte beide Arme erhoben; er aber war auf seinem einen Bein ebenso standhaft und wandte kein Auge von ihr.

Jetzt schlug es Mitternacht, und klatsch! sprang die Schnupftabaksdose auf, aber es war kein Schnupftabak darin, sondern ein kleiner schwarzer Kobold; es war ein Kunstwerk, eine sogenannte Attrappe.

"Zinnsoldat!" sagte der Kobold, "sieh doch nicht immer nach dem, was dich nichts angeht!"

Aber der Zinnsoldat tat, als ob er es gar nicht gehört hätte.

"Ja, warte nur bis morgen!" sagte der Kobold.

Als es nun Morgen ward und die Kinder aufstanden, wurde der Zinnsoldat ans Fenster gestellt, und, war es nun der Kobold oder der Zugwind, plötzlich flog das Fenster, das sich nach außen öffnete, auf, und der Zinnsoldat fiel aus dem dritten Stockwerk kopfüber hinunter. Es war ein rasender Sturz. Er streckte sein einziges Bein gerade in die Höhe und blieb, den Kopf und das Bajonett nach unten, zwischen den Pflastersteinen stecken.

Das Kindermädchen und der kleine Knabe liefen sogleich hinunter, um ihn zu suchen, aber obgleich sie beinahe darauf getreten wären, entdeckten sie ihn doch nicht. Hätte der Zinnsoldat gerufen: "Hier bin ich!", so würden sie ihn schon gefunden haben, da er jedoch in Uniform war, hielt er es nicht für passend, so laut zu schreien. Nun begann es zu regnen, zuerst sachte, dann immer stärker, bis zuletzt ein tüchtiger Platzregen daraus wurde; als er vorüber war, kamen zwei Straßenjungen des Wegs daher.

"Sieh einmal", sagte der eine, "da liegt ein Zinnsoldat. Holla, der muß schiffahren!"

Sie machten ein Boot aus einem Zeitungspapier, setzten den Soldaten mitten hinein und ließen ihn den Rinnstein hinunterfahren. Beide Knaben liefen nebenher und klatschten in die Hände. Lieber Himmel! welche Wellen rauschten im Rinnstein; das war ja ein wirklicher Strom! Das war ja ein tüchtiger Regenguß gewesen. Der papierene Nachen schwankte auf und nieder und drehte sich bisweilen im Kreise, daß dem Zinnsoldaten ein kalter Schauer überlief. Trotzdem blieb er standhaft, verfärbte sich nicht, sah nur immer geradeaus und hielt sein Gewehr stramm geschultert.

Plötzlich trieb das Boot unter eine lange Rinnsteinbrücke. Hier war es stockdunkel, gerade wie in der Schachtel zu Hause.

"Wohin geht wohl jetzt die Reise!" dachte er. "Daran ist natürlich der Kobold schuld. Ach, säße doch das kleine Mädchen hier bei mir im Boot, dann könnte es getrost noch einmal so finster sein!"

In diesem Augenblick erschien eine große Wasserratte, die unter der Rinnsteinbrücke ihre Wohnung hatte.

"Hast du einen Paß?" fragte die Ratte. "Zeige ihn vor!"

Aber der Zinnsoldat schwieg und hielt sein Gewehr nur noch fester. Das Boot fuhr weiter und die Ratte hinterher. Hu! wie sie mit den Zähnen knirschte und den daherschwimmenden Spänen und dem Stroh zurief: "Haltet ihn auf! Haltet ihn auf! Er hat keinen Zoll bezahlt; er hat seinen Paß nicht vorgezeigt!"

Die Strömung wurde stärker und stärker; der Zinnsoldat konnte nun schon den hellen Tag am Ende der Brücke scheinen sehen, zugleich aber hörte er einen brausenden Ton, der wohl das Herz des tapfersten Mannes erschrecken konnte. Denkt euch, der Rinnstein fiel gerade am Ende der Brücke in einen großen Kanal hinab, und das war für den Zinnsoldaten ebenso gefährlich, als ob wir einen großen Wasserfall hinunter müßten. Auch war er jetzt schon so nahe daran, daß er nicht mehr anzuhalten vermochte. Das Boot fuhr hinab; der arme Zinnsoldat hielt sich, so gut es eben ging, aufrecht. Niemand sollte ihm nachsagen können, daß er auch nur mit den Augen gezwinkert habe. Das Boot drehte sich drei- bis viermal im Kreise und füllte sich dabei bis zum Rande mit Wasser; es mußte sinken. Schon ging dem Zinnsoldaten das Wasser bis zum Halse, und tiefer und tiefer sank das Boot. Mehr und mehr löste sich das Papier auf, jetzt ging dem Armen das Wasser schon über den Kopf – da dachte er an die kleine, niedliche Tänzerin, die er nie wieder sehen würde, und wehmütig klang es ihm in den Ohren:

"Leb' wohl, du tapferer Krieger!
Stirb oder kehr' als Sieger
Heim in das Vaterland ..."

Nun zerriß das Papier, und der Zinnsoldat fiel hindurch, wurde aber in demselben Augenblick von einem großen Fisch verschlungen. Hu! wie finster war es da drinnen. Da war's noch schlimmer als unter der Rinnsteinbrücke und überdies so entsetzlich eng! Trotzdem blieb der Zinnsoldat standhaft und lag, so lang er war, mit dem Gewehr im Arme da.

Der Fisch fuhr wild umher und machte die entsetzlichsten Bewegungen; endlich wurde er ganz still; wie ein Blitz durchfuhr ihn ein scharfer Strahl, dann drang ein heller Lichtschein hinein und jemand rief laut und verwundert aus: "Der Zinnsoldat!" – Der Fisch war gefangen auf den Markt gebracht und verkauft worden. Dann war er in die Küche gelangt, wo ihn die Köchin mit einem großen Messer aufschnitt. Diese faßte den Soldaten mit zwei Fingern mitten um den Leib und trug ihn in die Stube hinein, wo alle Anwesenden sich herbeidrängten, um den merkwürdigen Mann zu sehen, der im Magen eines Fisches umhergereist war. Der Zinnsoldat war aber gar nicht stolz darauf. Man stellte ihn auf den Tisch und da – ja, wie merkwürdig es doch in der Welt zugehen kann! – befand sich der Soldat in derselben Stube, in der er vorher gewesen war; er sah dieselben Kinder, und ganz dasselbe Spielzeug stand auf dem Tische, nämlich das prächtige Schloß mit der niedlichen, kleinen Tänzerin. Noch immer stand sie auf einem Bein und hielt das andere hoch in der Luft, ja, sie war ebenfalls standhaft. Das rührte den Zinnsoldaten so, daß er beinahe zinnerne Tränen geweint hätte; aber das hätte sich doch nicht geschickt. Er sah sie an, und sie sah ihn an, aber sie sagten nichts zueinander.

Plötzlich ergriff der eine der kleinen Knaben den Zinnsoldaten und warf ihn in den Ofen, obwohl er gar keinen Grund dazu hatte. Der Kobold in der Dose war sicherlich schuld daran. Der Zinnsoldat stand hell beleuchtet da; es war ihm glühend heiß; ob es aber eine Folge des wirklichen Feuers oder seiner übergroßen Liebesglut war, das konnte er nicht unterscheiden. Alle Farbe war von ihm gewichen, ob dies aber schon auf der Reise geschehen war, oder ob es von seinem großen Kummer herrührte, wußte niemand. Er sah das kleine Mädchen an, und dieses sah ihn an. Er fühlte, daß er zerschmolz, aber noch stand er standhaft mit dem Gewehr im Arm. Da ging eine Tür auf, der Wind ergriff die Tänzerin, und sie flog wie eine Sylphide ebenfalls gerade in den Ofen zum Zinnsoldaten hinein, loderte in hellen Flammen auf und – war verschwunden. Da schmolz der Zinnsoldat zu einem Klümpchen zusammen, und als die Magd am nächsten Morgen die Asche herausnahm, fand sie ihn als ein kleines zinnernes Herz. Von der Tänzerin dagegen war nur der Flitterstern übriggeblieben, und der war ganz schwarz gebrannt.

Die Erbsenprinzessin

Es war einmal ein Prinz, der wollte eine Prinzessin heiraten, aber es sollte eine wirkliche Prinzessin sein. Er reiste nun in der ganzen Welt umher, um eine solche zu finden, doch nie wollte es ihm glücken. Prinzessinnen gab es zwar genug, ob es aber wirkliche Prinzessinnen waren, das konnte er eben immer nicht herausbringen; immer gab es irgend etwas, das nicht ganz stimmte. So kam er denn wieder nach Hause und war sehr betrübt; denn er hätte doch so gerne eine wirkliche Prinzessin gehabt.

Eines Abends entlud sich ein furchtbares Gewitter: es blitzte und donnerte; der Regen strömte hernieder; es war geradezu entsetzlich. Da klopfte es an das Tor, und der König ging hin, um zu öffnen. Eine Prinzessin stand davor. Lieber Gott! wie war sie von dem Regen und dem schrecklichen Wetter zugerichtet! Das Wasser triefte ihr von den Haaren und an den Kleidern herunter, es lief in die Schuhspitzen hinein und an den Hacken wieder hinaus; aber sie behauptete doch, sie sei eine wirkliche Prinzessin.

"Nun, das werden wir bald herausbekommen!" dachte die alte Königin, sagte aber nichts, sondern ging in das Schlafzimmer, nahm alle Bettstücke aus der Bettlade heraus und legte unten auf den Boden eine Erbse hinein. Darauf nahm sie zwanzig Matratzen, legte sie alle auf die Erbse, und dann noch zwanzig Eiderdaunenbetten oben auf die Matratzen. In diesem Bett mußte die Prinzessin schlafen.

Am nächsten Morgen fragte man sie, wie sie geschlafen habe.

"O, entsetzlich schlecht!" sagte die Prinzessin; "ich habe fast die ganze Nacht kein Auge zugetan. Gott weiß, was in meinem Bette gewesen ist! Ich habe auf etwas Hartem gelegen, so daß ich am ganzen Körper braun und blau bin. Es war wirklich gräßlich!"

Nun war man sicher, daß es eine wirkliche Prinzessin war, weil sie durch die zwanzig Matratzen und durch die zwanzig Eiderdaunenbetten hindurch die Erbse gefühlt hatte; denn so feinfühlig konnte nur eine wirkliche Prinzessin sein.

Der Prinz nahm sie zur Frau; denn nun war er ganz sicher, daß er eine wirkliche Prinzessin bekam. Die Erbse aber kam ins Kunstmuseum, wo sie noch zu sehen ist, wenn sie niemand genommen hat.

Siehst du, das ist eine wahre Geschichte.

Der kleine und der große Klaus

In einem Dorfe lebten einmal zwei Männer, die beide denselben Namen hatten: beide hießen Klaus; aber der eine besaß vier Pferde und der andere nur ein einziges Pferd. Um sie nun voneinander zu unterscheiden, nannte man den mit den vier Pferden den großen Klaus, und den, der nur ein Pferd besaß, den kleinen Klaus. – Nun wollen wir hören, wie es den beiden erging; es ist nämlich eine wahre Geschichte.

Die ganze Woche hindurch mußte der kleine Klaus für den großen Klaus pflügen und ihm dazu sein einziges Pferd leihen; dafür half ihm der große Klaus wieder mit all seinen vieren, jedoch nur einmal in der Woche, und das war des Sonntags. Hussa! wie knallte der kleine Klaus über alle fünf Pferde hin; an diesem Tage waren sie ja so gut wie sein Eigentum. Die Sonne schien herrlich; die Glocken läuteten zur Kirche, und die Leute gingen in den Sonntagskleidern zum Gottesdienst. Da sahen sie den kleinen Klaus, wie er mit fünf Pferden pflügte, und er war so vergnügt darüber, daß er mit der Peitsche knallte und rief: "Hü! alle meine Pferde!"

"So darfst du nicht sagen", befahl der große Klaus, "es gehört dir ja nur eins von den Pferden."

Aber als wieder jemand nach der Kirche vorbeiging, vergaß der kleine Klaus, daß er es nicht sagen durfte, und rief wieder: "Hü! alle meine Pferde!"

"Nun möchte ich aber doch recht bitten, das bleiben zu lassen", sagte der große Klaus.

"Wenn du es noch einmal sagst, schlage ich dein Pferd vor den Kopf, daß es auf der Stelle tot ist; dann ist es vorbei damit."

"Ich will es gewiß nicht mehr sagen", versprach der kleine Klaus. Als aber dann Leute vorbeikamen und ihm zunickten, freute er sich und dachte, es sehe doch recht schön aus, daß er fünf Pferde habe, um sein Feld zu pflügen, und er knallte mit der Peitsche und rief: "Hü! Hü! alle meine Pferde!"

"Ja, hü, alle meine Pferde! Ich werde dir dafür tun!" sagte der große Klaus, nahm einen Prügel und schlug das einzige Pferd des kleinen Klaus damit auf die Stirne, daß es umfiel und maustot war.

"Ach, nun habe ich gar kein Pferd mehr!" jammerte der kleine Klaus und begann zu weinen. Darauf zog er dem toten Pferde die Haut ab, trocknete sie im Winde, steckte sie dann in einen Sack, den er auf den Rücken nahm, und machte sich auf den Weg nach der Stadt, um seine Pferdehaut zu verkaufen.

Er hatte einen sehr weiten Weg vor sich und mußte durch einen großen, dunklen Wald, und nun wurde es entsetzlich schlechtes Wetter. Er verirrte sich gänzlich, und ehe er wieder auf den rechten Weg kam, war es Abend und er allzuweit von der Stadt entfernt, um sie vor Einbruch der Nacht zu erreichen oder wieder nach Hause zu kommen.

Dicht am Wege lag ein alter Bauernhof, dessen Fenster von außen mit Läden verschlossen waren, durch die aber doch das Licht hervorschimmerte. "Hier werde ich wohl ein Obdach für die Nacht finden", dachte der kleine Klaus, ging hin und klopfte an.

Die Bäuerin öffnete; als sie aber hörte, was er wollte, sagte sie, er solle seiner Wege weitergehen; ihr Mann sei nicht daheim und sie nehme keinen Fremden auf.

"Nun, dann muß ich eben hier draußen übernachten", sagte der kleine Klaus; und die Bäuerin schlug ihm die Tür vor der Nase zu.

Ganz in der Nähe des Wohnhauses stand ein kleiner Heuschober, und zwischen diesem und dem Hause war ein kleiner Schuppen mit einem flachen Strohdach.

"Da oben werde ich übernachten", sagte der kleine Klaus, als er das Dach erblickte. "Das ist ja eine ausgezeichnete Lagerstatt, und der Storch wird wohl nicht herunterfliegen und mich in das Bein zwicken." Denn ein lebendiger Storch stand oben auf dem Dache, wo er sein Nest hatte.

Nun kletterte der kleine Klaus auf den Schuppen hinauf, wo er sich niederlegte und sich hin und her drehte, um recht gut zu liegen. Die hölzernen Läden vor den Fenstern schlossen oben nicht ganz, und so konnte er gerade in die Stube hineinsehen.

Da war ein großer Tisch gedeckt mit Wein und Braten und einem herrlichen Fisch. Die Bäuerin und der Küster saßen am Tisch und sonst niemand mehr. Sie schenkte ihm ein, und er machte sich über den Fisch her; denn das war sein Leibgericht.

"Wer doch da auch mithalten dürfte!" dachte der kleine Klaus und streckte den Kopf gerade gegen das Fenster. Ei der Tausend! Dort drüben stand ja auch noch ein prachtvoller Kuchen, das war ein wahres Festmahl!

Plötzlich hörte er, wie jemand von der Landstraße her auf das Haus zugeritten kam; es war der Bauer, der nach Hause zurückkehrte.

Der Bauer war sonst ein ganz guter Mann, aber er hatte die merkwürdige Schwachheit, daß er den Anblick eines Küsters nicht ertragen konnte. Daher hatte auch der Küster die Frau an diesem Abend besucht, weil er wußte, daß ihr Mann nicht zu Hause war; und die gute Frau hatte ihm dafür das Beste, was sie hatte, vorgesetzt. Als sie nun den Mann nach Hause kommen hörten, erschraken sie sehr, und die Frau bat den Küster, in eine große, leere Truhe, die in der Ecke stand, hineinzukriechen. Das tat er auch; denn er wußte ja, daß der arme Mann den Anblick eines Küsters nicht ertragen konnte. Die Frau versteckte hurtig all das herrliche Essen und den Wein in ihrem Backofen; denn wenn es der Mann zu sehen bekommen hätte, so hätte er gewiß gefragt, was das zu bedeuten habe.

"O weh!" seufzte der kleine Klaus oben auf dem Schuppen, als er das schöne Essen verschwinden sah.

"Ist jemand da oben?" fragte der Bauer und sah zu dem kleinen Klaus hinauf. "Weshalb liegst du da oben? Komm lieber mit in die Stube hinein."

Da erzählte der kleine Klaus, wie er sich verirrt habe, und bat dann um ein Obdach für die Nacht.

"Ja freilich", sagte der Bauer, "aber nun müssen wir zuerst etwas zwischen die Zähne bekommen."

Die Bäuerin empfing beide sehr freundlich, deckte auch gleich einen Tisch und gab ihnen eine große Schüssel voll Grütze. Der Bauer war hungrig und aß mit großem Appetit, der kleine Klaus aber mußte unaufhörlich an den herrlichen Braten, Fisch und Kuchen denken, die, wie er wußte, im Backofen standen.

Unter den Tisch zu seinen Füßen hatte er den Sack mit der Pferdehaut hingelegt; denn wir wissen ja, daß er sich auf den Weg gemacht hatte, um sie in der Stadt zu verkaufen. Die Grütze wollte ihm eben gar nicht munden. Da trat er auf seinen Sack, daß die Haut darin laut knarrte.

"Bst!" sagte der kleine Klaus zu seinem Sack, trat jedoch sogleich wieder darauf, daß er noch lauter als zuvor knarrte.

"Ei, was hast du denn in deinem Sack?" fragte der Bauer.

"O, das ist ein Zauberer", sagte der kleine Klaus. "Er sagt, wir sollen doch keine Grütze essen, denn er hätte den ganzen Backofen voll Braten, Fisch und Kuchen gehext.

"Ist's möglich?" rief der Bauer und öffnete schnell den Ofen. Da sah er all die herrlichen Speisen, die seine Frau darin versteckt hatte, die aber seiner Meinung nach der Zauberer für sie hineingehext hatte. Die Frau durfte nichts sagen. Sie setzte die Speisen sogleich auf den Tisch, und die beiden ließen sich nun den Fisch, Braten und Kuchen recht wohl schmecken. Rasch trat der kleine Klaus wieder auf den Sack, daß die Haut darin knarrte.

"Was sagt er nun?" fragte der Bauer.

"Er sagt", antwortete der kleine Klaus, "er habe auch drei Flaschen Wein für uns hergehext, und sie stünden ebenfalls im Ofen." Nun mußte die Frau den Wein, den sie versteckt hatte, hervorholen, und der Bauer trank und wurde ganz ausgelassen; einen solchen Zauberer, wie der kleine Klaus einen im Sack hatte, hätte er gar zu gerne auch gehabt.

"Wer doch da auch mithalten dürfte!" dachte der kleine Klaus und streckte den Kopf gerade gegen das Fenster. Ei der Tausend! Dort drüben stand ja auch noch ein prachtvoller Kuchen, das war ein wahres Festmahl!

Plötzlich hörte er, wie jemand von der Landstraße her auf das Haus zugeritten kam; es war der Bauer, der nach Hause zurückkehrte.

Der Bauer war sonst ein ganz guter Mann, aber er hatte die merkwürdige Schwachheit, daß er den Anblick eines Küsters nicht ertragen konnte. Daher hatte auch der Küster die Frau an diesem Abend besucht, weil er wußte, daß ihr Mann nicht zu Hause war; und die gute Frau hatte ihm dafür das Beste, was sie hatte, vorgesetzt. Als sie nun den Mann nach Hause kommen hörten, erschraken sie sehr, und die Frau bat den Küster, in eine große, leere Truhe, die in der Ecke stand, hineinzukriechen. Das tat er auch; denn er wußte ja, daß der arme Mann den Anblick eines Küsters nicht ertragen konnte. Die Frau versteckte hurtig all das herrliche Essen und den Wein in ihrem Backofen; denn wenn es der Mann zu sehen bekommen hätte, so hätte er gewiß gefragt, was das zu bedeuten habe.

"O weh!" seufzte der kleine Klaus oben auf dem Schuppen, als er das schöne Essen verschwinden sah.

"Ist jemand da oben?" fragte der Bauer und sah zu dem kleinen Klaus hinauf. "Weshalb liegst du da oben? Komm lieber mit in die Stube hinein."

Da erzählte der kleine Klaus, wie er sich verirrt habe, und bat dann um ein Obdach für die Nacht.

"Ja freilich", sagte der Bauer, "aber nun müssen wir zuerst etwas zwischen die Zähne bekommen."

Die Bäuerin empfing beide sehr freundlich, deckte auch gleich einen Tisch und gab ihnen eine große Schüssel voll Grütze. Der Bauer war hungrig und aß mit großem Appetit, der kleine Klaus aber mußte unaufhörlich an den herrlichen Braten, Fisch und Kuchen denken, die, wie er wußte, im Backofen standen.

Unter den Tisch zu seinen Füßen hatte er den Sack mit der Pferdehaut hingelegt; denn wir wissen ja, daß er sich auf den Weg gemacht hatte, um sie in der Stadt zu verkaufen. Die Grütze wollte ihm eben gar nicht munden. Da trat er auf seinen Sack, daß die Haut darin laut knarrte.

"Bst!" sagte der kleine Klaus zu seinem Sack, trat jedoch sogleich wieder darauf, daß er noch lauter als zuvor knarrte.

"Ei, was hast du denn in deinem Sack?" fragte der Bauer.

"O, das ist ein Zauberer", sagte der kleine Klaus. "Er sagt, wir sollen doch keine Grütze essen, denn er hätte den ganzen Backofen voll Braten, Fisch und Kuchen gehext.

"Ist's möglich?" rief der Bauer und öffnete schnell den Ofen. Da sah er all die herrlichen Speisen, die seine Frau darin versteckt hatte, die aber seiner Meinung nach der Zauberer für sie hineingehext hatte. Die Frau durfte nichts sagen. Sie setzte die Speisen sogleich auf den Tisch, und die beiden ließen sich nun den Fisch, Braten und Kuchen recht wohl schmecken. Rasch trat der kleine Klaus wieder auf den Sack, daß die Haut darin knarrte. "Was sagt er nun?" fragte der Bauer.

"Er sagt", antwortete der kleine Klaus, "er habe auch drei Flaschen Wein für uns hergehext, und sie stünden ebenfalls im Ofen." Nun mußte die Frau den Wein, den sie versteckt hatte, hervorholen, und der Bauer trank und wurde ganz ausgelassen; einen solchen Zauberer, wie der kleine Klaus einen im Sack hatte, hätte er gar zu gerne auch gehabt.

"Kann er wohl auch den Teufel herhexen!" fragte der Bauer. "Ich möchte ihn gerne sehen, denn jetzt bin ich gerade dazu aufgelegt."

"Ja", sagte der kleine Klaus, "mein Zauberer kann alles, was ich verlange. Nicht wahr, du?" fragte er und trat dabei auf den Sack, daß es knarrte. "Hörst du, er sagt ja! Aber der Teufel sieht häßlich aus, und wir wollen ihn lieber nicht sehen."

"O, ich fürchte mich gar nicht! Wie mag er nur aussehen?"

"Er sagt, er wolle sich als leibhaftiger Küster zeigen."

"Hu! Das wäre freilich gräßlich!" sagte der Bauer. "Ihr müßt nämlich wissen, daß ich den Anblick eines Küsters nicht ertragen kann. Aber das tut jetzt nichts; ich weiß ja, daß es der Teufel ist, da werde ich mich am Ende besser darein finden. Nun, ich bin mutig; er darf mir nur nicht zu nahe kommen."

"Nun, ich will einmal meinen Zauberer fragen", sagte der kleine Klaus, indem er auf seinen Sack trat und das Ohr hinhielt.

"Was sagt er?"

"Er sagt, Ihr sollet die Truhe, die dort in der Ecke steht, aufschlagen; dann würdet Ihr den Teufel darin hocken sehen; aber Ihr müsset den Deckel festhalten, damit er Euch nicht entwischt."

"Wollt Ihr mir helfen?" sagte der Bauer und ging zu der Truhe hin, in der die Bäuerin den wirklichen Küster, der bebend und zähneklappernd darin saß, versteckt hatte. Der Bauer hob den Deckel ein wenig empor und guckte hinein. "Hu!" schrie er und sprang zurück, "ja, nun habe ich ihn gesehen! Er sah ganz wie unser Küster aus! Es war schrecklich!"

Darauf mußten sie wieder trinken, und so tranken sie bis tief in die Nacht hinein. "Den Zauberer mußt du mir verkaufen", sagte der Bauer, "verlange dafür, was du willst! Ja, ich gebe dir gleich einen ganzen Scheffel voll Geld dafür."

"Nein, das kann ich nicht", sagte der kleine Klaus, "bedenke doch, welch großen Nutzen ich von diesem Zauberer habe." "Aber ich möchte ihn eben gar zu gerne haben!" sagte der Bauer und hörte nicht auf, den kleinen Klaus darum zu bitten.

"Nun", sagte dieser endlich, "da du so gut gewesen bist, mir heute nacht ein Obdach zu gewähren, so mag es denn sein. Ich will dir also den Zauberer für einen Scheffel Geld überlassen, aber der Scheffel muß gehäuft voll sein." "Das sollst du bekommen", sagte der Bauer, "aber die Truhe dort mußt du auch mitnehmen. Ich will sie nicht eine Stunde länger im Hause haben; denn man kann nicht wissen, ob der Böse nicht noch darin sitzt."

Der kleine Klaus gab also dem Bauern seinen Sack mit der trockenen Haut und bekam einen gehäuften Scheffel Geld dafür. Der Bauer verehrte ihm sogar noch einen großen Schubkarren, um die Truhe und das Geld darauf fortzufahren. "Lebe wohl!" sagte der kleine Klaus, und dann fuhr er mit seinem Geld und der großen Truhe, worin der Küster noch immer saß, seiner Wege.

Auf der andern Seite des Waldes war ein tiefer Bach; das Wasser schoß so rauschend dahin, daß man kaum gegen den Strom schwimmen konnte. Über diesen Bach führte eine neue Brücke, und mitten darauf hielt der kleine Klaus an und sagte recht laut, damit es der Küster in der Truhe hören sollte:

"Was soll ich nur mit der dummen Truhe anfangen? Sie ist so schwer, als ob Steine darin seien! Ich werde nur müde, wenn ich sie noch weiter fahre. Ich will sie daher lieber in den Bach werfen. Schwimmt sie zu mir nach Hause, dann ist es gut, wenn nicht, nun, dann hat es auch nicht viel zu sagen."

Er faßte die Truhe mit der einen Hand an und hob sie ein wenig auf, gerade als ob er sie in das Wasser stürzen wollte.

"Nein! Laß sein!" rief der Küster in der Truhe. "Laß mich zuerst hinaus!"

"Hu!" machte der kleine Klaus und tat, als ob er erschrocken wäre. "Er sitzt noch immer drin! Schnell in den Bach mit ihm, damit er ertrinkt!"

"O nein! O nein!" rief der Küster, "wenn du mich gehen läßt, will ich dir einen ganzen Scheffel Geld geben!"

"Ja, das ist etwas anderes!" sagte der kleine Klaus und öffnete die Truhe. Der Küster kroch schnell heraus, stieß die Truhe ins Wasser und ging dann nach Hause, wo der kleine Klaus einen ganzen Scheffel voll Geld erhielt. Einen hatte er ja schon von dem Bauern bekommen; nun hatte er den ganzen Schubkarren voll Geld.

"Sieh, das Pferd hat sich ja recht gut bezahlt!" sagte er zu sich selbst, als er zu Hause angekommen war und alles Geld auf einen Haufen mitten in der Stube aufschüttete. "Das wird den großen Klaus ärgern, wenn er erfährt, wie reich ich durch mein einziges Pferd geworden bin. Aber ich will es ihm doch nicht geradeheraus sagen."

Darauf schickte er einen Jungen zu Klaus hin und ließ ihn um ein Scheffelmaß bitten.

"Was er wohl damit will?" dachte der große Klaus und bestrich den Boden desselben unten mit Teer, damit von dem, was gemessen wurde, etwas daran hängen bleiben solle. Und so geschah es auch: als er den Scheffel zurückerhielt, klebten drei große neue Silbermünzen daran.

"Was ist denn das?" sagte der große Klaus und lief sofort zu dem kleinen hinüber.

"O, das bekam ich für meine Pferdehaut, die ich gestern verkaufte."

"Ei der Tausend, das war einmal gut bezahlt!" sagte der große Klaus, nahm seine Axt und schlug alle seine vier Pferde tot. Darauf zog er ihnen die Haut ab und fuhr mit ihnen nach der Stadt.

"Häute! Häute! Wer kauft Häute!" rief er durch die Straßen.

Alle Schuhmacher und Gerber liefen herbei und fragten, was die Häute kosteten.

"Einen Scheffel Geld für jede!" sagte der große Klaus.

"Bist du verrückt?" sagten alle, "meinst du denn, wir hätten das Geld scheffelweise!"

"Häute! Häute!" rief er wieder, aber allen, die nach dem Preise fragten, gab er zur Antwort: "Einen Scheffel Geld!"

"Er will uns zu Narren haben!" riefen die Handwerker, und nun ergriffen die Schuhmacher ihre Spannriemen und die Gerber ihre Schurzfelle und begannen auf den großen Klaus loszuhauen.

"Häute! Häute!" spotteten sie, "ja, wir wollen dir die Haut gerben und die Schuhe versohlen! Hinaus aus der Stadt mit dir!" schrien sie, und der große Klaus mußte aus Leibeskräften davonlaufen. So gründlich war er noch nie durchgeprügelt worden.

"Na, warte!" sagte er, als er nach Hause kam, "dafür sollst du mir büßen, kleiner Klaus ich schlage dich tot!"

Aber zu Hause beim kleinen Klaus war indessen die alte Großmutter gestorben. Sie war zwar stets bös und heftig gegen ihn gewesen, aber er war doch recht betrübt, nahm die tote Frau und legte sie in sein warmes Bett, um zu sehen, ob sie nicht wieder erwache. Da sollte sie die ganze Nacht liegen; er selbst aber wollte sich in den Ofenwinkel setzen und auf einem Stuhle schlafen, was er schon öfter getan hatte. Als er nun nachts so dasaß, ging die Türe auf, und der große Klaus trat mit seiner Axt herein. Er wußte, wo des kleinen Klaus Bett stand, ging geradewegs darauf zu und schlug die tote Großmutter auf den Kopf, weil er glaubte, daß es der kleine Klaus sei.

"So, nun wirst du mich nicht mehr zum Narren haben!" sagte er und ging wieder nach Hause.

"Das ist doch ein recht böser Mann", sagte der kleine Klaus, "er wollte mich totschlagen. Es war nur gut, daß die alte Mutter schon tot war, sonst hätte er ihr das Leben genommen."

Nun zog er der alten Großmutter ihre Sonntagskleider an, entlehnte von seinem Nachbar ein Pferd, spannte es vor den Wagen und setzte die Großmutter auf den hintersten Sitz, daß sie beim Fahren nicht herausfallen konnte, und so fuhren sie durch den Wald von dannen. Als die Sonne aufging, befanden sie sich vor einem großen Kruge; hier hielt der kleine Klaus an, um zu frühstücken. Der Wirt hatte viel, viel Geld; er war auch sonst ein recht guter Mann, aber so jähzornig, daß man seines Lebens nicht sicher bei ihm war.

"Guten Morgen!" sagte er zum kleinen Klaus, "du hast dich ja schon in aller Frühe in den Sonntagsstaat geworfen!"

"Ja", sagte der kleine Klaus, "ich will mit meiner Großmutter nach der Stadt. Sie sitzt draußen auf dem Wagen und will nicht hereinkommen. Wollt Ihr so gut sein und ihr ein Glas Met hinausbringen? Ihr müßt aber recht laut schreien, denn sie hört nicht gut."

"Gerne", sagte der Wirt und schenkte ein großes Glas Met ein, mit dem er zu der Großmutter, die aufrecht auf dem Wagen saß, hinausging.

"Hier ist ein Glas Met von Ihrem Sohne", sagte der Wirt; aber die tote Frau rührte sich nicht und sagte kein Wort.

"Hört Ihr wohl!" rief der Wirt, so laut er nur konnte, "hier ist ein Glas Met von Ihrem Sohne!"

Noch einmal rief er dasselbe und dann noch einmal; da sie sich aber gar nicht von der Stelle rührte, warf er ihr das Glas gerade ins Gesicht, so daß ihr der Met über die Nase hinunterlief und sie im Wagen hintenüberfiel; denn sie war nur aufrecht hingesetzt und nicht festgebunden gewesen.

"Holla!" rief der kleine Klaus, sprang zur Türe hinaus und packte den Wirt an der Brust, "du hast meine Großmutter umgebracht! Sieh nur, da hat sie ein großes Loch in der Stirn!"

"Wie entsetzlich!" rief der Wirt und schlug die Hände über dem Kopf zusammen. "Das kommt alles von meinem Jähzorn! Lieber kleiner Klaus, ich will dir einen ganzen Scheffel voll Geld geben und auch noch deine Großmutter begraben lassen, wie wenn sie meine eigene wäre, wenn du nur darüber schweigen willst; sonst schlägt man mir den Kopf ab, und das wäre ja schrecklich!"

So erhielt der kleine Klaus einen ganzen Scheffel voll Geld, und der Wirt begrub auch noch die Großmutter, als ob sie seine eigene gewesen wäre. Als nun der kleine Klaus mit dem vielen Gelde wieder nach Hause kam, schickte er gleich seinen Jungen zum großen Klaus hinüber, um ihn zu bitten, ihm ein Scheffelmaß zu leihen.

"Was ist denn das", sagte der große Klaus, "habe ich ihn denn nicht totgeschlagen? Da muß ich doch gleich selbst einmal nachsehen!" Und so ging er selbst mit dem Scheffelmaß zum kleinen Klaus hinüber.

"Nein, wo hast du nur all das Geld herbekommen?" fragte er und riß beim Anblick des neuen Geldhaufens die Augen gewaltig auf.

"Nicht mich, sondern meine Großmutter hast du erschlagen", sagte der kleine Klaus, "ich habe sie nun verkauft und einen Scheffel Geld dafür bekommen."

"Ei, das ist wahrhaftig gut bezahlt!" rief der große Klaus, lief eilig nach Hause, ergriff seine Axt und schlug seine Großmutter tot, legte sie auf den Wagen, fuhr mit ihr nach der Stadt, wo der Apotheker wohnte, und fragte, ob er einen toten Menschen kaufen wolle?

"Wer ist es denn, und wo habt Ihr ihn herbekommen?" fragte der Apotheker.

"Es ist meine Großmutter", sagte der große Klaus, "ich habe sie totgeschlagen, um sie für einen Scheffel Geld zu verkaufen."

"Gott steh' uns bei!" sagte der Apotheker. "Ihr redet irre. Sprecht doch kein solches Zeug, es könnte Euch sonst den Kopf kosten!" Und nun las er ihm gründlich den Text und setzte ihm auseinander, welch gräßliche Schandtat er begangen habe, und daß er dafür ins Gefängnis käme. Da erschrak der große Klaus so sehr, daß er eilig aus der Apotheke hinausstürzte, auf seinen Wagen sprang, auf die Pferde einhieb und spornstreichs nach Hause fuhr.

"Das sollst du mir bezahlen!" sagte der große Klaus, als er draußen auf der Landstraße war. "Ja, das sollst du mir bezahlen!" Sobald er zu Hause angekommen war, nahm er den größten Sack, den er finden konnte, ging damit zum kleinen Klaus hinüber und sagte: "Nun hast du mich abermal zum Narren gehabt. Erst schlug ich meine Pferde tot, dann meine alte Großmutter. Das ist ganz allein deine Schuld; aber nun sollst du mich nicht wieder zum besten haben!" Mit diesen Worten packte er den kleinen Klaus um den Leib und steckte ihn in seinen Sack, nahm diesen auf den Rücken und rief ihm zu: "Jetzt gehe ich an den Bach und ertränke dich!"

Der Weg bis zum Bache war weit, und der kleine Klaus war nicht so leicht zu tragen. Der Weg führte dicht an der Kirche vorüber, die Orgel ertönte, und die Leute sangen schön darin. Da setzte der große Klaus seinen Sack mit dem kleinen Klaus dicht neben der Kirchentüre nieder und dachte, es könne doch gut sein, wenn er erst hereinträte und ein Lied mitsänge, ehe er weiterginge; der kleine Klaus könne ihm ja nicht entwischen, und alle Leute seien in der Kirche. Er ging also hinein.

"O weh, o weh!" seufzte der kleine Klaus in seinem Sacke; er drehte und wandte sich, aber es war ihm unmöglich, das Band zu lösen. Da kam ein Kuhhirt mit schneeweißem Haar und einem Stocke in der Hand vorüber. Er trieb eine Herde Kühe und Ochsen vor sich her, sie liefen gegen den Sack, in dem der kleine Klaus saß, so daß er umfiel.

"Ach weh!" seufzte der kleine Klaus, "ich bin noch so jung und soll schon ins Himmelreich!"

"Und ich Armer", sagte der Kuhhirt, "bin schon so alt und kann immer noch nicht hineinkommen."

"Binde den Sack auf." rief der kleine Klaus, "laß mich heraus und krieche statt meiner hinein, dann kommst du sogleich ins Himmelreich!"

"Ja, das will ich von Herzen gerne", sagte der Kuhhirt und band den Sack auf, aus dem der kleine Klaus sogleich heraussprang.

"Willst du nun auf das Vieh aufpassen?" sagte der alte Mann, indem er in den Sack hineinkroch. Der kleine Klaus band nun diesen fest zu und zog mit allen Ochsen und Kühen seines Weges. Gleich darauf kam der große Klaus wieder aus der Kirche und nahm seinen Sack wieder auf den Rücken. Es schien ihm allerdings, als ob dieser nun leichter geworden sei; denn der alte Kuhhirt war kaum halb so schwer als der kleine Klaus. Da dachte er: "Wie leicht der Sack doch jetzt zu tragen ist! Das ist der Lohn dafür, daß ich einen Choral mit angehört habe." So ging er zum Bach, der tief und groß war, warf den Sack mit dem alten Kuhhirten ins Wasser und rief ihm nach – denn er glaubte ja, es sei der kleine Klaus: "So, nun wirst du mich nicht mehr zum Narren haben!"

Darauf ging er heimwärts; als er aber an die Stelle kam, wo der Weg sich kreuzte, begegnete er dem kleinen Klaus, der all sein Vieh vor sich hertrieb.

"Was ist das", rief der große Klaus, "habe ich dich denn nicht ertränkt?"

"Doch", sagte der kleine Klaus, "du warfst mich ja vor kaum einer halben Stunde in den Bach."

"Aber wo hast du denn all das schöne Vieh her?" fragte der große Klaus.

"Das ist Seevieh!" erwiderte der kleine Klaus. "Ich will dir die ganze Geschichte erzählen und mich auch bestens bei dir dafür bedankt haben, daß du mich ertränkt hast. Denn nun bin ich ein gemachter Mann, das kannst du mir glauben. Mir war recht bange, als ich im Sacke steckte, und der Wind pfiff mir um die Ohren, als du mich von der Brücke hinunter in das kalte Wasser warfst. Ich sank sogleich bis auf den Grund, stieß mich aber nicht. Da unten wächst nämlich das feinste, weichste Gras. Auf dieses fiel ich, und sogleich wurde der Sack geöffnet und die schönste Jungfrau, in schneeweißen Kleidern und mit einem grünen Kranz um ihr nasses Haar, nahm mich bei der Hand und sagte: ›Bist du da, kleiner Klaus? Hier ist einiges Vieh für dich, und eine Meile weiter auf dem Wege steht noch eine ganze Herde, die ich dir ebenfalls verehren will.‹ Nun sah ich, daß der Bach eine große Landstraße für das Meervolk war. Unten auf dem Grunde gingen und fuhren diese Leute, gerade von der See her, mitten in das Land hinein bis zur Quelle des Baches. Wie reizend war es doch da unten, Blumen und frisches Gras wuchsen überall in Hülle und Fülle! Die Fische, die im Meer schwammen, schossen blitzschnell an mir vorüber, wie hier die Vögel in der Luft. Was waren doch da für hübsche Leute, und nun erst das Vieh, das an Hecken und Gräben weidete!"

"Aber warum bist du denn gleich wieder zu uns heraufgekommen?" fragte der große Klaus. "Das hätte ich nicht getan, wenn es da unten wirklich so schön ist."

"Das ist im Gegenteil gerade recht schlau von mir", antwortete der kleine Klaus, "ich habe dir doch gesagt, daß die Seejungfrau mir mitteilte, eine Meile weiter auf dem Wege – unter dem Weg verstand sie natürlich den

Bach, denn sie kann ja nirgends anders hinkommen – stehe noch eine ganze Viehherde für mich. Aber ich weiß, der Bach macht bald hier, bald dort große Krümmungen, und das verursacht große Umwege; da kürzt man doch sehr viel ab, wenn man hier ans Land steigt und querfeldein wieder auf den Bach zusteuert. Dabei spare ich fast eine halbe Meile und komme um so schneller zu meinem Seevieh."

"Du bist ein glücklicher Mann!" sagte der große Klaus. "Meinst du, ich würde auch Seevieh bekommen, wenn ich auf den Grund des Baches hinunterkäme?"

"Ja, das glaube ich schon", sagte der kleine Klaus, "allein ich kann dich nicht im Sack bis an den Bach hintragen, dazu bist du mir zu schwer. Willst du aber selbst bis dahin gehen und dann in den Sack hineinschlüpfen, so will ich dich mit dem größten Vergnügen hineinwerfen."

"Ich danke dir sehr", sagte der große Klaus, "erhalte ich jedoch kein Seevieh, wenn ich hinunterkomme, dann prügle ich dich tüchtig durch. Darauf kannst du dich verlassen!"

"Ach, mach' es nur nicht gar zu schlimm!" Nun gingen sie zum Bache hin, und als das Vieh, das recht durstig war, das Wasser sah, lief es, so schnell es konnte, zur Tränke hinunter.

"Siehst du, wie es sich beeilt!" sagte der kleine Klaus, "es sehnt sich darnach, wieder auf den Grund hinunterzukommen."

"Ja, hilf mir nur zuerst", sagte der große Klaus, "sonst bekommst du Schläge." Dann kroch er in einen großen Sack, der quer über dem Rücken eines der Ochsen gelegen hatte. "Tue auch einen Stein hinein, sonst sinke ich am Ende nicht unter!" sagte der große Klaus. "Es wird schon gehen", erwiderte der kleine Klaus, legte aber doch einen großen Stein in den Sack, band ihn fest zu und stemmte sich dann dagegen. Plumps! da lag der große Klaus im Bach und sank sogleich hinunter auf den Grund.

"Ich fürchte, er findet am Ende das Vieh doch nicht!" sagte der kleine Klaus und zog dann mit dem, was er hatte, heimwärts.

Die wilden Schwäne

Weit, weit von hier – da, wohin im Herbste die Schwalben fliegen – wohnte einmal ein König, der hatte elf Söhne und eine Tochter, namens Elisa. Die elf Brüder, die jungen Prinzen, gingen mit dem Ordensstern auf der Brust und dem Säbel an der Seite in die Schule; sie schrieben mit Diamantgriffeln auf goldene Tafeln und lernten ebensogut auswendig, als sie lasen; man konnte sogleich hören, daß sie Prinzen waren. Die Schwester, Elisa, saß auf einem Stühlchen von Spiegelglas und hatte ein Bilderbuch, das ein halbes Königreich gekostet hatte.

Ja, die Kinder hatten es sehr gut; allein so sollte es nicht bleiben. Ihr Vater, der König über das ganze Land war, verheiratete sich mit einer bösen Königin, die die armen Kinder gar nicht lieb hatte, und dies konnten sie schon am ersten Tage deutlich merken. Auf dem Schlosse war nämlich ein großes Fest, und die Kinder spielten: "Es kommt Besuch". Aber während sie sonst alle Kuchen und Bratäpfel, die nur aufzutreiben waren, bekamen, gab ihnen die neue Königin nur Sand und sagte ihnen, sie könnten ja so tun, als ob es etwas Gutes wäre.

In der folgenden Woche brachte sie das Schwesterchen Elisa zu einer Bauernfamilie aufs Land, und es dauerte gar nicht lange, da hatte sie den König so sehr gegen die armen Prinzen eingenommen, daß er sich gar nicht mehr um sie kümmerte.

"Fliegt hinaus in die weite Welt und sorgt für euch selbst!" sagte die böse Königin, "fliegt als große Vögel ohne Stimme!" Aber so schlimm, wie sie es gern gewollt hätte, konnte sie es doch nicht machen. Sie verwandelten sich nämlich in herrliche wilde Schwäne; mit einem sonderbaren Schrei flogen sie zu den Schloßfenstern hinaus über den Wald und Park hinweg.

Es war noch ganz früh am Morgen, als sie an jenem Bauernhause, wo Elisa noch schlafend in ihrem Bettchen lag, vorbeikamen; hier schwebten sie über dem Dache, drehten ihre langen Hälse und schlugen mit den Flügeln, aber niemand sah oder hörte es, und sie mußten wieder weiter, hoch zu den Wolken empor, hinaus in die weite Welt. Sie flogen zu einem großen dunklen Walde, der sich bis an das Meeresufer erstreckte.

Die arme kleine Elisa aber stand in der Bauernstube und spielte mit einem grünen Blatte, denn ein anderes Spielzeug hatte sie nicht. Sie stach ein Loch in das Blatt und schaute hindurch zur Sonne empor. Da war es ihr gerade, als ob sie die hellen Augen ihrer Brüder erblickte; und so oft die warmen Sonnenstrahlen auf ihre Wangen fielen, mußte sie aller ihrer Küsse gedenken.

Ein Tag verging wie der andere. Wenn der Wind durch die Rosenhecken vor dem Hause wehte, flüsterte er den Rosen zu: "Wer könnte schöner sein als ihr?" Aber dann schüttelten die Rosen die Köpfe und sagten: "Elisa ist es!" Und wenn am Sonntag die alte Frau vor ihrer Türe saß und in ihrem Gesangbuch las, da wandte der Wind die Blätter um und sagte zum Buch:

"Wer könnte frömmer sein als du?" – "Elisa ist es?" erwiderte das Gesangbuch, und was das Gesangbuch und die Rosen sagten, war die reine Wahrheit.

Als Elisa fünfzehn Jahre alt war, sollte sie nach Hause zurückkehren. Als jedoch die Königin sah, wie schön sie geworden war, wurde ihr Herz von Zorn und Haß gegen sie erfüllt. Am liebsten hätte sie sie auch in einen wilden Schwan verwandelt, aber das wagte sie doch nicht sogleich, weil ja der König seine Tochter sehen wollte.

Am nächsten Morgen in aller Frühe ging die Königin in das Bad, das aus Marmor erbaut und mit weichen Kissen und wunderschönen Teppichen ausgestattet war, nahm drei Kröten, küßte sie und sagte zu der ersten: "Setze dich auf Elisas Kopf, wenn sie in das Bad steigt, damit sie so dumm wird wie du. – Setze du dich auf ihre Stirne", sagte sie zu der zweiten, "damit sie so häßlich wird wie du, und ihr Vater sie nicht erkenne. – Ruhe an ihrem Herzen", flüsterte sie der dritten zu, "gib ihr einen bösen Sinn, der ihr und andern Schmerzen verursacht." Dann setzte sie die Kröten in das klare Wasser, das sofort eine grünliche Farbe annahm, rief Elisa, entkleidete sie und befahl ihr, in das Wasser hinabzusteigen. Als nun Elisa untertauchte, setzte sich ihr die eine Kröte in das Haar, die andere auf die Stirne und die dritte auf die Brust, allein Elisa schien es gar nicht zu merken, und sobald sie sich wieder aufrichtete, schwammen drei rote Mohnblumen auf dem Wasser. Wären die Tiere nicht giftig gewesen und nicht von der Hexe geküßt worden, so wären sie in drei rote Rosen verwandelt worden; aber Blumen wurden sie trotzdem, weil sie auf Elisas Haupte und an ihrem Herzen geruht hatten. Elisa war zu fromm und unschuldig, so daß Zauberei ihr nichts anhaben konnte.

Als die böse Königin das sah, rieb sie Elisa mit Nußschalensaft ein, so daß sie ganz schwarzbraun wurde, bestrich das liebliche Gesicht mit einer stinkenden Salbe und verwirrte ihr herrliches, langes Haar; nun war es unmöglich, die schöne Elisa wiederzuerkennen.

Als ihr Vater sie in diesem Zustand erblickte, erschrak er sehr und erklärte ganz bestimmt, dies sei nicht seine Tochter. Niemand wollte sie wiedererkennen, nur allein der Kettenhund und die Schwalben; aber das waren eben nur arme Tiere, die nichts zu sagen hatten.

Da weinte die arme Elisa und dachte an ihre elf Brüder, die alle verschwunden waren. Betrübt schlich sie zum Schlosse hinaus und wanderte den ganzen Tag über Feld und Moor dahin, bis sie in den großen Wald kam. Sie wußte zwar nicht, wohin sie wollte, aber in ihrer großen Betrübnis sehnte sie sich nach ihren Brüdern, die sicher auch gleich ihr in die weite Welt hinausgejagt worden waren; diese wollte sie nun suchen.

Sie war noch nicht lange im Walde, da brach die Nacht herein. Sie war ganz vom Wege abgekommen und wußte nicht aus noch ein. Da legte sie sich auf das weiche Moos, sprach ihr Abendgebet und lehnte ihr Köpfchen an einen Baumstumpf. Es war ganz still; die Luft war weich und lind; ringsum im Moos und Gras leuchteten einem grünen Feuer gleich viele hundert Johanniswürmchen, und als Elisa einen der Zweige leicht mit der Hand berührte, fielen die glänzenden Insekten wie Sternschnuppen zu ihr hernieder.

Die ganze Nacht hindurch träumte sie von ihren Brüdern. Sie spielten wieder als Kinder, schrieben mit Diamantgriffeln auf goldene Tafeln und betrachteten das herrliche Bilderbuch, das ein halbes Königreich gekostet hatte; aber auf die Tafeln schrieben sie jetzt nicht mehr nur Nullen und Striche, sondern die kühnen Taten, die sie ausgeführt, und alles, was sie gesehen und erlebt hatten, und im Bilderbuch war alles lebendig: die Vögel sangen; die Menschen traten aus dem Buch heraus und sprachen mit Elisa und ihren Brüdern; aber wenn das Blatt umgedreht wurde, sprangen sie schnell wieder hinein, damit keine Unordnung in den Bildern entstehe.

Als sie erwachte, stand die Sonne schon hoch am Himmel. Elisa konnte sie zwar nicht sehen; denn die hohen Bäume breiteten ihre Zweige dicht und fest aus. Aber die Strahlen spielten dort oben wie ein wehender Goldflor; ein köstlicher Duft entströmte dem grünen Laube, und die Vögel hüpften herbei und setzten sich Elisa fast auf die Schultern. Sie hörte das Wasser plätschern; denn es waren viele reiche Quellen im Walde, die alle in einen Teich sich ergossen, wo der herrlichste Sandboden war. Allerdings wuchs rings herum dichtes Gebüsch, aber an einer Stelle hatten die Hirsche eine große Öffnung gebildet, und hier ging Elisa zum Wasser hin und blickte hinein. Das Wasser war so klar, daß sie, wenn der Wind nicht die Zweige der Bäume bewegt hätte, fast hätte glauben können, sie seien auf den Boden gemalt, so deutlich spiegelte sich jedes Blatt im Wasser wider.

Aber sobald Elisa ihr eigenes Antlitz erblickte, erschrak sie heftig, so braun und häßlich war es; allein als sie ihre kleine Hand ins Wasser tauchte und Augen und Stirne damit rieb, glänzte auch die weiße Haut wieder hervor. Da zog sie rasch ihre Kleider aus und stieg in das frische Wasser hinein; ein schöneres Königskind gab es sonst nirgends auf der Welt.

Nachdem sie sich dann wieder angekleidet und ihr langes Haar geflochten hatte, trank sie an einer der hervorsprudelnden Quellen aus ihrer hohlen Hand und wanderte dann in den dunkelsten Teil des Waldes hinein, ohne selbst zu wissen, wohin. Sie dachte an ihre Brüder und an den lieben Gott, der sie gewiß nicht verlassen werde, und er, der die wilden Apfel wachsen läßt, um die Hungrigen zu speisen, zeigte nun auch ihr einen solchen mit Früchten reich beladenen Baum. Hier hielt sie ihr Mittagsmahl, stützte die sich unter ihrer Last beugenden Zweige und ging dann immer tiefer in den dunklen Wald hinein. Ringsum war es ganz still, sie konnte ihre Fußtritte und jedes welke Blatt, auf das sie trat, hören; nicht ein Vogel war zu sehen; kein Sonnenstrahl drang durch die großen, dichten Baumzweige hindurch; die hohen Stämme standen so nahe beieinander, so daß es ihr, wenn sie geradeaus blickte, vorkam, als ob sie von einem einzigen dichten Balkengitter umschlossen sei. Oh, hier war eine Einsamkeit, wie sie sie früher nie gekannt hatte!

In der Nacht wurde es ganz finster; nicht ein einziges Leuchtkäferchen schimmerte im Moos, und betrübt legte sich Elisa zum Schlafe nieder. Da war es ihr, als ob die Baumwipfel über ihr zur Seite geschoben würden und der liebe Gott mit milden Augen auf sie niedersähe, während süße, kleine Engel über seinem Haupte und unter seinen Armen hervorlugten.

Als Elisa am nächsten Morgen erwachte, wußte sie nicht, ob sie geträumt hatte, oder ob es wirklich so gewesen war.

Nachdem sie eine kleine Strecke weitergegangen war, begegnete sie einer alten Frau mit einem Korbe voll Beeren am Arm. Die Alte gab ihr eine Handvoll davon, und Elisa fragte sie, ob sie nicht elf Prinzen durch den Wald habe reiten sehen.

"Nein", erwiderte die Alte, "aber gestern sah ich elf Schwäne mit goldenen Kronen auf dem Kopfe den Bach hier hinabschwimmen."

Sie führte Elisa zu einem kleinen Abhang, an dessen Fuß ein Bach vorüberfloß. Die Bäume am Ufer hatten ihre langen, blätterreichen Zweige ineinander verschlungen, und wo sie sich infolge ihres natürlichen Wuchses nicht erreichen konnten, da hatten sie ihre Wurzeln vom Erdreich losgerissen und hingen nun mit ineinandergeflochtenen Zweigen über das Wasser hinaus.

Elisa verabschiedete sich von der Alten und ging nun dem Bache entlang, bis dieser in das weite, offene Meer mündete.

Die herrliche blaue See lag nun vor dem jungen Mädchen ausgebreitet da, aber nicht ein Segel war darauf, kein Boot war zu erblicken; wie sollte sie da weiterkommen? Sie betrachtete die unzähligen Steine am Ufer, die alle vom Wasser rundgeschliffen waren. Glas, Eisen und Steine, kurz alles, was hier angeschwemmt war, hatte vom Wasser, das doch weicher war als ihre weiche Hand, Gestalt angenommen. Da dachte Elisa: "Unermüdlich rollt es und rollt es, und so ebnet sich allmählich das Harte; ich will auch so unermüdlich sein. Habt Dank für eure Lehre, ihr klaren, rollenden Wogen! Einmal, das sagt mir mein Herz, werdet ihr mich zu meinen Brüdern tragen!"

Auf dem angespülten Seegras lagen elf weiße Schwanenfedern, diese sammelte sie in einen Strauß; es lagen Wassertropfen darauf, aber ob es Tau war oder Tränen, das konnte niemand sehen. Einsam war es dort am Strande, aber sie fühlte es nicht; denn das Meer bot eine beständige Abwechslung dar, ja, in wenigen Stunden mehr, als die Binnenseen in einem ganzen Jahre aufzuweisen vermögen. Zog eine große schwarze Wolke daher, so war es, als ob das Meer sagen wollte: "Ich kann auch finster aussehen!" Und dann blies der Wind, und die Wogen schäumten; erglühten aber die Wolken in rotem Schein und legte sich der Wind, dann sah das Meer aus wie ein Rosenblatt; bald war es grün, bald weiß, aber wie stille es auch immer ruhte, am Strande zeigte sich doch stets eine leichte Bewegung, das Wasser hob und senkte sich leise, wie die Brust eines schlafenden Kindes.

Als die Sonne am Untergehen war, gewahrte Elisa elf wilde Schwäne mit goldenen Kronen auf dem Kopfe, die dem Lande zuflogen; einer schwebte hinter dem andern; es sah wie ein langes weißes Band aus. Da eilte sie den Abhang hinauf und versteckte sich hinter einem Busch. Die Schwäne ließen sich ganz in ihrer Nähe nieder und schlugen mit ihren großen weißen Flügeln.

Sobald die Sonne am Horizont verschwunden war, fielen plötzlich die Schwanenhüllen ab, und elf schöne Prinzen, Elisas Brüder, standen da. Elisa stieß einen lauten Schrei aus; denn so sehr sie sich verändert hatten, so wußte sie doch gleich, daß sie es sein mußten, sie fühlte, sie mußten es sein, und sie sprang ihnen entgegen, fiel ihnen um den Hals, nannte sie bei Namen. Und als die Brüder ihr Schwesterchen, das so groß und schön geworden war, sahen und erkannten, wurden sie ganz glückselig. Sie lachten und weinten zugleich und hatten sich bald darüber verständigt, wie böse ihre Stiefmutter gegen sie alle gewesen war.

"Wir Brüder", sagte der Älteste, "müssen als wilde Schwäne herumfliegen, solange die Sonne am Himmel steht, und erst, wenn sie untergegangen ist, bekommen wir unsre menschliche Gestalt wieder; deshalb müssen wir immer dafür sorgen, daß wir bei Sonnenuntergang festen Grund und Boden unter den Füßen haben, denn wenn wir um diese Zeit noch oben zwischen den Wolken flögen, würden wir als Menschen in die Tiefe hinabstürzen. Hier wohnen wir nicht, sondern jenseits des Meeres, dort liegt ein ebenso schönes Land wie hier, aber der Weg dahin ist sehr weit. Wir müssen über das große Meer, und es findet sich keine Insel auf unserem Wege, wo wir übernachten könnten. Nur eine einsame, kleine Klippe ragt in der Mitte daraus hervor; sie ist gerade groß genug, daß wir dicht nebeneinander darauf ausruhen können; bei hohem Seegang spritzt das Wasser über uns herein, aber doch sind wir dem lieben Gott dankbar dafür. Dort übernachten wir in unserer menschlichen Gestalt; ohne sie könnten wir unser teures Vaterland nie wiedersehen, denn zwei der längsten Tage des Jahres gebrauchen wir zu unserem Fluge. Nur einmal im Jahre ist es uns vergönnt, unsere Heimat zu besuchen, elf Tage dürfen wir hier bleiben und über den großen Wald hinfliegen, wo wir das Schloß erblicken können, in dem wir geboren sind und wo unser Vater wohnt, sowie den hohen Kirchturm sehen, wo unsere liebe Mutter begraben liegt. Hier scheinen die Bäume und Büsche verwandt mit uns zu sein; hier jagen die Pferde über die weiten Ebenen hin, wie wir es in unserer Kindheit gesehen haben; hier singen die Kohlenbrenner die alten Lieder, nach denen wir als Kinder tanzten; hierher zieht es uns immer wieder, und hier haben wir nun auch dich, du geliebtes Schwesterchen, gefunden. Zwei Tage dürfen wir nun noch hierbleiben, dann müssen wir wieder fort über das Meer, nach jenem herrlichen Lande, das aber doch nicht unser Vaterland ist. Aber wie sollen wir dich mitnehmen? Wir haben ja weder Schiff noch Boot!"

"Was kann ich tun, um euch zu erlösen?" fragte die Schwester.

Sie unterhielten sich beinahe die ganze Nacht hindurch; nur wenige Stunden senkte sich der Schlummer auf ihre Augen.

Elisa erwachte durch das Rauschen der Schwanenflügel, die über ihr hinsausten, die wieder verwandelten Brüder flogen in weiten Kreisen höher und immer höher und zuletzt ganz fort. Aber einer von ihnen, der jüngste, blieb bei der Schwester zurück. Er legte seinen Kopf auf ihren Schoß, sie streichelte seine Schwingen, und sie blieben den ganzen Tag beisammen. Gegen Abend kamen die andern wieder zurück, und sobald die Sonne untergegangen war, standen sie wieder in ihrer natürlichen Gestalt da.

"Morgen fliegen wir wieder von hier fort und dürfen ein ganzes Jahr lang nicht wiederkehren, aber dich können wir unmöglich hier zurücklassen! Hast du Mut, mitzukommen? Mein Arm ist stark genug, dich durch den Wald hindurchzutragen; sollten da unsere Flügel alle zusammen nicht Kraft genug haben, mit dir über das Meer zu fliegen?"

"Ja, nehmt mich mit!" sagte Elisa.

Die ganze Nacht brachten sie nun damit zu, aus der geschmeidigen Weidenrinde und den zähen Binsen ein starkes Netz zu flechten. Auf dieses legte sich Elisa, und als die Sonne aufging und die Brüder wieder in Schwäne verwandelt waren, ergriffen sie das Netz mit ihren Schnäbeln und flogen mit der teuren Schwester, die ruhig weiterschlief, hoch zu den Wolken empor. Die Sonnenstrahlen fielen gerade auf ihr Gesicht; da schwebte einer der Schwäne über ihrem Haupte, damit er sie mit seinen breiten Schwingen beschatte.

Als Elisa erwachte, waren sie schon weit vom Lande entfernt, und sie glaubte noch zu träumen, so wunderbar kam es ihr vor, hoch durch die Luft über das Meer getragen zu werden. Neben ihr lag ein Zweig mit köstlichen reifen Beeren und ein Bund wohlschmeckender Wurzeln; diese hatte der jüngste Bruder gesammelt und ihr hingelegt. Sie lächelte ihm dankbar zu; denn sie erkannte ihn wohl. Er war es, der über ihr flog und sie mit seinen Flügen beschattete.

Sie waren jetzt so hoch, daß das erste Schiff, das sie unter sich erblickten, wie eine Möwe aussah, die auf dem Wasser lag. Hoch wie ein Berg stand eine große Wolke hinter ihnen, und auf dieser gewahrte Elisa ihren eigenen Schatten und den der elf Schwäne, der riesengroß mit ihnen davonschwebte. Es war ein so schönes Gemälde, wie sie noch nie eines gesehen hatte. Aber allmählich, als die Sonne höher stieg und die Wolke weiter hinter ihnen zurückblieb, verschwand das schwebende Schattenbild.

Den ganzen Tag flogen sie ohne Unterbrechung wie ein sausender Pfeil durch die Luft, aber es ging doch langsamer als sonst; denn sie hatten ja die Schwester zu tragen. Es zog sich ein Unwetter zusammen, und der Abend näherte sich. Ängstlich sah Elisa die Sonne mehr und mehr sinken, und noch immer war die einsame Klippe im Meer nicht zu entdecken. Es kam ihr vor, als ob die Schwäne nun raschere Flügelschläge machten. Ach, und sie war schuld daran, daß sie nicht rascher vorwärts kamen! Sobald die Sonne untergegangen war, mußten sie ja wieder Menschen werden und dann ins Meer stürzen und ertrinken. Da betete sie aus tiefstem Herzensgrund zum lieben Gott um Hilfe; allein noch immer war keine Klippe zu entdecken, wohl aber zog die schwarze Wolke immer näher, und die starken Windstöße verkündeten einen Sturm. Die Wolken hatten sich zu einer einzigen unheildrohenden Masse zusammengeballt, die sich fast wie Blei vorwärts schob; Blitz leuchtete auf Blitz.

Jetzt hatte die Sonne den Meeresspiegel erreicht; Elisa klopfte das Herz. Da schossen die Schwäne so schnell hinab, daß sie zu fallen glaubte; aber nein, jetzt schwebten sie wieder. Die Sonne war schon zur Hälfte unter das Wasser getaucht, da gewahrte sie erst die kleine Klippe unter sich. Diese sah nicht größer aus als ein Seehund, der seinen Kopf über das Wasser erhebt. Die Sonne sank schnell; jetzt blitzte nur noch ein schmaler Streifen am Horizont hervor, da berührte ihr Fuß den festen Boden; das Sonnenlicht erlosch wie der letzte Funken eines brennenden Papiers und – Arm in Arm umstanden sie die Brüder, aber mehr Platz, als für sie und die Brüder durchaus erforderlich war, fand sich nicht auf der Klippe. Die Wogen rauschten daher und schlugen über sie herein; der Himmel leuchtete, als ob er in Flammen stünde, und Schlag auf Schlag rollte der Donner. Aber Schwester und Brüder hielten einander an den Händen und sangen Choräle, woraus sie Trost und Mut schöpften.

Als der Tag graute, war die Luft rein und still, und sobald die Sonne aufging, flogen die Schwäne mit Elisa wieder weiter. Das Meer ging noch hoch, so daß es ihnen, als sie droben in der Luft schwebten, vorkam, als ob der weiße Schaum auf der dunkelgrünen Flut Millionen Schwäne wären, die sich auf dem Wasser schaukelten.

Als die Sonne höher stieg, gewahrte Elisa, halb in der Luft schwimmend, ein Bergland vor sich mit schimmernden Eismassen auf den Felsen, und mitten darauf erstreckte sich ein wohl meilenlanges Schloß mit einem hohen Säulengang über dem andern. In der Tiefe wogten Palmenwälder und prächtige Blumen, so groß wie Mühlräder. Elisa fragte, ob dieses Land das Ziel ihrer Reise sei, aber die Schwäne schüttelten nur die Köpfe; denn das, was sie sah, war das herrliche, beständig wechselnde Wolkenschloß der Fee Fata Morgana. Dahin durfte man keine Menschen bringen. Elisa sah unverwandt daraufhin, da stürzten plötzlich Berge, Wälder und Schloß zusammen, und dafür standen zwanzig stolze Kirchen, alle einander gleich mit hohen Türmen und Spitzbogenfenstern, da. Sie glaubte Orgelton zu vernehmen, aber was sie hörte, war nur das Rauschen des Meeres. Schon war sie den Kirchen ganz nahe, da verwandelten sie sich in eine Flotte, die unter ihr dahinsegelte, und als sie darauf niedersah, waren es nur die Meernebel, die über das Wasser hinzogen. Eine ewige Abwechslung bot sich ihren Blicken dar, und nun gewahrte sie auch das wirkliche Land, dem sie zusteuerten. Dort erhoben sich herrliche blaue Berge mit Zedernwäldern, Schlössern und Städten, und lange vor Sonnenuntergang saß Elisa auf einem Felsen vor einer großen Höhle, die mit feinen grünen Schlingpflanzen bewachsen war; es sah aus, als wären es gestickte Teppiche.

"Nun wollen wir sehen, was du heute nacht hier träumen wirst", sagte der jüngste Bruder und zeigte ihr ihre Schlafkammer.

"Gebe der Himmel, daß ich träume, wie ich euch erlösen kann!" sagte sie. Dieser Gedanke beschäftigte sie unaufhörlich, sie betete inbrünstig zu Gott um Hilfe, und selbst im Schlaf betete sie im Geiste weiter. Da war es ihr, als flöge sie hoch durch die Luft zu Fata Morganas Wolkenschloß hin, und die Fee käme ihr entgegen, schön und glänzend und doch der Alten im Walde, die ihr die Beeren gegeben und ihr von den Schwänen mit den goldenen Kronen erzählt hatte, gleichend.

"Deine Brüder können erlöst werden", sagte sie, "hast du aber auch Mut und Ausdauer dazu? Wohl ist das Wasser weicher als deine feinen Hände und vermag doch Steine umzuformen; aber es fühlt nicht den Schmerz, den deine Finger fühlen werden; es hat kein Herz und empfindet nicht die Angst und Qual, die du aushalten mußt. Siehst du hier die Brennessel in meiner Hand? Von derselben Gattung wachsen viele rund um die Höhle, in der du schläfst. Nur diese und solche, die aus Kirchhofgräbern emporsprießen, sind tauglich; merke dir das wohl. Diese mußt du pflücken, obgleich sie deine Haut voll Blasen brennen werden. Die Nesseln mußt du dann mit deinen Füßen brechen. Dann bekommst du Flachs, woraus du elf Panzerhemden mit langen Ärmeln binden und flechten mußt. Wirf diese über die elf Schwäne, dann ist der Zauber gelöst. Aber bedenke wohl, daß du vom Beginn der Arbeit an bis zu dem Augenblick, da sie vollendet sein wird, und sollten auch Jahre darüber hingehen, kein Wort sprechen darfst; das erste Wort, das über deine Lippen geht, fährt wie ein tödlicher Dolch in das Herz deiner Brüder. An deiner Zunge hängt ihr Leben, merke dir das wohl!"

Die Fee berührte Elisas Hand mit der Nessel; diese brannte wie Feuer, so daß das Mädchen erwachte. Es war heller Tag, und dicht neben der Stelle, wo sie geschlafen hatte, lag die Nessel, die sie im Traume gesehen hatte. Da fiel sie auf die Knie, dankte dem lieben Gott und trat aus der Höhle, um sofort ihre Arbeit zu beginnen.

Mit ihren beiden Händen griff sie hinunter in die häßlichen Nesseln, die sie wie Feuer brannten, und bald waren ihre Hände und Arme mit großen Blasen bedeckt; aber gerne wollte sie dies leiden, wenn sie ihre lieben

Brüder dadurch erlösen konnte. Dann brach sie die Nesseln mit ihren nackten Füßen und begann den grünen Flachs zu flechten.

Als die Sonne untergegangen war, kamen die Brüder und erschraken sehr, als sie Elisa stumm fanden. Zuerst hielten sie es für einen neuen Zauber der bösen Stiefmutter; als sie jedoch ihre Hände sahen, begriffen sie, daß es um ihretwillen geschah. Der jüngste Bruder begann zu weinen, und wo seine Tränen hinfielen, da fühlte Elisa keine Schmerzen mehr, und die Blasen verschwanden.

Die ganze Nacht verbrachte sie bei ihrer Arbeit; denn sie fand keine Ruhe, ehe sie die Brüder erlöst hätte. Den ganzen folgenden Tag, während die Schwäne fort waren, saß sie allein in ihrer Einsamkeit; aber noch nie war ihr die Zeit so eilig entflohen. Ein Panzerhemd war schon fertig, und nun begann sie das zweite.

Da ertönte ein Jagdhorn zwischen den Bergen. Sie wurde von Furcht ergriffen, denn der Klang kam immer näher. Nun hörte sie auch Hunde bellen und floh erschrocken in ihre Höhle, band die Nesseln, die sie schon gesammelt und gebrochen hatte, in ein Bund und setzte sich darauf. Plötzlich kam ein großer Hund aus dem Gebüsch hervorgesprungen, und gleich darauf noch einer und wieder einer. Sie bellten laut, liefen wieder zurück und kamen wieder herbei. Nach kurzer Zeit waren alle Jäger vor der Höhle versammelt, und der schönste unter ihnen war der König des Landes. Er trat auf Elisa zu; noch niemals hatte er ein schöneres Mädchen gesehen.

"Wie bist du hierher gekommen, du wunderschönes Kind?" fragte er. Elisa schüttelte den Kopf; sie durfte ja nicht sprechen, denn es galt die Erlösung und das Leben ihrer Brüder. Ihre Hände aber verbarg sie unter ihrer Schürze, damit der König nicht sehe, was sie zu leiden habe.

"Komm mit mir", sagte der König, "hier darfst du nicht bleiben. Bist du ebenso gut als schön, dann will ich dich in Seide und Samt kleiden, dir eine goldene Krone aufs Haupt setzen, und dann sollst du in meinem schönsten Schlosse wohnen." Damit hob er sie auf sein Pferd. Sie aber weinte und rang die Hände; allein der König sagte: "Ich will nur dein Bestes; einst wirst du mir dafür danken." Dann stürmte er fort durch die Berge, hielt sie vor sich auf dem Pferd, und die Jäger jagten hinter ihm drein.

Als die Sonne unterging, lag die prächtige Königsstadt mit ihren Kirchen und Kuppeln vor ihnen, und der König führte Elisa auf sein Schloß, wo in hohen Marmorsälen prächtige Springbrunnen plätscherten und wo die Wände und Decken reich mit Gemälden geschmückt waren. Aber sie hatte kein Auge dafür; sie weinte und trauerte. Willenlos gab sie zu, daß die Frauen ihr königliche Kleider anlegten, ihr Perlen in die Haare flochten und feine Handschuhe über die verbrannten Finger zogen.

Wie sie nun in all dieser Pracht dastand, war sie so blendend schön, daß der Hof sich noch tiefer vor ihr verneigte, und der König erwählte sie zu seiner Braut, obwohl der Erzbischof den Kopf schüttelte und flüsterte, das schöne Waldkind sei gewiß eine Hexe, die die Augen blende und das Herz des Königs betöre.

Der König hörte jedoch nicht darauf, sondern ließ die Musik ertönen, die köstlichsten Speisen auftragen, die lieblichsten Mädchen vor ihr tanzen, und sie wurde durch duftige Gärten in prächtige Säle hineingeführt. Aber nicht ein Lächeln glitt über ihre Lippen oder strahlte aus ihren Augen, die nur einen grenzenlosen Schmerz ausdrückten. Jetzt öffnete der König dicht daneben eine kleine Kammer, wo sie schlafen sollte; diese war ganz mit wertvollen grünen Teppichen behängt und glich ganz der Höhle, in der Elisa gefunden worden war. Auf dem Fußboden lag das Bund Flachs, das sie aus den Nesseln gesponnen hatte, und unter der Decke hing das schon fertige Panzerhemd. Alles dies hatte einer der Jäger als eine besondere Merkwürdigkeit mitgenommen.

"Hier kannst du dich in deine frühere Heimat zurückträumen", sagte der König. "Hier ist deine Arbeit, mit der du dich dort beschäftigtest. In deiner jetzigen Pracht wird es dich erfreuen, hie und da an jene Zeit zurückzudenken."

Als Elisa das erblickte, was ihrem Herzen so nahe lag, spielte ein Lächeln um ihren Mund, und das Blut kehrte in ihre Wangen zurück. Sie dachte an die Rettung ihrer Brüder, küßte dem König die Hand, und er drückte sie an

"Jetzt darf ich reden", sagte sie. "Ich bin unschuldig."

Und das Volk, das sah, was geschehen war, verneigte sich vor ihr wie vor einer Heiligen. Sie aber sank leblos in die Arme ihrer Brüder, so sehr hatten Spannung, Angst und Schmerz sie angegriffen.

"Ja, sie ist unschuldig!" sagte der älteste der Brüder, und nun erzählte er alles, was geschehen war, und während er erzählte, verbreitete sich plötzlich ein Duft wie von Millionen Rosen; denn jedes Stück Brennholz des Scheiterhaufens hatte Wurzel geschlagen und Zweige getrieben. Da stand nun eine duftende Hecke, hoch und groß mit roten Rosen übersät. Aber ganz oben saß eine weiße, leuchtende Blume, die wie ein Stern glänzte; diese brach der König und legte sie auf Elisas Brust. Da erwachte sie mit Frieden und Glückseligkeit im Herzen.

Und alle Kirchenglocken begannen von selbst zu läuten; die Vögel kamen in Scharen herbeigeflogen, und es wurde ein Hochzeitszug zurück zum Schlosse, wie ihn noch kein König gesehen hatte.

Tölpelhans

Weit drinnen im Lande lag ein alter Herrenhof, und da lebte ein Gutsbesitzer, der hatte zwei Söhne, die so witzig und gescheit waren, daß es an der Hälfte gerade genug gewesen wäre. Diese beiden wollten nun um die Tochter des Königs freien; denn sie hatte bekannt machen lassen, sie wolle denjenigen zum Manne nehmen, mit dem sie sich am besten unterhalten könne.

Eine ganze Woche lang bereiteten sich die beiden auf die Bewerbung vor. Das war die längste Zeit, die ihnen vergönnt war. Sie war aber auch vollkommen hinreichend; denn sie hatten sehr schöne Vorkenntnisse, und das ist immer nützlich. Der eine wußte das ganze lateinische Wörterbuch sowie drei Jahrgänge des Tagblattes auswendig, und zwar rückwärts und vorwärts. Der andere hatte sich mit sämtlichen Paragraphen des Gesetzes und mit allem, was ein Zunftmeister wissen mußte, bekannt gemacht. Auf diese Weise, hoffte er, sich über alle Staatsangelegenheiten unterhalten zu können; und außerdem verstand er auch Hosenträger zu sticken, denn er war gar gewandt und fingerfertig.

"Ich bekomme die Königstochter!" sagten alle beide, und der Vater gab jedem ein prächtiges Pferd. Derjenige, welcher das Wörterbuch und die Zeitungen auswendig wußte, bekam einen Rappen, und der Gesetzeskundige, der überdies auch noch sticken konnte, einen Schimmel, und darauf schmierten sie sich noch die Mundwinkel mit Lebertran ein, damit diese geschmeidiger würden. Das Gesinde stand unten im Hofe, um zuzusehen, wie sie zu Pferde stiegen. Im letzten Augenblick erschien der dritte Bruder, denn es waren ihrer drei; allein der dritte wurde nicht mitgezählt, weil er nicht auch gelehrt war wie die beiden andern, und jedermann nannte ihn kurzweg Tölpelhans.

"Wo wollt ihr denn hin? Ihr seid ja im höchsten Staat!" fragte er.

"An den Hof, um uns mit der Königstochter zu unterhalten und sie zur Frau zu bekommen. Hast du denn nicht gehört, was im ganzen Lande verkündigt wurde?" und darauf erzählten sie ihm, wie die Sache zusammenhing.

"Ei der Tausend! Da muß ich auch dabei sein!" rief Tölpelhans. Aber die Brüder lachten ihn aus und ritten von dannen.

"Vater, gib mir ein Pferd!" sagte Tölpelhans. "Ich verspüre große Lust, mich zu verheiraten. Nimmt sie mich, so nimmt sie mich – nimmt sie mich nicht, so nehme ich sie doch."

"Was für ein Geschwätz!" sagte der Vater. "Dir gebe ich kein Pferd; du kannst ja nicht ordentlich sprechen! Mit deinen Brüdern ist es etwas ganz anderes; das sind Staatsburschen!"

"Wenn ich kein Pferd bekomme, dann nehme ich den Ziegenbock; der gehört mir und kann mich auch tragen." Damit setzte er sich auf den Ziegenbock, drückte ihm die Hacken in die Seiten und sprengte davon. Hui! wie das ging! Hopp, hopp! "Da komm' ich!" rief Tölpelhans, und darauf sang er, daß es weit und breit widerhallte.

Die Brüder aber ritten schweigend dahin. Sie sprachen kein Wort; denn sie mußten alle die guten Einfälle, die sie vorbringen wollten, noch einmal genau überlegen. Es sollte ja etwas ganz Besonderes sein.

"Hallo! Hallo! Da bin ich! Seht einmal, was ich auf der Landstraße gefunden habe!" Mit diesen Worten zeigte Tölpelhans den Brüdern eine tote Krähe, die er in der Hand hielt.

"Tölpel!" fuhren sie ihn an, "was willst du denn damit?"

"Ich will sie der Königstochter schenken!"

"Ja, das tu' nur!" sagten sie lachend und ritten weiter.

"Hallo! Hallo! Da bin ich! Seht, was ich jetzt gefunden habe! Das findet man nicht alle Tage auf der Landstraße!"

Die Brüder hielten wieder an, um sich den neuen Fund anzusehen. "Tölpel!" sagten sie aufs neue. "Das ist ja ein alter Holzschuh, von dem noch dazu der obere Teil abgegangen ist. Willst du den auch der Königstochter schenken?"

"Jawohl!" sagte Tölpelhans. Da lachten die Brüder, ritten weiter und kamen ihm eine große Strecke voraus.

"Hallo! Hallo! Hier bin ich!" rief Tölpelhans. "Es wird immer besser! Hallo! Hallo! Das ist aber etwas Feines!"

"Was hast du denn jetzt wieder gefunden?" fragten die Brüder.

"O", sagte Tölpelhans, "es ist nichts, worüber man reden kann; aber sie wird sich freuen, die Königstochter!"

"Pfui!" sagten die Brüder, "das ist ja der reine Schlamm, gerade aus dem Straßengraben heraus!"

"Allerdings!" sagte Tölpelhans, "obendrein von der allerfeinsten Sorte, so daß man ihn gar nicht festhalten kann." Und er füllte sich seine Tasche damit an.

Nun sprengten die Brüder in gestrecktem Galopp davon, so daß sie eine Stunde früher als Tölpelhans am Stadttor anlangten. Allein hier wurden alle Freier mit einer Nummer versehen und in Reih und Glied aufgestellt, sechs in der Reihe und so eng zusammengedrängt, daß sie sich nicht rühren konnten. Sonst hätte es auch gewiß Mord und Totschlag gegeben, weil sie hintereinander stehen mußten.

Das ganze Volk stand um das königliche Schloß, in großen Haufen bis dicht an die Fenster hinauf, um zu sehen, wie die Königstochter die Freier empfing. Aber sonderbar! sobald einer den Saal betrat, ließ ihn seine Beredsamkeit vollständig im Stich, und er konnte kein Wort herausbringen.

"Taugt nichts!" sagte die Königstochter einmal ums andere. "Fort mit ihm!" Endlich kam die Reihe an denjenigen der Brüder, der das Wörterbuch auswendig wußte. Aber nun wußte er gar nichts mehr; er hatte alles vergessen, solange er draußen in Reih und Glied stand. Dazu knarrte der Fußboden, und die Decke war von lauter Spiegelglas, so daß er sich selbst auf dem Kopfe stehen sah. An jedem Fenster standen auch noch drei Schreiber und ein Stadtältester, die alles, was gesprochen wurde, sofort niederschrieben, damit es gleich in die Zeitung kommen und an jeder Ecke für einen Groschen verkauft werden konnte. Es war ganz entsetzlich! Und zum Überfluß war auch noch der Ofen derart geheizt, daß er ganz glühend war.

"Hier herrscht eine drückende Hitze!" begann der Freier das Gespräch.

"Jawohl; denn mein Vater bratet heute junge Hähne", sagte die Königstochter. Bäh! da stand er wie ein Holzklotz; denn auf diese Erwiderung war er nicht gefaßt gewesen. Er konnte kein Wort vorbringen und hätte doch so gerne etwas recht Geistreiches gesagt. Bäh!

"Taugt nichts!" sagte die Königstochter. "Fort mit ihm!" Und so mußte er seiner Wege ziehen.

Nun kam der zweite Bruder dran.

"Hier ist eine entsetzliche Hitze!" rief er.

"Ja, wir braten heute junge Hähne", versetzte die Königstochter.

"Wie belie–" fragte er und alle Schreiber schrieben: "Wie belie–?"

"Taugt nichts!" sagte die Königstochter. "Fort mit ihm!" Nun kam Tölpelhans an die Reihe. Er ritt auf seinem Ziegenbock gerade ins Zimmer hinein. "Hier ist ja eine Mordshitze!" sagte er.

"Allerdings, aber ich brate heute junge Hähne", erwiderte die Königstochter.

"Das ist ja herrlich!" sagte Tölpelhans, "dann kann ich mir wohl auch meine Krähe braten lassen!"

"Den Gefallen will ich Ihnen gerne erweisen", sagte die Königstochter. "Haben Sie aber auch etwas, worin sie gebraten werden kann? Denn ich habe weder einen Topf noch eine Pfanne."

"O, daran fehlt es mir nicht!" rief Tölpelhans fröhlich. "Hier ist ein ausgezeichnetes Kochgeschirr!" Dabei zog er den alten Holzschuh hervor und legte die Krähe darein.

"Das reicht zu einer ganzen Mahlzeit", meinte die Königstochter. "Aber woher nehmen wir die Sauce dazu?"

"Die habe ich in meiner Tasche", sagte Tölpelhans, "ich habe so viel, daß ich sogar verschwenderisch damit sein kann!" Damit schüttete er den Schlamm aus der Tasche.

"Das gefällt mir", sagte die Königstochter, "du kannst doch antworten, und du kannst reden, und deshalb will ich dich zu meinem Gemahl erheben. Aber weißt du auch, daß jedes Wort, das wir sagen und gesprochen haben, morgen in die Zeitung kommt? Siehst du, an jedem Fenster stehen drei Schreiber sowie ein Stadtältester, und der Stadtälteste ist der schlimmste; denn er hört nicht gut. Das sagte die Königstochter aber nur, um Tölpelhans Furcht einzujagen. Darauf fingen die Schreiber an zu lachen und machten dabei einen Tintenklecks auf den Boden.

"Das sind wohl die Herrn da drüben?" sagte Tölpelhans. "Da muß ich dem Herrn Stadtältesten schon mein Bestes schenken." Zugleich wandte er seine Tasche um und spritzte ihm den ganzen Schlamm ins Gesicht.

"Du hast dir ja gut zu helfen gewußt!" sagte die Königstochter. "Das hätte ich nicht zustande gebracht! Aber ich werde es schon noch lernen!"

Und so wurde Tölpelhans König, bekam eine Krone und eine Frau und saß auf einem Throne. Und das alles haben wir aus der Zeitung des Stadtältesten, auf die man sich freilich nicht immer verlassen kann.

Der Tannenbaum

Draußen im Walde stand ein niedliches Tannenbäumchen; es hatte einen guten Platz, die Sonne konnte darauf scheinen, Luft war genug da, und rundherum wuchsen viele größere Kameraden, Tannen und Fichten. Aber der Tannenbaum wäre für sein Leben gern schon groß gewesen. Er dachte nicht an den warmen Sonnenschein und die frische Luft und machte sich nichts aus den Bauernkindern, die vorbeikamen und lustig plauderten, wenn sie im Walde Erdbeeren und Himbeeren sammelten. Oftmals kamen sie mit einem ganzen Topf voll oder hatten wohl auch Erdbeeren auf Strohhalme gezogen. Dann setzten sie sich neben das Bäumchen und sagten: "Nein, wie niedlich klein er ist!" Das hörte das Bäumchen aber gar nicht gern. Im nächsten Jahre war es schon um einen langen Schoß größer, und das Jahr darauf war es noch um einen größer; bei den Tannenbäumen berechnet man nämlich das Alter nach der Zahl ihrer Ansätze. "Ach, war' ich doch schon so groß wie die andern!" seufzte das Bäumchen, "dann könnte ich meine Zweige weit ausbreiten und mit meinem Wipfel in die weite Welt hinausschauen. Dann würden die Vögel ihre Nester auf meinen Zweigen bauen, und wenn es stürmte, könnte ich ebenso vornehm nicken, wie die andern dort drüben!"

Weder der Sonnenschein, noch die Vögel, noch die roten Wolken, die morgens und abends über ihm hinzogen, machten ihm Freude.

Im Winter, wenn der Schnee ringsumher glänzendweiß dalag, kam oft ein Hase gesprungen und setzte gerade über das Bäumchen hinweg. Das war empörend! Aber im dritten Winter war der Tannenbaum schon so hoch, daß der Hase um ihn herumlaufen mußte. "Wachsen, wachsen, groß und alt werden, ja, das ist doch das einzige Schöne in der Welt!" dachte der Tannenbaum.

Im Herbst kamen immer die Holzhauer in den Wald und fällten einige der großen Bäume. Das geschah jedes Jahr, und dem jungen Tannenbaum, der nun schon eine ansehnliche Höhe erreicht hatte, wurde angst und bange dabei, denn mit lautem Krachen stürzten sie zur Erde; die Zweige wurden ihnen abgehauen, und sie sahen dann ganz nackt, lang und schmal aus, man konnte sie fast nicht wiedererkennen. Dann wurden sie auf den Wagen gelegt, und Pferde zogen sie zum Walde hinaus.

Wohin kamen sie denn? Was stand ihnen bevor? Im Frühjahr, als die Schwalben und Störche kamen, fragte sie der Baum: "Wißt ihr nicht, wohin sie geführt wurden? Seid ihr ihnen nicht begegnet?"

Die Schwalbe wußte nichts davon; der Storch aber sah nachdenklich aus, nickte mit dem Kopfe und sagte: "Ja, ich glaube, ich weiß es. Auf meiner Rückreise von Ägypten begegneten mir viele neue Schiffe mit hohen Mastbäumen, und ich vermute, sie waren es, denn sie verbreiteten einen Tannengeruch. Ich kann vielmals von ihnen grüßen; sie ragten hoch über alles empor."

"Ach, wäre ich doch auch groß genug, um über das Meer hinzufliegen! Was ist denn eigentlich das Meer, und wie sieht es aus?"

"Das kann ich dir nicht so kurz erzählen", sagte der Storch und entfernte sich.

"Freue dich deiner Jugend!" sagten die Sonnenstrahlen, "freue dich deines Wachstums und deiner frischen Lebenskraft!" Und der Wind küßte den Baum, und der Tau weinte Tränen über ihn; aber das verstand der Tannenbaum nicht. Wenn Weihnachten herannahte, wurden ganz junge Bäume gefällt, Bäume, die nicht einmal so groß waren und auch nicht in demselben Alter standen wie unser Tannenbäumchen, das weder Rast noch Ruhe hatte, sondern nur immer fort wollte. Diese jungen Bäume – es waren gerade die allerschönsten – behielten immer ihre Zweige, wurden dann auf Wagen gelegt, und Pferde zogen sie aus dem Walde hinaus.

"Wohin kommen sie?" fragte der Tannenbaum. "Sie sind nicht größer als ich, ja, es war einer darunter, der war sogar noch weit kleiner. Warum behielten sie alle ihre Zweige? Wohin werden sie geführt?"

"Wir wissen es! wir wissen es!" zwitscherten die Sperlinge. "In der Stadt haben wir zu den Fenstern hineingeschaut; wir wissen, wohin sie fahren!

O, sie gelangen zur schönsten Pracht und Herrlichkeit, die man sich nur denken kann! Als wir zu den Fenstern hineinblickten, sahen wir, daß sie mitten in der warmen Stube eingepflanzt und mit den prächtigsten Sachen, mit vergoldeten Äpfeln und Nüssen, Honigkuchen, allerlei Spielzeug und mehr als hundert Lichtern geschmückt wurden!"

"Und dann?" fragte der Tannenbaum, während er an allen Zweigen bebte, "und dann, was geschieht dann?"

"Ja, mehr haben wir nicht gesehen, aber es war unvergleichlich schön."

"Ob wohl auch ich dazu bestimmt bin, diesen strahlenden Weg zu gehen?" dachte das Bäumchen. "Das ist noch weit besser, als übers Meer zu ziehen. O, wie mich die Sehnsucht verzehrt; wäre es doch schon Weihnachten! Jetzt bin ich ja ebenso groß und erwachsen als die andern, die voriges Jahr fortgeführt wurden. O, wäre ich doch schon auf dem Wagen! Wäre ich doch schon in der warmen Stube mit all ihrer Pracht und Herrlichkeit! und dann – ja, dann kommt natürlich noch etwas Besseres, etwas viel Schöneres. Warum würde man mich sonst so herrlich schmücken? Es muß noch etwas Größeres, noch etwas Herrlicheres kommen –! Aber was kann es denn sein? Ach, ich leide Qual! Ich vergehe vor Sehnsucht danach, ich weiß selber nicht, wie mir zu Mute ist!"

"Freue dich meiner!" sagte die Luft, und der Sonnenschein sagte: "Freu dich deiner frischen Jugend im Freien!"

Aber das Bäumchen freute sich gar nicht, es wuchs und wuchs, Sommer und Winter war es grün, ja, dunkelgrün stand es da. Die Leute, die es sahen, sagten alle: "Das ist einmal ein hübscher Baum!" und gegen Weihnachten wurde er von allen zuerst gefällt. Die Axt hieb tief durch das Mark und mit einem schweren Seufzer fiel der Baum zu Boden. Er fühlte einen durchdringenden Schmerz und war einer Ohnmacht nahe, so daß er an gar kein Glück mehr denken konnte. Er war betrübt, daß er von seiner Heimat scheiden mußte, dem Orte, wo er aufgewachsen war. Er wußte ja, daß er die lieben alten Kameraden, die kleinen Büsche und Blumen ringsumher nicht mehr sehen würde, ja, vielleicht nicht einmal mehr die kleinen Vögel; diese Abreise war durchaus kein Vergnügen.

Der Baum kam erst wieder zu sich, als er mit den andern Bäumen in einem Hofe abgeladen wurde und einen Mann sagen hörte: "Der ist schön, den wollen wir nehmen!" Dann kamen zwei Diener in Gala und trugen den Tannenbaum in einen großen, prächtigen Saal. An den Wänden hingen Bilder und neben dem großen Kachelofen standen chinesische Vasen mit Löwen auf den Deckeln. Da gab es Schaukelstühle, Ruhebänke mit seidenen Überzügen und große Tische, die mit Bilderbüchern und Spielzeug für hundert mal hundert Taler bedeckt waren – wenigstens behaupteten es die Kinder. Der Tannenbaum wurde in eine mit Sand gefüllte Tonne gestellt, aber man sah gar nicht, daß es eine Tanne war; denn sie wurde ringsherum mit grünem Stoff behängt und stand auf einem großen, bunten Teppiche. O, wie der Baum bebte; was sollte nun geschehen? Die Diener schmückten ihn, und auch die Fräulein legten Hand mit an. An die Zweige hängten sie kleine, aus buntem Papier ausgeschnittene Netze, und jedes Netz war mit Zuckerwerk gefüllt. Vergoldete Apfel und Nüsse hingen an den Zweigen, als ob sie angewachsen wären, und über hundert rote und blaue und weiße Lichtchen wurden an den Zweigen befestigt. Kleine Puppen, die wie leibhaftige Menschen aussahen – der Baum hatte solche noch nie gesehen – schwebten im Grünen, und ganz oben auf der Spitze strahlte ein goldener Stern. Es war außerordentlich prächtig!

"Heute abend", sagten alle, "heute abend wird er strahlen!"

"Ach", dachte der Baum, "wäre es doch schon Abend! Würden doch nun die Lichter bald angezündet, und was wird dann geschehen? Ob wohl die Bäume aus dem Walde kommen, um mich zu sehen? Ob die Sperlinge an die Fensterscheiben fliegen? Ob ich hier festwachse und Winter und Sommer geschmückt dastehen werde?"

Ja, ja, der Baum konnte gut raten! Aber er hatte förmlich Rindenweh vor lauter Sehnsucht, und Rindenweh ist für einen Baum ebenso schlimm als für die Menschen Kopfweh.

Nun wurden die Lichter angezündet! Welch ein Glanz! welche Pracht! Der Baum bebte an allen Zweigen, so daß einige Nadeln an einem der Lichter Feuer fingen; es qualmte entsetzlich.

"Lieber Gott!" schrien die Fräulein und löschten es hastig aus.

Jetzt wagte der Baum nicht einmal mehr zu beben. Das war schrecklich. Er war in beständiger Angst, er könnte etwas von seinem schönen Schmucke verlieren, und von all dem Glanze war er wie betäubt. – Nun öffneten sich die beiden Flügeltüren, und eine Schar Kinder stürzte herein, als ob sie den ganzen Baum umrennen wollten. Während die Erwachsenen langsam hinterherkamen, standen die Kleinen einen Augenblick stumm da; aber es dauerte nicht lange, so jubelten sie wieder so laut, daß es nur so schallte. Sie tanzten um den Baum, und ein Geschenk nach dem andern wurde von den Zweigen gepflückt.

"Was machen sie denn nur?" dachte der Baum. "Was haben sie denn im Sinn?"

Man ließ die Lichter bis auf die Zweige herunterbrennen, dann löschte man sie aus, und nachdem auch das letzte Lichtlein erloschen war, bekamen die Kinder die Erlaubnis, den Baum zu plündern. Sie stürzten auf ihn los, daß es in allen Zweigen knackte. Wäre er mit der Spitze und dem goldenen Stern nicht an der Zimmerdecke befestigt gewesen, so hätten sie ihn sicher umgeworfen.

Die Kinder tanzten nun mit ihren prächtigen Spielsachen umher; niemand dachte mehr an den Baum, mit Ausnahme der alten Kinderfrau, die aufmerksam zwischen die Zweige blickte; aber sie wollte nur nachsehen, ob nicht vielleicht eine Feige oder ein Apfel vergessen worden sei.

"Eine Geschichte, eine Geschichte!" riefen die Kinder und zerrten einen kleinen, dicken Mann zum Baume hin. Er setzte sich gerade darunter. "Denn so sind wir im Grünen", sagte er, "und dem Baum kann es auch nichts schaden, wenn er zuhört und sich eine Lehre daraus zieht. Aber ich erzähle nur eine einzige Geschichte. Wollt ihr die von Ivede-Avede hören, oder die von Klumpe-Dumpe, der die Treppe hinunterfiel und doch der Vornehmste wurde und die Prinzessin erhielt?"

"Ivede-Avede!" riefen einige, "Klumpe-Dumpe!" schrien die andern. Es war ein Rufen und Durcheinanderschreien, nur der Tannenbaum schwieg still und dachte: "Werde ich gar nicht gefragt? Habe ich denn nichts dabei zu tun?" Ja, er hatte ja das Seinige schon getan!

Nun erzählte der Mann von Klumpe-Dumpe, der die Treppe hinabfiel und doch der Vornehmste wurde und die Prinzessin erhielt. Und die Kinder klatschten in die Hände und riefen: "Noch mehr! noch mehr! Wir wollen auch noch die Geschichte von Ivede-Avede hören!" Aber da wurde nichts daraus, und sie mußten sich mit der von Klumpe-Dumpe begnügen. Der Tannenbaum stand ganz still und gedankenvoll da; nie hatten die Vögel im Walde draußen dergleichen erzählt.

"Klumpe-Dumpe fiel die Treppe hinab, und bekam doch die Prinzessin – ja, ja, so geht es in der Welt zu!" dachte der Tannenbaum und hielt alles für Wahrheit, weil der Herr, der die Geschichte erzählte, so freundlich war. "Ja, ja, wer weiß, vielleicht falle ich auch die Treppe hinab und bekomme eine Prinzessin!" Und er freute sich schon auf den nächsten Tag, wo er wieder mit Lichtern und Spielzeug und Gold und Früchten geschmückt würde.

"Morgen werde ich nicht beben", dachte er, "morgen will ich mich all meiner Herrlichkeit von Herzen freuen. Dann werde ich wieder die Geschichte von Klumpe-Dumpe hören und vielleicht auch die von Ivede-Avede." Die ganze Nacht hindurch stand der Baum still und nachdenklich da.

Am nächsten Morgen, schon in aller Frühe, kamen ein Diener und das Mädchen herein.

"Jetzt fängt die Herrlichkeit von neuem an!" dachte der Baum. Allein sie schleppten ihn zum Zimmer hinaus, die Treppen hinauf bis auf den Bodenraum, und dort stellten sie ihn in einen dunkeln Winkel, wo kein Tageslicht hinfiel. "Was soll denn das bedeuten?" dachte der Baum. "Was soll ich denn hier? Was will man mir denn hier sagen?" Er lehnte sich gegen die Wand und sann und sann.

Und Zeit hatte er wahrhaftig genug dazu, denn es verstrichen viele Tage und Nächte, ohne daß ein Mensch heraufkam, und als endlich jemand kam, so geschah es nur, um einige große Kisten in den Winkel zu stellen. Nun stand der Baum so versteckt, daß man hätte meinen können, er sei vollständig vergessen worden. "Jetzt ist eben draußen Winter", dachte er, "die Erde ist zugefroren und mit Schnee bedeckt, da können mich die Menschen nicht einpflanzen, deshalb soll ich wahrscheinlich bis zum Frühjahr hier wohlverwahrt stehen. Wie sorglich man doch ist; die Menschen sind doch recht gut. Wär' es hier nur nicht so dunkel und so schrecklich einsam. Nicht einmal ein Häschen springt hier vorbei. Da war es doch besser draußen im Walde, wenn der Schnee lag und der Hase vorübersprang, ja selbst wenn er über mich hinwegsetzte. Damals hatte ich allerdings keine Freude daran; aber hier oben ist es doch entsetzlich einsam."

"Piep, piep!" sagte plötzlich eine kleine Maus und huschte hervor, und gleich darauf kam noch eine zweite. Sie schnüffelten an dem Tannenbaume herum und schlüpften durch seine Zweige.

"Hier ist es ja furchtbar kalt", sagten die Mäuschen, "aber sonst ist es ganz behaglich hier, nicht wahr, du alter Tannenbaum?"

"Ich bin gar nicht alt", erwiderte der Tannenbaum, "es gibt viel ältere als ich."

"Wo kommst du her?" fragten die Mäuse. "Was hast du erlebt?" – Sie waren gewaltig neugierig. – "Erzähle uns doch von den schönsten Orten der Welt! Bist du schon dort gewesen, wo große Käse auf den Brettern liegen und Schinken an der Decke hängen, wo man auf Talglichtern tanzt, wo man mager hineingeht und fett wieder herauskommt?"

"Nein, den Ort kenne ich nicht", sagte der Baum, "aber den Wald kenne ich, wo die Sonne scheint und die Vögel singen." Darauf erzählte er ihnen die Geschichte seiner Jugend. So etwas hatten die Mäuschen noch nie gehört; sie lauschten aufmerksam und sagten: "Was du alles gesehen hast; du bist recht glücklich gewesen!"

"Ich!" versetzte der Tannenbaum und dachte nun erst über seine eigene Erzählung nach. "Ja, es sind wirklich recht schöne Zeiten gewesen." Und dann erzählte er ihnen vom Weihnachtsabend, wo er mit Kuchen und Lichtern geschmückt war.

"O!" riefen die Mäuschen, "du bist doch recht glücklich gewesen, du alter Tannenbaum."

"Ich bin aber gar nicht alt", erwiderte der Tannenbaum. "Ich bin ja erst in diesem Winter aus dem Walde gekommen und stehe in meinem allerbesten Alter. Ich bin nur so stark gewachsen."

"Wie schön du erzählen kannst!" sagten die Mäuschen; und in der nächsten Nacht kamen sie mit vier anderen kleinen Mäusen wieder, die dem Baum auch zuhören wollten, und je mehr er erzählte, desto deutlicher erinnerte er sich an alles und dachte: "Ja, es sind damals doch wirklich recht schöne Zeiten gewesen! Aber sie können ja wiederkommen. Klumpe-Dumpe fiel die Treppe hinab und bekam doch die Prinzessin, vielleicht bekomme ich auch noch eine Prinzessin!" Und dabei mußte der Tannenbaum an eine niedliche, kleine Birke denken, die draußen im Walde wuchs und die ihm wie eine leibhaftige Prinzessin vorkam.

"Wer ist Klumpe-Dumpe?" fragten die Mäuschen. Da erzählte der Tannenbaum das ganze Märchen, dessen er sich Wort für Wort erinnern konnte, und die Mäuschen wären vor lauter Freude darüber fast bis an die Spitze des Baumes gesprungen. In der nächsten Nacht versammelten sich noch viel mehr Mäuse um den Baum, und am Sonntag kamen sogar zwei Ratten. Allein diese behaupteten, die Geschichte sei gar nicht hübsch, und das betrübte die Mäuschen, denn nun gefiel sie ihnen auch weniger als vorher.

"Wissen Sie denn nur diese eine Geschichte?" fragten die Ratten.

"Allerdings", antwortete der Baum, "ich hörte sie an meinem glücklichsten Abend; aber damals wußte ich gar nicht, wie glücklich ich war."

Der Schatten

In den heißen Ländern brennt die Sonne ganz anders als bei uns. Die Leute werden wirklich mahagonibraun, ja, in den allerheißesten Ländern werden sie sogar zu Negern gebrannt.

Der Gelehrte, von dem unsere Geschichte handelt, war indessen aus unsern kalten Ländern nur in die heißen gekommen und meinte zuerst, er könnte dort gerade so herumgehen wie zu Hause; aber das ließ er bald bleiben. Er und alle vernünftigen Leute blieben hübsch in ihren Zimmern; die Fensterläden und Türen wurden den ganzen Tag geschlossen, und es sah aus, als ob das ganze Haus schliefe oder niemand darin wäre.

Die schmale Straße, worin der Gelehrte wohnte, war noch überdies so gebaut, daß vom Morgen bis zum Abend die Sonne hineinschien; es war wirklich nicht zum Aushalten!

Der gelehrte Mann aus den kalten Ländern war ein junger, sehr kluger Herr, und es kam ihm vor, als sitze er im feurigen Ofen; die Hitze setzte ihm schrecklich zu.

Er magerte ganz ab, ja, selbst sein Schatten schrumpfte zusammen. Er wurde viel kleiner, als er daheim war, und die Sonne griff sogar auch ihn an. Erst des Abends, wenn die Sonne untergegangen war, lebten sie wieder auf.

Es war eine wahre Freude, das mit anzusehen. Sobald Licht in die Stube gebracht wurde, streckte sich der Schatten völlig an die Wände hinauf, ja bis an die Decke und teilweise über diese hin. Der Schatten mußte sich ordentlich recken und strecken, um wieder zu Kräften zu kommen. Der Gelehrte aber trat auf den Altan hinaus, um sich etwas Bewegung zu machen, und sobald die Sterne an dem schönen, klaren Himmel erstrahlten, lebte auch er förmlich wieder auf. Auf allen Altanen in der Straße – und in den warmen Ländern hat jedes Fenster einen Altan – zeigten sich jetzt Leute; denn Luft muß man haben, sogar wenn man daran gewöhnt ist, mahagonifarben zu sein. Ja, nun wurde es lebhaft, sowohl oben als unten. Schuhmacher und Schneider und alle Leute zogen nun auf die Straße hinaus; Tische und Stühle wurden hinausgestellt und überall Licht angezündet. Wohl über tausend Lichter brannten. Der eine sprach, der andere sang, die Leute spazierten umher, Wagen fuhren, Maultiere trabten: kling, geling-ling! denn sie haben Schellen am Geschirr. Leichen wurden unter Chorgesang beerdigt, die Straßenjungen brannten Feuerwerk ab, und die Kirchenglocken läuteten. Nun herrschte fürwahr ein reges Leben unten auf der Straße. Nur in dem einen Hause, das der Wohnung des fremden Gelehrten gerade gegenüberlag, war es ganz still, und dennoch mußte jemand dort wohnen; denn auf dem Altan standen Blumen, die trotz der Sonnenhitze prächtig gediehen, und das wäre ja nicht möglich gewesen, wenn sie nicht begossen worden wären, und jemand mußte sie doch begießen. Also mußten durchaus Leute da sein. Die Türe da drüben wurde auch gegen Abend etwas geöffnet, aber drinnen in der Wohnung war es ganz finster, wenigstens in dem vordersten Zimmer, während aus dem nächsten Musik ertönte. Dem fremden Gelehrten kam diese Musik unvergleichlich schön vor, doch ist es wohl möglich, daß er es sich nur einbildete. Er fand da draußen in den warmen Ländern überhaupt alles unvergleichlich schön, alles, nur die Hitze nicht. Der Hauswirt des Gelehrten sagte diesem, er wisse nicht, wer das gegenüberliegende Haus gemietet habe; man sehe nie einen Menschen, und was die Musik anbelange, so komme sie ihm schrecklich langweilig vor. Es sei ja gerade, als ob jemand ein Stück einübe, das ihm zu schwer sei und womit er deshalb nicht zustande komme, deshalb übe er immer dasselbe Stück und sage zu sich selbst, er werde es schließlich doch lernen, aber das sei alles vergeblich, wenn er auch noch solange spiele. Einmal wachte der Fremde nachts auf – er schlief bei offener Altantüre, und von dem Luftzug wurde der Vorhang ein wenig auf die Seite geweht – da schien von dem gegenüberliegenden Altan ein wunderbarer Glanz auszugehen; alle Blumen leuchteten wie Flammen in den herrlichsten Farben, und mitten zwischen den Blumen stand eine schlanke, liebliche Jungfrau, von der ebenfalls ein Glanz ausging. Die Augen wurden förmlich davon geblendet, aber er hatte sie auch gleich beim Erwachen zu weit aufgerissen, da war dies ganz natürlich. Mit einem Sprung war er aus dem Bette, schlich ganz leise hinter den Vorhang und lugte hinaus, aber da war die Jungfrau verschwunden und mit ihr all der wunderbare Glanz. Nur die Blumen standen noch ebenso schön als vorher da. Die Türe drüben aber war nur angelehnt, und aus dem Inneren ertönte eine so sanfte und liebliche Musik, daß man sich wohl in süße Gedanken dabei wiegen konnte.

Das war doch wahrlich wie ein Zauberwerk. Wer mochte da wohnen, und wo war der eigentliche Eingang? Im Erdgeschoß war Laden an Laden, und dort konnten die Leute von oben unmöglich immer hindurchgehen.

Eines Abends saß der Fremde draußen auf seinem Altan und hinter ihm brannte Licht im Zimmer. Deshalb war es ganz natürlich, daß sich sein Schatten auf der Mauer des gegenüberliegenden Hauses abzeichnete. Jawohl, der saß nun dort droben zwischen den Blumen auf dem Altan, und so oft der Fremde sich bewegte, bewegte sich der Schatten auch, denn das ist so des Schattens Art.

"Ich glaube, mein Schatten ist das einzig Lebendige, was man dort drüben gewahrt", sagte der Gelehrte. "Sieh, wie hübsch er zwischen den Blumen sitzt, und die Tür ist nur angelehnt. Da sollte eigentlich der Schatten so schlau sein und hineingehen, sich dort drinnen umsehen und dann wieder zurückkommen und mir erzählen, was er dort gesehen hat. – Ja, ja, du könntest dich wohl nützlich machen!" sagte er im Scherz zum Schatten, "sei doch so gütig und gehe hinein, nun, willst du nicht?" Damit nickte er dem Schatten zu, und dieser nickte wieder. "Ja, ja, geh nur, aber bleib nicht ganz fort!"

Darauf stand der Fremde auf, und sein Schatten auf dem gegenüberliegenden Altan stand ebenfalls auf; der Fremde wandte sich um, und der Schatten wandte sich ebenfalls um, ja, wenn jemand genau achtgegeben hätte, so hätte er deutlich wahrnehmen können, daß der Schatten in die halboffene Altantüre des gegenüberliegenden Hauses hineintrat, und zwar in demselben Augenblick, als der Fremde auch in sein Zimmer ging und den langen Vorhang hinter sich herabfallen ließ.

Am andern Morgen ging der Gelehrte aus, um Kaffee zu trinken und die Zeitungen zu lesen. "Was ist denn das?" sagte er, als er in den Sonnenschein hinaustrat, "ich habe ja keinen Schatten! Der ist also gestern abend wirklich fortgegangen und nicht wiedergekommen; das ist doch recht verdrießlich!"

Der Verlust seines Schattens ärgerte den Gelehrten. Zwar den Verlust selbst hätte er schon verschmerzen können, aber er wußte, daß es eine Geschichte von einem Mann ohne Schatten gibt, die daheim in den kalten Ländern jedes Kind kennt, und wenn er nun heimkehrte und sein Abenteuer erzählte, so fürchtete er, man werde sagen, das sei eine Nachbildung jener Geschichte, und das wäre ihm sehr unangenehm gewesen. Deshalb beschloß er, gar nichts davon zu sagen, und das war recht vernünftig gedacht.

Am Abend trat er wieder auf seinen Altan hinaus und hatte wieder das Licht hinter sich stehen, denn er wußte, daß der Schatten immer seinen Herrn als Schirm haben will; allein er konnte ihn trotzdem nicht hervorlocken. Er machte sich klein, er machte sich groß, aber da war kein Schatten, und es kam auch kein Schatten. Der Gelehrte sagte: "Hm, hm!" aber es half nichts.

Ärgerlich war das freilich, aber in den warmen Ländern wächst gottlob alles geschwind, und nach Verlauf von acht Tagen bemerkte er zu seiner großen Freude, daß ihm, sobald er in den Sonnenschein hinaustrat, ein neuer Schatten an den Füßen herauswuchs; die Wurzel mußte also sitzen geblieben sein. Nach drei Wochen hatte er schon einen ganz leidlichen Schatten, der, als er sich wieder heimwärts nach den nördlichen Ländern begab, auf der Reise immer noch wuchs, so daß er endlich so groß war, daß er schon an der Hälfte genug gewesen wäre. Nachdem der Gelehrte nun wieder zu Haus war, schrieb er Bücher über das Wahre, Gute und Schöne in der Welt.

Tage und Jahre vergingen, ja, viele Jahre waren vergangen, als der Gelehrte eines Abends in seinem Zimmer saß und studierte; da klopfte es plötzlich ganz leise an seine Türe. "Herein!" sagte er, aber es kam niemand. Da öffnete er selbst die Türe, und vor ihm stand ein außerordentlich magerer Mensch, der einen höchst sonderbaren Eindruck auf den Gelehrten machte; übrigens war jener äußerst fein gekleidet, und es mußte ein vornehmer Herr sein.

"Mit wem habe ich die Ehre?" fragte der Gelehrte.

"Ich dachte mir wohl", sagte der feine Herr, "daß Sie mich nicht mehr erkennen würden. Ich bin zu körperlich geworden und habe förmlich Fleisch und Bein bekommen. Das hätten Sie wohl nie gedacht, daß Sie mich in solcher Körperfülle wiedersehen würden. Erkennen Sie denn Ihren alten Schatten nicht mehr? Ja, Sie haben sicher nicht geglaubt, daß ich jemals wiederkommen würde. Mir ist es außerordentlich gut gegangen, seit ich zuletzt bei Ihnen war, und ich bin sehr wohlhabend geworden. Wenn ich mich aus meinem Dienst loskaufen will, so habe ich nun die Mittel dazu." Dabei rasselte er mit einem Bund kostbarer Berlocken, die an seiner Uhr hingen, und steckte seine Hand durch die dicke, goldene Kette, die er um den Hals trug; an allen seinen Fingern blitzten Diamantringe, und alles war echt.

"Ich kann mich von meinem Erstaunen gar nicht erholen", sagte der Gelehrte, "wie ist das nur möglich, wie ging es denn zu?"

"Etwas Alltägliches ist es allerdings nicht", erwiderte der Schatten, "aber Sie gehören ja auch nicht zu den alltäglichen Menschen, und Sie wissen wohl, daß ich von Kindesbeinen an in Ihre Fußstapfen getreten bin. Sobald ich fand, daß ich reif genug sei, um allein in der Welt fortzukommen, ließen Sie mich auch meinen eigenen Weg gehen, und nun befinde ich mich in den allerbrillantesten Umständen. Allein da überkam mich plötzlich eine Art Sehnsucht; ich wünschte, Sie vor Ihrem Tode noch einmal zu sehen; denn sterben müssen Sie ja doch einmal. Auch wollte ich gern diese Länder einmal wiedersehen; man hängt doch immer an seinem Vaterlande. Ich weiß, daß Sie damals wieder einen andern Schatten bekommen haben; bitte sagen Sie mir, ob ich ihm oder Ihnen etwas schuldig bin."

"Nein, bist du es wirklich?" sagte der Gelehrte. "Das ist doch höchst merkwürdig. Nie hätte ich gedacht, daß der alte Schatten eines Menschen als ein Mensch wiederkommen könnte!"

"Sagen Sie mir, was ich zu bezahlen habe", versetzte der Schatten, "denn ich möchte nicht gerne in jemandes Schuld stehen."

"Wie kannst du nur so sprechen!" sagte der Gelehrte. "Von einer Schuld kann hier gar keine Rede sein. Du bist so frei wie jeder andere. Ich freue mich außerordentlich über dein Glück! Setze dich, alter Freund, und erzähle mir ein wenig, wie alles zuging und auch, was du dort in den heißen Ländern, in dem uns gegenüberliegenden Hause gesehen hast."

"Ja, das will ich Ihnen gern erzählen", sagte der Schatten und setzte sich, "aber dann müssen Sie mir auch versprechen, daß Sie hier in der Stadt, wo Sie mich auch immer treffen mögen, keinem Menschen mitteilen, daß ich Ihr Schatten bin. Ich will mich nämlich verheiraten, denn ich besitze jetzt mehr, als ich zur Ernährung einer Familie brauche."

"Sei unbesorgt", sagte der Gelehrte, "ich werde gewiß niemand verraten, wer du eigentlich bist. Hier ist meine Hand darauf. Ich verspreche es und – ein Mann, ein Wort!"

"Ein Wort, ein Schatten!" sagte er andere, denn so mußte er ja sprechen.

Es war übrigens merkwürdig, wie vollständig er Mensch geworden war: er trug schwarze Kleider vom allerfeinsten Tuch sowie Lackstiefel und einen Hut, den man zusammendrücken konnte, so daß man nur noch Deckel und Krempe wahrnahm; von den uns schon bekannten Berlocken, der goldenen Halskette und den Diamantringen gar nicht zu reden. Jawohl, der Schatten war außerordentlich gut gekleidet, und das war es auch gerade, was ihn zum Menschen machte. "Nun will ich erzählen", begann der Schatten, und dabei trat er mit seinen Lackstiefeln hart auf den neuen Schatten des Gelehrten, der wie ein Pudel zu dessen Füßen lag. Entweder tat er es aus Hochmut, oder vielleicht hoffte er auch, der Schatten werde an seinem Stiefel hängen bleiben;

aber der liegende Schatten verhielt sich ganz still und ruhig, um recht gut hören zu können. Er wollte wohl auch wissen, auf welche Weise man sich frei machen und zum eigenen Herrn aufdienen könnte.

"Wissen Sie, wer in dem Hause uns gegenüber wohnte?" fragte der Schatten. "O, das Herrlichste von allem, nämlich die Poesie. Ich verweilte dort drei Wochen, und das hatte dieselbe Wirkung, als ob man dreihundert Jahre gelebt und immerfort Dichtungen und gelehrte Werke gelesen hätte. Das behaupte ich wenigstens, und das ist wahr. Ich habe alles gesehen und ich weiß alles."

"Die Poesie!" rief der Gelehrte. "Ja, ja, in den großen Städten lebt sie oft als Einsiedlerin. Die Poesie! Ach, ich habe sie nur einen kurzen Augenblick gesehen, und damals war ich noch halb im Schlaf. Sie stand auf dem Altan und leuchtete so wunderbar wie ein Nordlicht. Erzähle, erzähle! Du warst auf dem Altan, du gingst zur Türe hinein, und dann –!"

"Dann war ich im Vorzimmer!" fuhr der Schatten fort. "Sie haben immer dagesessen und nach dem Vorzimmer hinübergeblickt. Es war kein Licht darin, sondern es herrschte eine Art Zwielicht, aber die Türen einer ganzen Reihe hellerleuchteter Säle und Zimmer standen weit offen, und da strahlte und flammte es: ein wahres Lichtmeer drang auf mich ein, das mich sicher getötet hätte, wenn ich bis zu der Jungfrau selbst vorgedrungen wäre. Aber ich war besonnen, ich nahm mir Zeit, und das muß man tun."

"Und was sahst du denn?" fragte der Gelehrte.

"Alles sah ich, und ich werde Ihnen alles erzählen, aber – es ist wirklich nicht Stolz von mir – jedoch als freier Mann und bei meinen Kenntnissen, von meiner guten Stellung und meinen ausgezeichneten Verhältnissen gar nicht zu reden – möchte ich Sie bitten, mich ›Sie‹ anzureden."

"Verzeihung!" sagte der Gelehrte, "ich sagte aus alter Gewohnheit ›du‹. Sie haben aber vollkommen recht, und ich werde daran denken. Doch nun erzählen Sie mir alles, was Sie sahen!"

"Jawohl", sagte der Schatten, "denn ich sah alles und weiß alles."

"Wie sah es denn in den inneren Gemächern aus?" fragte der Gelehrte. "War es dort wie im frischen Wald, oder war es wie in einer Kirche? Waren die Säle wie der sternenhelle Himmel, wenn man auf hohen Bergen steht?"

"Alles dieses und noch viel mehr", sagte der Schatten, "ich ging ja nicht ganz hinein, sondern blieb im vordersten Zimmer, im Zwielicht stehen; aber das war gerade ein ausgezeichneter Platz, denn da sah ich alles. Ich bin am Hofe der Poesie im Vorzimmer gewesen."

"Aber was sahen Sie denn? Wandelten alle Götter des Altertums durch die großen Säle? Kämpften dort die alten Helden? Spielten dort liebliche Kinder und erzählten ihre Träume?"

"Ich sage Ihnen, ich war da, und Sie werden begreifen, daß ich alles sah, was dort zu sehen war. Wären Sie hinübergekommen, so wären Sie über die Menschlichkeit hinausgehoben worden. Ich aber wurde in dieselbe erhoben und zugleich lernte ich meine innerste, angeborene Natur kennen, die Verwandtschaft, in der ich zur Poesie stehe. Damals, als ich noch bei Ihnen war, dachte ich nicht darüber nach; aber Sie werden sich doch noch daran erinnern, daß ich, sobald die Sonne auf- oder unterging, immer so merkwürdig groß wurde, ja, im Mondschein war ich beinahe noch bedeutender als Sie selbst. Damals hatte ich eben meine innerste Natur noch nicht recht verstanden. Aber im Vorzimmer der Poesie, da lernte ich sie kennen und wurde Mensch! Zum Manne herangereift, ging ich daraus hervor; aber da waren Sie nicht mehr in den heißen Ländern. Ich schämte mich dann, als Mensch so umherzugehen, wie ich damals dastand; denn mir fehlten Stiefel und Kleider und überhaupt der ganze Menschenfirnis, der den Menschen kennzeichnet. Ich nahm meine Zuflucht – Ihnen kann ich es ja wohl gestehen, da Sie mein Geheimnis in keinem Buch preisgeben werden – ja, ich suchte Zuflucht im Rock einer Kuchenfrau, unter den ich mich versteckte. Die Frau hatte keine Ahnung, wieviel sie verbarg. Erst am Abend verließ ich mein Versteck, lief dann im Mondschein auf der Straße umher, streckte mich lang an der Mauer hinauf, das kitzelte so angenehm auf dem Rücken. Ich lief auf und ab, schaute durch die höchsten Fenster in die Säle und Dächer hinein, ja, ich guckte da hinein, wo niemand sonst hineinsehen konnte, und sah, was kein anderer sah und sehen sollte. Im Grunde genommen ist die Welt recht schlecht; ich möchte kein Mensch sein, wenn es nicht eine nun einmal angenommene Tatsache wäre, daß der Mensch auf der Erde am meisten gilt. Ich sah das Unglaublichste bei Frauen und Männern, bei Eltern und auch bei lieblichen, süßen Kinderchen; ja, ich sah", sagte der Schatten, "was kein Mensch wissen sollte, was aber doch alle wissen möchten, nämlich das *Böse beim Nachbar*. Hätte ich eine Zeitung geschrieben, ei, die wäre gelesen worden! Aber ich schrieb gleich an die betreffenden Personen selbst, und wo ich hinkam, entsetzten sich die Leute. Man fürchtete mich, und deshalb tat man schön mit mir. Die Professoren machten mich zum Professor; die Schneider gaben mir neue Kleider, so daß ich jetzt hinlänglich damit versehen bin; die Münzmeister prägten Münzen für mich; die Frauen sagten mir, ich sei schön, und so bin ich der Mann geworden, der ich bin. Doch nun muß ich fort; hier ist meine Karte. Ich wohne auf der Sonnenseite und bin bei Regenwetter stets zu Haus." Damit ging der Schatten.

"Das ist doch merkwürdig!" sagte der Gelehrte.

Jahr und Tag vergingen. Da kam plötzlich der Schatten wieder.

"Nun, wie geht's?" fragte er.

"Ach", sagte der Gelehrte, "ich schreibe Bücher über das Wahre und Gute und Schöne, aber niemand will heutzutage dergleichen hören. Ich bin ganz unglücklich; denn es geht mir sehr zu Herzen."

"O, ich nehme mir nie etwas zu Herzen", sagte der Schatten, "darum werde ich auch fett, und das muß das Streben jedes vernünftigen Menschen sein. Sie verstehen sich eben nicht auf die Welt. Wenn Sie so fortmachen, werden Sie krank werden. Sie müssen reisen. Ich mache zum Beispiel jetzt eine Reise, und da könnten Sie mich begleiten. Ich möchte gern einen Reisekameraden haben. Wollen Sie nicht als mein Schatten mitkommen? Es würde mir ein großes Vergnügen machen, wenn Sie einwilligten; ich bezahle die Reise."

"Das geht zu weit", sagte der Gelehrte.

"Das kommt darauf an, wie man es nimmt", entgegnete der Schatten. "Eine Reise würde Ihnen außerordentlich gut tun; wenn Sie mein Schatten sein wollen, dürfen Sie ganz umsonst mitreisen."

"Das ist doch zu arg!" sagte der Gelehrte.

"Ja, so ist die Welt nun einmal", sagte der Schatten, "und so wird Sie immer bleiben." Mit dieser Erklärung entfernte er sich.

Dem Gelehrten ging es wirklich nicht gut. Sorgen und Kummer plagten ihn, und was er über das Wahre, Gute und Schöne sagte, war für die meisten, was die Muskatnuß für die Kuh ist. Zuletzt war er wirklich krank.

"Sie sehen beinahe wie ein Schatten aus", sagten die Leute zu ihm, und da schauderte der Gelehrte jedesmal zusammen; denn er hatte seine eigenen Gedanken dabei.

"Sie müssen durchaus in ein Bad reisen", sagte der Schatten zu ihm, als er ihn wieder einmal besuchte. "Es gibt kein anderes Mittel. Ich will Sie um unserer alten Bekanntschaft willen mitnehmen. Ich bezahle die Reise, Sie aber müssen nachher eine Beschreibung davon machen und unterwegs für die Unterhaltung sorgen. Ich will in ein Bad reisen, denn mein Bart will nicht recht wachsen, und das ist auch eine Krankheit; einen Bart muß man doch haben! Seien Sie nun vernünftig und nehmen Sie mein Anerbieten an; wir reisen dann wie Kameraden."

Und so reisten sie. Der Schatten war nun der Herr, und der Herr der Schatten. Sie fuhren miteinander aus, sie ritten und gingen zusammen, nebeneinander, vor- und hintereinander, je nach dem Stand der Sonne. Der Schatten wußte es immer so einzurichten, daß er den Ehrenplatz hatte, aber der Gelehrte dachte nicht weiter darüber nach. Er war sehr gutmütig, sanft und freundlich, und deshalb sagte er auch eines Tages zu dem Schatten: "Da wir nun doch einmal Reisekameraden geworden und außerdem von Kindheit an zusammengewesen sind, wollen wir da nicht Brüderschaft trinken?"

"Was Sie da sagen", erwiderte der Schatten, der ja nun der eigentliche Herr war, "ist recht offen und wohlgemeint gesprochen, darum will ich Ihnen ebenso wohlmeinend und offen antworten. Sie als gelehrter Herr wissen wohl zur Genüge, wie sonderbar die Natur oft ist. So können es manche Leute nicht vertragen, rauhes Papier anzufassen, andern geht es durch Mark und Bein, wenn man mit einem Nagel auf eine Glasscheibe kritzelt. Nun, mich erfaßt ein ähnliches Gefühl, sobald ich höre, daß Sie ›du‹ zu mir sagen; da ist es mir, als würde ich zu Boden gedrückt und befände mich wieder in meiner ersten Stellung bei Ihnen. Sie sehen, daß nicht Hochmut, sondern ein unüberwindliches Gefühl die Ursache davon ist. Ich kann Ihnen deshalb nicht erlauben, mich zu duzen; meinerseits aber will ich Ihrem Wunsch gern willfahren, dadurch komme ich Ihnen auf halbem Weg entgegen."

Und nun duzte der Schatten seinen früheren Herrn.

"Das ist eigentlich etwas stark", dachte dieser, "daß ich ihn nun mit ›Sie‹ anreden muß, während er ›du‹ zu mir sagt." Doch mußte er es sich wohl oder übel gefallen lassen.

Dann kamen die beiden an einen Badeort, wo sich viele Fremde aufhielten, und unter diesen war eine wunderschöne Königstochter, deren Krankheit darin bestand, daß sie alles zu scharf sah, und das war sehr bedenklich. Die Königstochter merkte auch sofort, daß der neue Badegast eine ganz andere Person war als alle übrigen.

"Es heißt, er sei hier, um seinen Bart zum Wachsen zu bringen", sagte sie. "Aber ich sehe wohl, woran er leidet: er kann keinen Schatten werfen." Große Neugier bemächtigte sich ihrer, und deshalb ließ sie sich auf der Promenade sogleich in ein Gespräch mit dem fremden Herrn ein.

Als Königstochter brauchte sie sich ja nicht zu genieren, und deshalb sagte sie: "Nicht wahr, Ihre Krankheit besteht darin, daß Sie keinen Schatten werfen können?"

"Ah, Eure Königliche Hoheit sind also schon auf dem Weg der Besserung!" entgegnete der Schatten. "Ich weiß, Ihr Leiden besteht darin, daß Sie allzuscharf sehen; aber das scheint sich ganz verloren zu haben, denn ich habe im Gegenteil einen ganz ungewöhnlichen Schatten: sehen Sie nicht die Person, die mich beständig begleitet? Andere Menschen haben nur einen gewöhnlichen Schatten, aber ich liebe das Gewöhnliche durchaus nicht. Gerade wie man die Livree seiner Diener oft aus feinerem Tuch, als man selbst trägt, anfertigen läßt, so habe ich meinen Schatten zum Menschen aufputzen lassen; ja, wie Sie sehen, habe ich ihm sogar noch einen Extraschatten angeschafft. Das ist zwar sehr teuer, aber ich habe gern etwas Apartes."

"Wie", dachte die Prinzessin, "sollte ich wirklich genesen sein? Dieses Bad ist freilich das heilsamste, das Wasser hat in unserer Zeit eine ganz wunderbare Kraft, aber trotzdem will ich noch nicht abreisen; denn jetzt wird es hier erst unterhaltend. Der Fremde gefällt mir ausgezeichnet. Wenn nur sein Bart nicht wächst, denn sonst reist er ab."

Am Abend tanzte in dem großen Ballsaale die Königstochter mit dem Schatten. Sie tanzte leicht, aber er tanzte noch viel leichter, einen solchen Tänzer hatte sie noch niemals gehabt. Dann unterhielten sie sich miteinander, und sie nannte ihm den Namen ihres Vaterlandes. Er kannte das Land auch; er war einmal dort gewesen. Allein da hatte sie sich nicht zu Hause befunden. Er hatte auch dort durch die Fenster in die obern und untern Stockwerke hineingeschaut und dabei dies und jenes wahrgenommen; deshalb konnte er der Königstochter gut antworten und Anspielungen machen, die sie auf das höchste verblüfften. "Das muß wirklich der klügste Mann auf der ganzen Erde sein", dachte sie und bekam große Achtung vor seinem Wissen. Als sie darauf wieder zusammen tanzten, verliebte sich die Königstochter in den Schatten, was dieser auch recht wohl bemerkte; denn sie sah ihn immerfort an. Bei dem nächsten Tanze hätte sie ihm beinahe ihre Liebe gestanden, aber sie war doch noch besonnen genug, an ihr Vaterland, ihr Reich und an die vielen Menschen zu denken, die sie einstmals regieren sollte. "Ein kluger Mann ist er allerdings", dachte sie bei sich selbst, und das ist gut; wundervoll tanzt er auch, und das ist auch gut; aber eine andere, ebenso wichtige Frage ist es, ob er auch gründliche Kenntnisse besitzt. Das muß ich vor allen Dingen zu erfahren suchen; ich werde ihm einmal auf den Zahn fühlen." Darauf begann sie, ihn über die allerschwierigsten Dinge, über die sie selbst gar keine Auskunft hätte geben können, auszufragen, und der Schatten machte ein höchst merkwürdiges Gesicht dazu.

"Das können Sie wohl nicht beantworten?" sagte die Königstochter.

"O doch", erwiderte der Schatten, "das habe ich schon in der Schule gelernt, und ich möchte fast glauben, daß es sogar mein Schatten an der Türe beantworten kann."

"Ihr Schatten!" sagte die Königstochter, "das wäre äußerst merkwürdig!"

"Ich kann auch nicht mit Bestimmtheit behaupten, daß er es wirklich kann", versetzte der Schatten, "aber ich möchte es gleichwohl glauben. Er hat mich doch nun schon so viele Jahre lang begleitet und mir zugehört. Ja, ich glaube es sicher. Allein gestatten Ihre Königliche Hoheit, daß ich Sie zuvor darauf aufmerksam mache, daß es der größte Stolz meines Schattens ist, wenn er für einen Menschen gehalten wird, und wenn er bei guter Laune bleiben soll – und das ist nötig, um gute Antworten von ihm zu erhalten – muß er ganz wie ein Mensch behandelt werden."

"Solch ein Stolz gefällt mir", sagte die Königstochter. Darauf ging sie zu dem gelehrten Mann, der an der Türe stand, hin und sprach mit ihm von Sonne und Mond, vom äußeren und inneren Menschen, und der Gelehrte gab lauter kluge und gute Antworten.

"Was muß das für ein Mann sein, der einen so weisen Schatten hat!" dachte die Königstochter. "Wenn ich ihn zu meinem Gemahl erwählte, so wäre das gewiß ein großer Segen für mein Reich und Volk – ich will es tun!"

Die Königstochter und der Schatten waren bald miteinander einig. Aber ehe die Prinzessin wieder in ihr Reich zurückgekehrt war, sollte niemand etwas davon erfahren. "Niemand, nicht einmal mein Schatten", sagte der Schatten, und dazu hatte er seinen guten Grund. Dann reiste er mit dem Gelehrten in das Land, wo die Königstochter regierte, und dort langten sie, gleich nachdem die Königstochter eingetroffen war, auch an.

"Höre, guter Freund", sagte der Schatten zu dem Gelehrten, "jetzt bin ich so glücklich und mächtig geworden, wie nur irgend jemand werden kann. Darum will ich nun auch etwas ganz Besonderes für dich tun. Du sollst beständig bei mir im Schlosse wohnen, mit mir in meinem eigenen königlichen Wagen fahren und ein Gehalt von jährlich 100 000 Talern beziehen; aber dafür mußt du dich von jedermann ›Schatten‹ nennen lassen. Du darfst nicht sagen, daß du jemals ein Mensch gewesen bist, und einmal im Jahr, wenn ich im Sonnenschein auf dem Altan sitze und mich sehen lasse, mußt du zu meinen Füßen liegen, wie es einem richtigen Schatten gebührt. Ich muß dir nämlich mitteilen, daß ich die Königstochter heirate. Heute abend ist die Hochzeit."

"Nein, nein, das ist zu toll!" rief der Gelehrte, "das will ich nicht tun und tue es auch nicht. Das hieße ja, das ganze Land betrügen und die Königstochter dazu. Ich werde alles verraten und sagen, daß ich der Mensch, du aber nur ein Schatten bist, der menschliche Kleidung trägt."

"Das würde dir niemand glauben!" sagte der Schatten. "Komm, sei vernünftig, sonst muß ich die Wachen herbeirufen."

"Ich gehe geradewegs zur Königstochter!" rief der Gelehrte.

"Nein, ich gehe zuerst", entgegnete der Schatten, "und du wanderst ins Gefängnis!" Und so geschah es auch wirklich; denn die Schildwachen gehorchten dem Schatten. Sie wußten ja, daß die Königstochter ihn heiraten wollte.

"Du zitterst ja", sagte die Königstochter, als der Schatten bei ihr eintrat. "Ist dir ein Unglück zugestoßen? Du darfst jetzt nicht krank werden; denn heute wollen wir ja Hochzeit feiern."

"Ich habe das Entsetzlichste erlebt, was einem Menschen begegnen kann", erwiderte der Schatten. "Denke dir nur – ja, so ein armes Schattenhirn kann eben nicht viel aushalten – denke dir, mein Schatten ist verrückt geworden. Er bildet sich ein, daß er ein Mensch und daß ich – ja, denke dir nur – daß ich sein Schatten sei."

"Das ist ja gräßlich", sagte die Prinzessin, "hoffentlich hat man ihn gleich eingesperrt!"

"Allerdings, aber ich fürchte, er wird nie wieder gesund werden."

"Der arme Schatten!" entgegnete die Prinzessin, "er ist recht zu bedauern, und es wäre eine große Wohltat, wenn man ihn von diesem traurigen Dasein befreite. Wenn ich es mir genau überlege, so scheint es mir bei den heutigen Zuständen, wo es in den unteren Klassen überall gärt und kocht, beinahe notwendig, ihn in aller Stille zu beseitigen."

"Das ist freilich hart", sagte der Schatten, "denn er war mir ein treuer Diener." Und dabei tat er, als ob er seufze.

"Du bist ein edler Charakter", sagte die Königstochter. Am Abend war die ganze Stadt festlich beleuchtet; die Kanonen donnerten "bum!" und die Soldaten präsentierten das Gewehr. Es war eine großartige Hochzeit. Die Königstochter und der Schatten traten auf den Altan hinaus, um sich zu zeigen und noch einmal von der Volksmenge mit lauten Hurrarufen begrüßt zu werden.

Der gelehrte Mann aber hörte nichts von allen diesen Herrlichkeiten; denn man hatte ihm schon das Leben genommen.

"Die Irrwische sind in der Stadt", sagte das Moorweib

Es war einmal ein Mann, der wußte immer viele neue Märchen; aber dann wußte er auf einmal keine mehr. Er sagte, sie seien ihm ausgegangen. Das Märchen, das sonst immer aus freien Stücken zu ihm gekommen sei, klopfte nun nicht mehr an seine Türe. Aber warum kam es denn nicht mehr? Der Mann hatte allerdings seit Jahr und Tag gar nicht mehr an das Märchen gedacht und nicht erwartet, daß es kommen und anklopfen solle; aber es war auch gewiß nicht dagewesen. Denn draußen gab es Krieg und drinnen gab es Sorge und Not, wie der Krieg sie mit sich zu führen pflegt.

Storch und Schwalbe kehrten von ihrer langen Reise zurück! Sie dachten an keine Gefahr; aber als sie ankamen, waren ihre Nester verbrannt. Die Häuser der Menschen waren auch verbrannt; die Hecken zerstört, ja größtenteils ganz verschwunden. Die Pferde der Feinde sprengten über die alten Gräber hin; es waren harte, trübe Zeiten; aber auch sie nahmen ein Ende.

Und nun hatten sie ein Ende, hieß es. Doch das Märchen klopfte immer noch nicht bei dem Manne an und ließ nichts von sich hören.

"Es ist gewiß wie so viele andere gestorben und verdorben", sagte der Mann. Nachdem ein ganzes Jahr verflossen war, sehnte er sich innig nach dem Märchen. "Ach, wenn es doch wiederkommen und bei mir anklopfen würde!" Und er erinnerte sich an all die mannigfachen Gestalten, in denen es zu ihm gekommen war: bald jung und schön wie der Frühling, ein liebliches Mädchen mit einem Waldmeisterkranz im Haar und einem Buchenzweige in der Hand, dessen Augen wie tiefe Waldseen beim Sonnenschein leuchteten; bald hatte es seinen Kasten geöffnet und seidene Bänder mit Versen und Inschriften darauf, die alte, liebe Erinnerungen wachriefen, flattern lassen; aber am allerschönsten war es doch gewesen, wenn es als altes Mütterchen mit silberweißem Haar und großen, klugen Augen kam. Dann wußte es so recht schön von den allerältesten Zeiten zu erzählen, wo die Prinzessinnen noch lange nicht auf goldenen Spindeln spannen, sondern wo noch Drachen und Lindwürmer draußen lagen und Wache hielten. Dann erzählte es so lebendig, daß es den Leuten ganz schwarz vor den Augen wurde und sich der Fußboden von Menschenblut dunkelrot zu färben schien. Es war gräßlich mit anzuhören, und es wurde einem angst und bange dabei, und doch war es so wunderschön und behaglich; denn es war ja schon so lange her, daß dies alles geschehen.

"Ach, wenn es doch noch einmal bei mir anklopfen würde!" sagte der Mann und starrte nach der Türe, bis ihm selbst schwarze Punkte vor den Augen tanzten und er schwarze Flecken auf dem Fußboden sah. Er wußte nicht, war es Blut oder war es ein Trauerflor aus vergangenen trüben Tagen.

Und wie er so da saß, kam ihm auf einmal der Gedanke, ob sich das Märchen nicht am Ende versteckt habe, gerade wie jene Prinzessin in dem richtigen Märchen, die sich nur suchen lassen wollte. Ja, wenn er es fand, dann strahlte es gewiß wieder in neuem Glanze und noch schöner als je zuvor!

Wer weiß, vielleicht hat es sich in dem hingeworfenen Strohhalm, der dort am Brunnenrande hängt, versteckt! Vorsichtig! vorsichtig! Vielleicht liegt es in einer getrockneten Blume in einem der großen Bücher auf dem Regal dort drüben!

Der Mann ging hin und öffnete eines der allerneuesten Lehrbücher, aber da war gar keine Blume darin. Es handelte von Holger Danske, dem alten sagenhaften Greise, und da stand geschrieben, daß die ganze Geschichte nur eine Erfindung sei, die ein französischer Mönch geschrieben habe. Das Ganze sei nur ein Roman, der erst später ins Dänische übersetzt und dann gedruckt worden sei. Holger Danske habe also nicht existiert und könne demnach auch nicht wiederkommen, wie man immer gesungen hatte und auch so gerne geglaubt hätte. Es verhalte sich mit Holger Danske genau so wie mit Wilhelm Tell; es sei alles nur Sage, auf die man sich nicht verlassen könne, ja, das stand in dem hochgelehrten Buche.

"Nun, deshalb glaube ich doch, was ich will", sagte der Mann. "Es wächst kein Wegerich, wo noch kein Fuß hingetreten ist, heißt es im Sprichwort."

Er klappte das Buch zu, stellte es wieder auf seinen Platz und trat zu den blühenden Blumentöpfen am Fenster. Vielleicht hatte sich das Märchen in die rote Tulpe mit den gelben Rändern versteckt oder in die helle Rose oder in die dunkelrote Kamelie. Der Sonnenschein spielte auf den Blättern, aber es war kein Märchen da.

Die Blumen, die während der traurigen Kriegszeit dagestanden hatten, waren alle viel schöner gewesen, aber sie waren alle abgeschnitten und in Kränze gebunden worden; diese hatte man dann auf die Särge gelegt und die Fahnen darüber gebreitet. Vielleicht war mit den Särgen auch das Märchen begraben worden! Ach nein! denn das hätten die Blumen doch wissen müssen, und die Särge hätten es erfahren, die Erde hätte es erfahren, jedes kleine Hälmchen, das hervorsproßte, würde es erzählt haben. Das Märchen stirbt niemals.

Vielleicht war es auch dagewesen und hatte angeklopft! Aber wer hätte damals Sinn für das Märchen gehabt? Trübe, schwermütig, ja fast zornig sah man den Sonnenschein des Frühlings wieder erwachen, hörte man das Vogelgezwitscher, nahm man das frische Grün wahr. Selbst die alten frischen Volkslieder waren verstummt, und so wurden sie mit so vielem andern, was dem Herzen teuer war, eingesargt.

Da konnte das Märchen wohl angeklopft haben; man hatte es nur nicht gehört und nicht "Herein" gerufen, und so war es wieder fortgegangen.

"Ich will mich aufmachen und es suchen!" sagte der Mann.

"Hinaus aufs Land, hinaus ans Meeresufer!"

Draußen liegt ein alter Herrenhof mit roten Mauern, zackigem Giebel und wehender Fahne auf dem Turm. Die Nachtigall singt zwischen den feingekerbten Buchenblättern, während sie die blühenden Apfelbäume betrachtet, und meint, es seien lauter Rosen auf den Zweigen. Hier sind die Bienen beim goldenen Sommersonnenschein fleißig und umschwärmen ihre Königin.

Der Herbststurm weiß von der wilden Jagd, von den Wäldern und von den Menschengeschlechtern, die alle vergehen müssen, zu erzählen. Zur

Weihnachtszeit dringt der Gesang der wilden Schwäne vom Wasser herüber, während man sich in dem alten Hause am Kaminfeuer dazu aufgelegt fühlt, alten Liedern und Sagen zu lauschen.

In dem ältesten Teile des Gartens, dort wo eine große Kastanienallee den Spaziergänger mit ihrem Halbdunkel einladet, wanderte der Mann, der das Märchen suchte, auf und ab. Hier hatte ihm früher einmal der Wind die Geschichte von "Waldemar Daae und seinen Töchtern" zugeflüstert. Die Dryade des Baumes, die die Märchenmutter selbst war, hatte ihm hier den "letzten Traum des alten Eichbaums" erzählt. Zu Zeiten der Großmutter standen hier beschnittene Hecken, jetzt aber wucherten nur Farnkräuter und Nesseln zwischen den umgestürzten Trümmern alter Steinfiguren. Moos wuchs in deren Augen, aber sie konnten trotzdem noch ebenso gut sehen wie vorher. Nur allein der Mann, der dem Märchen nachjagte, sah nicht mehr so gut wie früher; er konnte das Märchen nicht finden. Wo war es nur geblieben? Über die alten Bäume flogen die Krähen in Scharen dahin und schrien: "Fort von hier! Fort von hier!"

Da ging er aus dem Garten über den Wallgraben in das Erlengehölz; dort stand ein kleines, sechseckiges Haus mit einem Geflügelhof. Mitten in der Stube saß die alte Frau, die das Federvieh zu besorgen hatte, und sie wußte über jedes Ei, das gelegt wurde, und über jedes Küklein, das aus dem Ei kroch, genau Bescheid. Aber sie war nicht das Märchen, das der Mann suchte; das konnte sie durch ihren Taufschein und ihren Impfschein, die beide in ihrer Truhe lagen, beweisen.

Dicht neben dem Hause liegt ein mit Weißdorn und Goldregen bewachsener Hügel. Hier steht ein alter Grabstein, der vor vielen Jahren vom Kirchhofe einer Landstadt hierhergebracht wurde. Es ist das Denkmal eines biederen Stadtrats, auf dem seine Gattin und seine fünf Töchter mit gefalteten Händen und steifen Halskrausen in Stein gehauen ihn umgaben. Wenn man das Denkmal recht lange betrachtete, schien es, als ob der Stein einem etwas aus alten Zeiten erzählen wollte; wenigstens war es dem Manne, der das Märchen suchte, so gegangen. Als er nun an jenem Tage wieder hierherkam, sah er auf der Stirne des in Stein gehauenen Stadtrats einen lebendigen Schmetterling sitzen; dieser bewegte die Flügel, flatterte eine kurze Strecke fort und setzte sich wieder dicht neben dem Grabstein nieder, wie um zu zeigen, was dort wuchs. Und was war es? Ein vierblätteriges Kleeblatt, nein, sieben vierblätterige Kleeblätter dicht nebeneinander. Kommt das Glück, kommt es haufenweise. "Das Glück ist Goldes wert", dachte der Mann, "aber es wäre mir doch lieber gewesen, ich hätte ein hübsches neues Märchen gefunden."

Die Sonne ging wie ein großer roter Feuerball unter, die Wiese dampfte und das Moorweib braute.

Es war spät am Abend; der Mann stand allein in seinem Zimmer, schaute hinaus in den Garten und über die Wiese, das Moor und den Strand hin. Hell und klar schien der Mond; ein weißer Dunst lagerte über der Wiese, als sei sie ein großer See. Der Sage nach war auch hier einst ein solcher gewesen, und der Mondschein zeigte nun das Bild der Sage mit seinem zauberischen Schimmer. Da fiel dem Manne wieder ein, was er kürzlich zu Hause in der Stadt gelesen hatte, daß nämlich Wilhelm Tell und Holger Danske gar nicht existiert hätten, aber im Volksglauben blieben sie eben doch, gerade wie der See hier draußen, lebendige Bilder der Sage. Ja, Holger Danske kommt gewiß wieder!

Wie der Mann so sinnend dastand, pochte es laut gegen das Fenster? War es ein Vogel? War es eine Fledermaus oder eine Eule? Ihnen öffnet man nicht, wenn sie auch anklopfen. Aber dann sprang das Fenster von selbst auf und eine alte Frau guckte zu dem Manne herein.

"Womit kann ich Euch dienen?" redete er sie an. "Wer seid Ihr? Ihr seht ja zum zweiten Stockwerk herein, steht Ihr denn auf einer Leiter?"

"Sie haben ein vierblätteriges Kleeblatt in der Tasche", erwiderte sie, "ja, Sie haben deren sogar sieben, wovon eins ein sechsblätteriges ist."

"Wer seid Ihr?" fragte der Mann wieder.

"Ich bin das Moorweib", antwortete sie. "Das Moorweib, das draußen braut. Ich war eben in voller Arbeit; der Zapfen saß schon in der Tonne; aber da riß ihn eins der kleinen Moorkinder im Übermut heraus und schleuderte ihn bis zum Schlosse hinauf, wo er gegen das Fenster flog. Nun läuft das Bier aus der Tonne, und niemand hat einen Prosit davon."

"Sagt mir doch –", begann der Mann.

"Warten Sie ein wenig", sagte darauf das Moorweib, "ich habe im Augenblick etwas anderes zu tun", und damit war sie verschwunden.

Der Mann war eben im Begriff, das Fenster zu schließen, da stand das Moorweib schon wieder da.

"Nun bin ich fertig", begann sie, "aber nun muß ich morgen noch einmal brauen, wenn das Wetter günstig ist. Was wollten Sie mich denn fragen? Ich kam nur wieder, weil ich immer Wort halte, und weil Sie überdies sieben vierblätterige Kleeblätter, von denen das eine sogar ein sechsblätteriges ist, in der Tasche haben. Das flößt Respekt ein; denn das sind Ordenszeichen, die an der Landstraße wachsen, aber nicht von jedem gefunden werden. Was haben Sie denn zu fragen? Stehen Sie doch nicht so einfältig da; ich muß gleich wieder zu meinem Zapfen und meiner Tante zurück."

Nun erkundigte sich der Mann nach dem Märchen und fragte, ob das Moorweib es nicht auf seinem Wege gesehen habe.

"Ei du meine Güte!" rief das Moorweib. "Haben Sie denn noch nicht genug Märchen? Ich sollte wahrhaftig meinen, die meisten hätten nachgerade genug davon. Jetzt gibt es anderes zu tun und auf anderes aufzupassen, selbst die Kinder machen sich nicht mehr soviel daraus. Geben Sie dem Jüngelchen eine Zigarre und dem kleinen Mädchen ein neues Kleid, das ist ihnen lieber. Märchen erzählen! nein, da gibt es wahrhaftig Besseres zu tun und wichtigere Dinge zu verrichten!"

"Was wollt Ihr damit sagen?" fragte der Mann. "Was wißt Ihr überhaupt von der Welt? Ihr seht ja nur Frösche und Irrwische."

"Hüten Sie sich ja vor den Irrwischen!" erwiderte das Weib. "Sie sind draußen, sie sind losgelassen. Ja, von ihnen müssen wir reden. Begleiten Sie mich aufs Moor hinaus, dort ist meine Gegenwart jetzt notwendig, aber dort will ich Ihnen alles mitteilen. Schnell, kommen Sie, solange Ihre sieben vierblätterigen Kleeblätter mit dem einen sechsblätterigen darunter noch frisch sind und der Mond noch scheint."

Fort war das Moorweib.

Es schlug Mitternacht auf dem alten Turme, und ehe eine weitere Viertelstunde vergangen, war der Mann schon außerhalb des Gartens und stand nun auf der Wiese. Der Nebel hatte sich gelegt; das Moorweib hatte zu brauen aufgehört.

"Das dauerte lange, bis Sie kamen", sagte das Moorweib. "Ja, das Hexengesindel kommt schneller vorwärts als die Menschen, und ich bin froh, daß ich zum Hexengesindel gehöre."

"Was habt Ihr mir nun zu sagen?" fragte der Mann. "Handelt es sich um das Märchen?"

"Denken Sie denn sonst an gar nichts weiter? Müssen Sie immer wieder darnach fragen?" erwiderte das Weib.

"Wolltet Ihr mir denn vielleicht etwas über die Zukunftspoesie mitteilen?" fuhr der Mann fort.

"Werden Sie nur nicht hochtrabend!" entgegnete das Moorweib, "dann werde ich Ihnen antworten. Sie haben nur für die Dichterei Sinn und fragen nach dem Märchen, als ob es ein ›Mädchen für alles‹ sei. Sie ist allerdings die Älteste zu Hause, gilt aber immer für die Jüngste. Ich kenne sie wohl, denn ich bin auch einmal jung gewesen, und das ist keine Kinderkrankheit. Jawohl, ich war einmal ein ganz niedliches Elfenmädchen und habe mit den andern im Mondscheine getanzt, habe der Nachtigall gelauscht, bin in den Wald gegangen und bin dort auch dem Märchenfräulein begegnet, das sich immer draußen herumtrieb. Bald schlug es sein Nachtlager in einer halb aufgebrochenen Tulpe oder in einer Wiesenblume auf, bald schlüpfte es in die Kirche und hüllte sich in den Trauerflor, der von den Altarleuchtern herunterhing."

"Ihr wißt ja vortrefflich Bescheid!" rief der Mann.

"Ja, ich sollte doch meinen, daß ich zum mindesten ebensoviel weiß als Sie", erwiderte das Moorweib. "Märchen und Poesie, das sind zwei Ellen von ein und demselben Stücke, und man kann sie verwenden, wie man will. Aber deren Werke kann man leicht nachmachen und sie dann besser und billiger haben. Ich gebe sie Ihnen sogar ganz umsonst, wenn es Sie darnach gelüstet, denn ich habe einen ganzen Schrank voll Poesie auf Flaschen. Es ist die Essenz, das Allerfeinste davon, sowohl die süße als die bittere Würze. Ich habe alles auf Flaschen, was die Menschen nur irgend an Poesie gebrauchen, um sich an den Feiertagen das Taschentuch damit zu besprengen und daran zu riechen."

"Ihr erzählt ja ganz absonderliche Dinge", versetzte der Mann, "habt Ihr wirklich Poesie auf Flaschen?"

"Mehr als Sie vertragen können", antwortete das Weib. "Kennen Sie vielleicht die Geschichte von dem ›Mädchen, das auf Brot trat, um sich ihre neuen Schuhe nicht zu beschmutzen‹? Sie ist sowohl geschrieben als auch gedruckt zu haben."

"Diese Geschichte habe ich ja selbst erzählt!" erwiderte der Mann.

"Ja, dann kennen Sie sie freilich", fuhr das Weib fort, "und wissen auch, daß das Mädchen in die Erde bis zum Moorweib hinabsank, gerade in dem Augenblick, als des Teufels Urgroßmutter dieser einen Besuch abstattete, um meine Brauerei zu besehen. Sie sah das herabsinkende Mädchen und erbat es sich als ein Präsent zur Erinnerung an den Besuch. Ich gab es ihr auch und erhielt ein Gegengeschenk, das ich aber bis jetzt noch nie benützt habe, nämlich eine Reiseapotheke, einen ganzen Schrank voll auf Flaschen gezogener Poesie. Die Urgroßmutter gab an, wo der Schrank stehen sollte, und dort steht er noch. Sehen Sie einmal hierher. Sie haben ja Ihre vierblätterigen Kleeblätter, von denen das eine ein sechsblätteriges ist, in der Tasche, also werden sie ihn sicherlich sehen können."

Und wirklich, mitten im Moor lag etwas, das einem großen Erlenstumpf glich; das war der Schrank der Urgroßmutter. Das Moorweib behauptete nun, dieser Schrank stehe ihm und jedermann sonst, sobald einer nur wisse, wo der Schrank sich befinde, zu allen Zeiten und in jedem Lande der ganzen Welt offen. Der Schrank ließ sich auch von vorne und hinten, auf allen Seiten und an allen Ecken öffnen; er war ein vollkommenes Kunstwerk, obwohl er nur wie ein alter Erlenstumpf aussah. Alle Dichter der Welt, ganz besonders die unseres eigenen Landes, waren hier nachgemacht. Der Geist derselben war studiert, rezensiert, renoviert, konzentriert und auf Flaschen gezogen worden. Mit großem Verständnis, wenn man nicht Genie sagen will, hatte die Urgroßmutter aus der Natur das herausgezogen, was gleichsam nach diesem oder jenem Dichter schmeckte, dann etwas Teufelszeug hinzugesetzt, und nun hatte sie seine Poesie für alle Zeiten auf Flaschen.

"Laßt mich einmal sehen", sagte der Mann.

"Sehr gern, aber ich habe Ihnen noch viel wichtigere Dinge mitzuteilen", entgegnete das Moorweib.

"Jetzt sind wir aber gerade beim Schranke", wandte der Mann ein, während er hinaufschaute. "Hier sind ja Flaschen in allen Größen. Was ist in dieser hier und was in der dort drüben?"

"Hier ist der sogenannte *Maienduft*", antwortete das Weib. "Ich habe ihn zwar noch nie versucht, weiß aber, daß sogleich ein schöner Waldsee mit Wasserlilien, Binsen und wilder Krausenmünze entsteht, sobald man nur einen Tropfen davon auf die Erde gießt. Sprengt man aber zwei Tropfen auf ein altes Aufsatzheft, selbst auf das eines Schülers aus der untersten Klasse, dann verwandelt es sich in ein duftiges Schauspiel, das sich sehr gut aufführen läßt und bei dem man leicht einschlafen kann, weil es einen so starken Duft ausströmt. Es soll wahrscheinlich eine Schmeichelei für mich sein, denn die Flasche trägt die Aufschrift: ›Gebräu des Moorweibes‹.

Hier dagegen steht die *Skandalflasche*. Sie sieht aus, als ob sie nur schmutziges Wasser enthielte, und es ist auch schmutziges Wasser, aber mit Brausepulver aus Stadtklatsch, drei Lot Lügen und zwei Gran Wahrheit versetzt und umgerührt mit einem Birkenzweige, der nicht nur aus einer Zuchtrute, die in Salzwasser gelegen und aus dem blutigen Rücken des Sünders geschnitten wurde oder von der Rute des Schulmeisters stammte, nein – die direkt aus dem Besen genommen wurde, womit man den Rinnstein fegt."

Hier stand auch die Flasche aller Flaschen; sie nahm den halben Schrank ein, nämlich die Flasche mit den*Alltagsgeschichten*. Sie war mit Schweinshaut und dann noch mit einer Blase zugebunden; denn sie konnte sehr leicht etwas von ihrer Kraft verlieren. Jedes Volk konnte hier seine eigene Suppe erhalten, die, je nachdem man die Flasche schüttelte, herausfloß. Hier gab es altdeutsche Blutsuppe mit Räuberklößchen, auch dünne "Hausmannssuppe" mit wirklichen Hofräten, die wie Wurzeln darin lagen, und auf der Oberfläche schwammen philosophische Fettaugen. Dann gab es englische "Gouvernantensuppe" und die französische *"Potage à la coque"*, aus Hahnenknochen und Sperlingseiern hergestellt, auf dänisch "Cancansuppe" genannt, aber am besten von allen schmeckte doch die "Kopenhagener Familiensuppe", aber natürlich nur für den, der dort wohnt.

Hier stand auch die *Tragödie* in einer Champagnerflasche; sie konnte knallen, und das soll sie ja auch. Das Lustspiel nahm sich wie feiner Sand aus und war ganz dazu geeignet, den Leuten Sand in die Augen zu streuen, das heißt, das feinere Lustspiel. Das gröbere war auch auf Flaschen gezogen, bestand aber meist aus Zukunftsplakaten, auf denen der Name des Stückes das Beste war. Es waren ausgezeichnete Lustspieltitel darunter, die man aber heutzutage gar nicht mehr kennt.

Bei diesen Erklärungen versank der Mann in tiefe Gedanken. Aber das Moorweib sprach schnell weiter; sie wollte so rasch als möglich mit dem Schranke fertig werden.

"Nun haben Sie sich den Kram wohl lange genug angesehen!" sagte sie. "Jetzt wissen Sie, was darin ist. Aber das Wichtigere, das Sie hören sollten, wissen Sie immer noch nicht. *Die Irrwische sind nämlich in der Stadt*, und das hat mehr zu bedeuten als Poesie und Märchen. Ich sollte eigentlich nichts davon verlauten lassen, aber es muß eine Art Fügung, ja ein Verhängnis sein, was mich plötzlich überkommt. Es ist mir, als ob mich etwas zwänge, davon zu reden; ich kann es absolut nicht zurückhalten. Die

Irrwische sind in der Stadt! Sie sind losgelassen! Nehmt euch wohl in acht, ihr Menschen!"

"Ich verstehe kein Wort davon", sagte der Mann.

"Seien Sie so gut und setzen Sie sich auf den Schrank", entgegnete sie. "Aber fallen Sie nicht hinein, sonst schlagen Sie mir die Flaschen entzwei, und Sie wissen doch, was sich in ihnen befindet. Nun will ich Ihnen also die große Begebenheit erzählen; sie hat erst gestern stattgefunden, hat sich aber allerdings auch schon früher zugetragen. Diesmal aber währt sie noch dreihundertvierundsechzig Tage. Sie wissen doch, wie viele Tage das Jahr hat?"

Darauf erzählte das Moorweib:

"Hier draußen im Moore hat sich gestern etwas Großes ereignet: es war nämlich Taufschmaus. Ein kleiner Irrwisch wurde geboren, nein, zwölf Irrwische wurden geboren, und zwar von der Gattung, denen es gegeben ist, sobald sie wollen, als Menschen auftreten und unter diesen herumwandeln und so handeln zu können, als seien sie geborene Menschen. Es war ein großes Ereignis im Moore, und deshalb tanzten alle Irrwischmännchen und Irrwischweibchen als kleine Lichter über das Moor und die Wiesen hin. Es gibt nämlich auch weibliche Irrwische, aber man redet meistens nicht von ihnen. Ich saß hier auf meinem Schrank und hatte die zwölf kleinen neugeborenen Irrwische auf dem Schoße. Sie schimmerten wie Leuchtkäfer, ja sie begannen schon zu hüpfen, und mit jeder Minute nahmen sie an Größe zu, so daß sich schon nach einer Viertelstunde jeder von ihnen mit seinem Vater oder Onkel messen konnte.

Nun besteht ein uraltes unumstößliches Gesetz, oder besser gesagt, eine Vergünstigung, daß, sobald der Mond gerade so steht, wie er gestern stand, und der Wind so weht, wie es gestern der Fall war, es allen Irrlichtern, die in dieser Stunde und Minute geboren werden, verliehen und vergönnt ist, Menschen zu werden, und daß dann jeder von ihnen ein ganzes Jahr lang rings umher seine Macht ausüben darf. Der Irrwisch kann im ganzen Lande, ja in der ganzen Welt umherschweifen, wenn er sich nicht etwa davor fürchtet, in die See zu fallen oder bei einem heftigen Sturme ausgeblasen zu werden. Er kann in einen Menschen hineinfahren, aus ihm sprechen und alle Bewegungen machen, die er will.

Der Irrwisch kann jedwede weibliche oder männliche Gestalt annehmen und in deren Geiste, aber doch seiner eigenen angeborenen Natur gemäß handeln, so daß er schließlich das ausrichtet, was er bezweckt. Aber innerhalb eines Jahres muß er dreihundertfünfundsechzig Menschen auf Irrwege und Abwege führen, und zwar auf wirkliche Abwege, und sie vom Wahren und Guten ablenken. Wenn ihm das gelingt, erreicht er das Höchste, was einem Irrlicht zu Gebote steht, nämlich die Ehre, Vorläufer vor des Teufels Staatskutsche zu werden, einen brandroten Rock zu tragen und helle Flammen aus dem Halse ausatmen zu dürfen. Darnach kann einem gewöhnlichen Irrwisch vergeblich der Mund wässern. Für einen ehrgeizigen Irrwisch, der einst eine Rolle spielen möchte, ist es aber auch mit großen Gefahren und viel Beschwerden verbunden. Denn, wenn der Mensch entdeckt, wen er eigentlich vor sich hat, und ihn wegbläst, dann muß der Irrwisch wieder in den Sumpf zurück; und falls der Irrwisch, ehe das Jahr um ist, Heimweh nach seiner Familie bekommt und seine Absicht aufgibt, dann muß er ebenfalls fort; er kann nicht länger klar brennen, erlischt nach kurzer Zeit und kann dann nie wieder angezündet werden.

Ist aber das Jahr zu Ende, ohne daß er dreihundertfünfundsechzig Menschen von der Wahrheit und von dem, was gut und schön ist, abgelenkt hat, dann ist er verurteilt, in einem faulen Baumstamm zu liegen und zu leuchten, ohne sich rühren zu können, und das ist die fürchterlichste Strafe für einen ruhelosen Irrwisch. Dies alles wußte ich wohl und sagte es auch den zwölf kleinen Irrwischen, die ich auf dem Schoße hatte, und sie waren vor Freude ganz ausgelassen darüber. Ich sagte ihnen zwar, es wäre das Sicherste und Bequemste für sie, wenn sie auf die Ehre verzichten wollten und nichts unternehmen würden. Aber davon wollten die jungen Flämmchen nichts wissen; im Geiste sahen sie sich schon mit den Flammen aus dem Halse heraus brandrot leuchten.

"Bleibt bei uns!" sagten die alten Irrwische. "Nein, treibt euer Spiel mit den Menschen!" riefen andere dazwischen. "Die Menschen trocknen die Wiesen aus; sie trainieren überall; was soll da aus unseren Nachkommen werden?"

"Wir wollen flammen, hell flammen!" sagten die neugeborenen Irrlichter, und damit war es entschieden.

Gleich darauf wurde ein ganz kurzer Ball gehalten, der währte kaum eine Minute. Die Elfenmädchen drehten sich mit den andern dreimal im Kreise; denn für gewöhnlich tanzten sie immer nur unter sich. Nun wurden Patengeschenke ausgeteilt – "Hüpfsteine werfen" nennt man es – und wie Kieselsteine flogen die Gaben über das Moorwasser hin.

Jedes der Elfenmädchen schenkte einen Zipfel seines Schleiers. "Nimm hin!" sagte es zu dem Patchen, "dann kannst du sofort den höheren Tanz und die schwierigsten Schritte und Wendungen, wenn du sie brauchst. Dadurch bekommst du die rechte Haltung und kannst dich in der steifsten Gesellschaft bewegen." Der Nachtrabe lehrte jeden der jungen Irrwische "Bra! bra! brav!" sagen, und zwar, es auch am rechten Platze zu sagen, und das ist eine große Gabe, die stets belohnt wird. Die Eule und der Storch ließen auch etwas fallen, aber sie meinten, es sei nicht der Mühe wert, davon zu sprechen, und deshalb reden wir auch nicht davon. König Waldemars wilde Jagd stürmte gerade über das Moor hin, und als die Herrschaften von dem Fest hörten, schenkten sie ein Paar von den ausgezeichneten Hunden, die mit Windeseile dahinjagen und einen Irrwisch oder auch drei recht wohl zu tragen vermögen. Auch zwei alte Alpgespenster, Alpdrücken genannt, die sich von der Reitkunst nähren, nahmen an dem Festgelage teil. Sie lehrten die Irrwische sofort die Kunst, durch ein Schlüsselloch zu schlüpfen; wer diese Kunst versteht, für den gibt es keine verschlossenen Türen mehr. Sie erboten sich auch, die jungen Irrlichter nach der Stadt zu führen, wo sie sehr gut bekannt waren. Gewöhnlich ritten sie nur auf ihrem eigenen, langen Nackenhaar, das sie in einen Knoten zusammengebunden hatten, durch die Luft; allein diesmal setzten sie sich auf die Jagdhunde, nahmen die jungen Irrwische, die die Menschen verlocken und verführen sollten, auf den Schoß und – husch! fort waren sie! Gestern nacht hat sich das alles zugetragen, und jetzt sind die Irrlichter in der Stadt und haben ihr Werk schon begonnen, aber wie und auf welche Weise, das möchten Sie natürlich gerne wissen! Ich habe einen Wetterpropheten in meiner großen Zehe, durch den erfahre ich immer etwas; ich weiß es also."

"Das ist ja ein vollkommenes Märchen!" sagte der Mann.

"Nein, es ist höchstens der Anfang eines solchen", erwiderte das Weib. "Können Sie mir vielleicht sagen, wo sich die Irrlichter jetzt herumtreiben und wie sie sich benehmen und in welchen Gestalten sie aufgetreten sind, um die Menschen auf Irrwege zu bringen?"

"Ich glaube", erwiderte der Mann, "es ließe sich ein ganzer Roman über die Irrlichter schreiben, und zwar gleich einer in zwölf Bänden, einen über jedes Irrlicht, oder vielleicht noch besser ein vollständiges Schauspiel."

"Dann schreiben Sie es doch", meinte das Weib, "aber nein, lassen Sie es lieber bleiben!"

"Das ist freilich bequemer und angenehmer", erwiderte der Mann, "dann braucht man sich nicht in den Zeitungen durchhecheln zu lassen, was für unsereinen oft ebenso unangenehm ist, als für einen Irrwisch in einem faulen Baumstamm zu liegen, zu leuchten und sich nicht rühren zu dürfen."

"Mir ist es einerlei", sagte das Weib, "aber lassen Sie lieber andere schreiben, diejenigen, welche es verstehen, und diejenigen, welche es nicht verstehen. Ich gebe Ihnen gerne aus einer Tonne einen alten Zapfen, der die Kraft hat, den Schrank mit der Poesie auf Flaschen zu öffnen. Daraus können die Schriftsteller sich dann das nehmen, woran es ihnen gebricht. Aber Sie, mein guter Mann, scheinen mir die Finger nun nachgerade genug mit Tinte beklext zu haben, und Sie müssen nun eigentlich in dem Alter angekommen sein, da man vernünftig zu werden pflegt, so daß es Sie nicht mehr reizen sollte, jedes Jahr auf die Märchenjagd auszugehen. Es gibt jetzt viel Wichtigeres zu tun; Sie haben doch wohl verstanden, was geschehen ist?"

"Jawohl, die Irrlichter sind in der Stadt", erwiderte der Mann, "ich habe es gehört und auch verstanden. Aber was soll ich denn dabei tun? Ich würde ja mit Grobheiten überhäuft, wenn ich zu den Leuten sagen wollte: Seht einmal, da geht ein Irrwisch in einem ehrbaren Rocke!"

"O, sie gehen auch in Unterröcken!" sagte das Weib, "der Irrwisch kann alle Gestalten annehmen und überall auftreten. Er geht auch in die Kirche, aber nicht um des Herrn willen, sondern er ist vielleicht gerade in den Pfarrer gefahren. Er hält am Wahltage eine Rede, aber nicht um des Volkes und Landes, sondern um seines eigenen Vorteils willen. Er ist auch Künstler, sowohl im Farbentopfe als auch im Theatertopfe; wenn er aber vollständig regiert, dann hat der Topf ein Ende. Doch ich schwatze und schwatze hier und rede alles heraus, was mir auf der Zunge liegt, und zwar zum Nachteil meiner eigenen Familie.

Aber ich bin eben dazu bestimmt, die Retterin der Menschen zu werden. Es geschieht wahrhaftig nicht aus Absicht oder um die Rettungsmedaille zu erhalten, ja, es ist das Allertörichste, was ich tun kann; denn ich plaudere es ja einem Dichter aus, und dann wird es bald die ganze Stadt erfahren."

"Die Stadt nimmt sich das wenig zu Herzen", entgegnete der Mann; "nicht ein einziger Mensch wird sich darum bekümmern, und wenn ich ihnen im vollsten Ernste zurufe: ›Die Irrlichter sind in der Stadt, sagte das Moorweib, darum nehmt euch in acht!‹, dann werden sie denken, ich erzähle ihnen nur ein Märchen."

Das alte Haus

Drüben an der Ecke stand früher ein altes, altes Haus; es war fast dreihundert Jahre alt. Man konnte es an den Balken lesen, wo die Jahreszahl, von Tulpen- und Hopfenranken umgeben, eingeschnitten war. Ganze Verse in altertümlicher Schrift standen da, und über jedem Fenster war ein Fratzengesicht in den Balken geschnitzt. Das eine Stockwerk ragte weit über das andere heraus, und dicht unter dem Dache lief eine Dachrinne hin, die in einem Drachenkopf endigte. Aus dem Rachen sollte das Regenwasser ablaufen; allein es lief immer durch den Bauch, denn die Rinne hatte ein Loch.

Alle andern Häuser in der Straße waren neu und hübsch mit großen Fensterscheiben und glatten Mauern, und man sah es ihnen wohl an, daß sie mit dem alten Hause nichts zu tun haben wollten. Sie dachten wahrscheinlich: "Wie lange wird das alte Gemäuer als Schandfleck noch hier stehen bleiben? Außerdem ist der Erker so weit vorgebaut, daß allen Leuten, die aus unseren Fenstern schauen, die Aussicht nach jener Seite hin versperrt ist. Die Treppe ist so breit wie eine Schloßtreppe und so hoch wie eine Kirchturmstiege. Das eiserne Geländer sieht wie die Türe einer Gruft aus und hat dazu auch noch Messingknöpfe; das ist abgeschmackt."

Dem alten Hause gegenüber standen ebenfalls neue und hübsche Häuser, und diese dachten gerade so wie die andern. Allein an einem der Fenster saß ein kleiner Knabe mit frischen, roten Wangen und hellen, strahlenden Augen, und diesem gefiel das alte Haus sowohl im Sonnenschein als im Mondschein, und wenn er die Mauer dort drüben, von der der Kalk abgefallen war, betrachtete, dann malte er sich im Geiste aus, wie wohl die Straße mit Treppen, Erkern und spitzigen Giebeln früher ausgesehen haben mochte, und dann sah er auch Soldaten mit Hellebarden, und Dachrinnen, die in Gestalt von Drachen und Lindwürmern umherliefen. – Ja, das war ein Haus zum Betrachten und das zum Nachdenken herausforderte! Es wohnte ein alter Mann darin, der trug noch immer die altmodischen Kniehosen, dazu einen Rock mit großen Messingknöpfen, und eine Perücke, der man es wohl ansah, daß es eine echte Perücke war. Jeden Morgen kam ein alter Aufwärter zu ihm, um die notwendigen Besorgungen zu machen. Sonst war der alte Mann in den Kniehosen ganz allein in dem alten Haus. Bisweilen trat er ans Fenster und schaute hinaus; dann nickte ihm der kleine Knabe zu, und der alte Mann nickte wieder. Auf diese Weise wurden sie zuerst miteinander bekannt, und dann wurden sie Freunde, obgleich sie nie ein Wort miteinander gesprochen hatten; aber das war ja einerlei.

Der kleine Knabe hörte einmal seine Eltern sagen: "Dem alten Manne da drüben geht es zwar recht gut, aber er ist so schrecklich einsam."

Am nächsten Sonntag wickelte der kleine Knabe etwas in ein Stück Papier, ging damit hinunter vor die Haustüre, und als der Aufwärter, der die Einkäufe machte, vorüberkam, sagte er zu ihm: "Bitte, bringe das dem alten Manne da drüben von mir. Ich habe zwei Bleisoldaten; dies ist der eine, den schenke ich ihm, weil ich weiß, daß er so ganz allein ist."

Das Gesicht des Aufwärters sah mit einem Male ganz vergnügt aus. Er nickte und trug den Bleisoldaten in das alte Haus hinüber. Nach einiger Zeit kam von dort die Anfrage, ob der kleine Knabe nicht Lust habe, selbst einen Besuch drüben zu machen. Seine Eltern gaben ihm sogleich die Erlaubnis, und nun ging er in das alte Haus hinüber.

Die Messingknöpfe an dem Gitter glänzten viel heller als sonst – man hätte meinen können, sie seien zu Ehren des Besuchs extra blank gerieben worden – und es war, als ob die geschnitzten Trompeter – an der Türe waren geschnitzte Trompeter, die in Tulpen standen – aus Leibeskräften bliesen; denn ihre Backen sahen wenigstens viel aufgeblasener aus als vorher. Ja sie bliesen: "Tratterata! der kleine Knabe kommt! tratterata!" und dann ging die Türe auf. Der ganze Korridor war mit alten Bildern von Rittern in Harnischen und Damen in seidenen Gewändern behängt. Die Harnische rasselten und die seidenen Kleider rauschten. Dann kam eine Treppe, die viele Stufen aufwärts und hierauf einige Stufen abwärts führte, und nun befand man sich auf einem Altan. Dieser sah recht baufällig aus; überall waren große Löcher und lange Spalten, aus denen Gras und Blätter hervorwuchsen. Denn der ganze Altan und die Mauer waren hier mit Schlingpflanzen bewachsen, daß es wie ein Garten aussah; aber es war doch nur ein Altan. Auch standen altmodische Blumentöpfe, die Gesichter mit Eselsohren darstellten, auf dem Geländer. Die Blumen wurden jedoch gar nicht gepflegt, sondern wuchsen ganz nach ihrem eigenen Belieben. In einem Topfe hingen die Nelken – das heißt, lauter lange Triebe und Schößlinge – nach allen Seiten hinaus, und diese schienen zu verkünden: "Die Luft hat uns geliebkost, die Sonne hat uns geküßt und uns zum Sonntag eine kleine Blüte versprochen, ja, eine kleine Blüte zum Sonntag!"

Von dem Altan aus kam man in ein Zimmer, dessen Wände mit schweinsledernen Tapeten bekleidet waren; große goldene Blumen waren darauf gedruckt und machten einen freundlichen Eindruck:

"Vergoldung vergeht,
Aber Schweinsleber besteht!"

schienen die Wände zu sagen.

Hier standen auch Lehnstühle mit hohen geschnitzten Rücken und Armstützen auf beiden Seiten. "Setz' dich! Setz' dich!" sagten diese. "O, wie es in uns knackt! Wir bekommen wohl auch wie der alte Schrank die Gicht im Rücken, o weh!"

Darauf gelangte der Knabe in das Erkerzimmer, und hier saß der alte Mann.

"Ich danke dir für den Bleisoldaten, mein kleiner Freund!" sagte der alte Mann, "und ich danke dir auch, daß du mich besuchst."

"Dank, dank!" oder "knack, knack!" schnarrte es in allen Möbeln. Es waren ihrer so viele vorhanden, daß sie einander fast im Wege standen, als sie den kleinen Knaben betrachten wollten.

Mitten an der Wand hing das Porträt einer wunderschönen jungen und glücklich aussehenden Frau, aber in ganz altmodischer Tracht mit gepudertem Haar und im steifen Rocke. Sie sagte weder "Dank" noch

"Knack", schaute aber mit milden Augen auf den Knaben nieder, der den alten Herrn sogleich fragte: "Wo hast du denn diese herbekommen?"

"Vom Trödler drüben an der Ecke", sagte der alte Mann. "Dort hängen noch viele Bilder, aber niemand kennt sie oder interessiert sich für sie; denn die Personen, die sie vorstellen, sind alle tot und begraben. Aber in meiner Jugend habe ich diese hier gekannt, sie ist jedoch schon vor einem halben Jahrhundert gestorben."

Unter dem Gemälde hing unter Glas und Rahmen ein verwelkter Blumenstrauß, der zählte gewiß auch ein halbes Jahrhundert, so alt sah er aus. Und der Perpendikel an der großen Uhr tickte hin und her, und die Zeiger drehten sich, und alles in der Stube alterte mehr und mehr, ohne daß man es merkte.

"Meine Eltern sagen", begann der Knabe von neuem, "du seist so schrecklich einsam."

"O nein", erwiderte der alte Mann, "die alten Gedanken mit all ihren Erinnerungen kommen und besuchen mich, und nun kommst du ja auch; mir geht es ganz gut."

Darauf nahm er vom Bücherbrett ein Bilderbuch, darin waren lange Prozessionen, die merkwürdigsten Kutschen, wie man sie heutzutage gar nicht mehr sieht, Soldaten, die wie Treff-Buben auf Spielkarten aussahen, und Bürger mit wehenden Fahnen abgebildet. Auf der Fahne der Schneider war eine Schere, die von zwei Löwen gehalten wurde, die der Schuhmacher aber hatte nicht etwa einen Stiefel, sondern einen Adler, und zwar einen zweiköpfigen; denn bei den Schuhmachern muß alles so sein, daß sie sagen können: es ist ein Paar. – O, das war ein herrliches Buch!

Dann ging der alte Mann ins Nebenzimmer, um Eingemachtes, Äpfel und Nüsse zu holen. "Es ist doch herrlich hier in dem alten Hause!" dachte der kleine Knabe.

"Ich kann es nicht aushalten!" begann plötzlich der Bleisoldat, der auf der Kommode stand. "Hier ist es so einsam und traurig; wenn man an ein Familienleben gewöhnt ist, kann man sich hier gar nicht behaglich fühlen.

Ich kann es nicht aushalten! Der Tag vergeht so langsam, und die Nacht erst, die ist endlos. Hier ist es gar nicht wie drüben bei dir, wo dein Vater und deine Mutter so freundlich miteinander sprachen, und wo du mit deinen lieben Geschwistern so einen fürchterlichen Lärm machtest. Ach, wie einsam ist es bei dem alten Manne hier! Meinst du, er bekomme jemals einen Kuß oder freundliche Blicke oder gar einen Weihnachtsbaum? Nichts bekommt er, als höchstens ein Grab. Ich kann es nicht aushalten!"

"Du mußt es nicht so schwer nehmen", sagte der kleine Knabe, "mir kommt es im Gegenteil hier recht hübsch vor, und dann kommen ja auch die alten Gedanken mit ihren Erinnerungen auf Besuch!"

"Aber die sehe ich nicht und kenne sie auch gar nicht", erwiderte der Bleisoldat; "ich kann es nicht aushalten!"

"Du mußt es!" antwortete der kleine Knabe.

Nun erschien der alte Mann wieder mit sehr vergnügtem Gesicht und brachte herrliches Eingemachtes und Apfel und Nüsse. Da dachte der kleine Knabe nicht mehr an den Bleisoldaten.

Glücklich und vergnügt ging der kleine Knabe dann nach Hause. Tage und Wochen verstrichen, es wurde nach dem alten Hause hinüber und von dem alten Hause herüber genickt, und dann durfte der kleine Knabe wieder hinüber.

Die geschnitzten Trompeter bliesen: "Tratterata! Der Knabe ist da! Tratterata!" Die Schwerter und die Rüstungen auf den Ahnenbildern rasselten, die seidenen Gewänder rauschten, das Schweinsleder leierte seinen Vers her, und die alten Stühle hatten die Gicht im Rücken: Au! au! Es war ganz genau wie beim ersten Mal; denn da drüben verstrich ein Tag und eine Stunde wie die andere.

"Ich kann es nicht aushalten!" rief der Bleisoldat. "Ich habe bleierne Tränen geweint. Hier ist es gar zu trübselig. Ich möchte lieber in den Krieg ziehen und Arme und Beine verlieren, das ist doch eine Veränderung! Ich kann es nicht aushalten! Jetzt weiß ich auch, was es heißt, Besuch von seinen alten Gedanken mit ihren Erinnerungen zu erhalten. Die meinigen sind bei mir gewesen, und ich kann dir sagen, daß das auf die Dauer gar kein Vergnügen ist. Ich war zuletzt nahe daran, von der Kommode hinabzuspringen. Ich sah euch alle da drüben im Hause so deutlich, als ob ihr wirklich da wäret.

Es war wieder jener unvergleichliche Sonntagmorgen, dessen du dich wohl noch entsinnen wirst. Ihr Kinder standet alle vor dem Tisch und sanget den Choral, den ihr jeden Morgen zu singen pflegt. Mit gefalteten Händen standet ihr andächtig da, und Vater und Mutter sahen auch ganz feierlich aus, als plötzlich die Türe aufging und dein Schwesterchen Maria, das noch nicht ganz zwei Jahre alt ist, aber immerfort tanzen will, sobald sie Musik oder Gesang hört, hereingebracht wurde, und – obgleich man ihr zu wehren suchte – begann sie doch zu tanzen, konnte aber natürlich nicht in den Takt kommen, weil die Töne des Chorals zu lang gezogen waren. So stand sie denn zuerst auf dem einen Bein und neigte den Kopf weit vor, und dann auf dem andern Bein und neigte den Kopf noch weiter vor, aber es wollte immer nicht stimmen. Ihr standet alle sehr ernsthaft da, obgleich es euch recht sauer wurde; ich aber mußte innerlich so lachen, daß ich vom Tisch fiel und mir eine Beule schlug, die ich heute noch habe! Es war aber auch nicht recht von mir, daß ich lachte. Dies und alles, was ich sonst noch erlebt habe, zieht nun an meinem Innern vorüber, und das werden wohl die alten Gedanken mit ihren Erinnerungen sein. Ach, erzähle mir doch, ob ihr am Sonntagmorgen noch singt; erzähle mir etwas von der kleinen Maria. Und wie geht es auch meinem Kameraden, dem andern Bleisoldaten? Das ist ein Glücksvogel – ich kann es nicht aushalten!"

"Du bist verschenkt", sagte der kleine Knabe, "und mußt hierbleiben; siehst du denn das nicht ein?"

Nun kam der alte Mann mit einem Kasten, worin sich viele Raritäten befanden: Schminkbüchsen und Balsambüchsen und Spielkarten, und diese waren so groß und vergoldet, wie man sie heutigen Tages gar nicht mehr sieht. Dann wurden große Schubladen aufgezogen und auch das Klavier geöffnet. Auf der inneren Seite des Deckels war eine Landschaft gemalt, und als der Mann die Tasten aufschlug, klangen die Töne schwach und heiser, während er leise ein Lied vor sich hinsummte.

"Ja, das konnte *sie* singen", sagte er und nickte dabei dem Porträt, das er beim Trödler gekauft hatte, freundlich zu. Und dabei leuchteten seine Augen in hellem Glanze.

"Ich will in den Krieg! Ich will in den Krieg!" rief der Bleisoldat so laut er konnte und stürzte auf den Fußboden herab.

Ja, wo war er nur geblieben? Der alte Mann suchte, und der kleine Knabe suchte, aber fort war er und fort blieb er. "Ich werde ihn schon noch finden", sagte der Alte, aber er fand ihn nie wieder; der Fußboden hatte zu viele Risse und Spalten. Der Bleisoldat war durch eine Ritze gefallen und lag nun in einem offenen Grab.

Der Tag verging, und der Knabe ging nach Hause. Es vergingen viele Wochen. Nun waren die Fenster fest zugefroren, und nun mußte der Knabe lange auf die Scheiben hauchen, um ein Guckloch nach dem alten Hause hinüber herzustellen. Dort war der Schnee in alle Schnörkel und Inschriften hineingeweht worden, die ganze Treppe lag fußhoch damit bedeckt, als ob gar niemand in dem Hause ein- und ausginge; und es ging auch niemand aus und ein – der alte Mann war gestorben.

Am Abend hielt ein Wagen vor der Tür, und auf diesem wurde er in seinem engen Sarge fortgefahren, hinaus aufs Land. Dort sollte er in seiner Familiengruft beigesetzt werden. So fuhr man ihn fort, und niemand folgte seinem Sarge; alle seine Freunde waren ja längst tot. Nur der kleine Knabe warf ihm beim Abfahren eine Kußhand nach.

Einige Tage später wurde in dem alten Hause Auktion gehalten. Der kleine Knabe sah von seinem Fenster aus, wie man alles forttrug, die alten Ritter und die alten Damen, die Blumentöpfe mit den langen Ohren, die alten Stühle und die alten Schränke; das eine kam hierhin und das andere dorthin. *Ihr* Porträt, das der alte Mann beim Trödler aufgefunden hatte, wanderte wieder zu diesem zurück, und da blieb es nun für immer hängen; denn niemand kannte die Frau mehr, und niemand kümmerte sich um das alte Bild.

Im Frühjahr wurde das Haus selbst niedergerissen; es sei ja nur eine alte Baracke, sagten die Leute. Da konnte man von der Straße aus gerade in das Zimmer mit der schweinsledernen Tapete, die in Fetzen heruntergerissen wurde, hineinsehen, und die grünen Ranken des Altans hingen verwildert um die einstürzenden Balken. Ja, dort wurde gründlich aufgeräumt!

"Das hat geholfen", sagten die Nachbarhäuser.

Es wurde ein schönes Haus mit großen Fenstern und weißen, glatten Mauern an der Stelle aufgebaut, aber vorne, wo das alte Haus selbst gestanden hatte, wurde ein kleiner Garten angelegt, und an den Nachbarmauern rankten sich wilde Weinreben empor. Den Garten schloß ein eisernes Gitter mit einer stattlichen Pforte, vor der die Leute oft stehen blieben und hineinschauten, von der Straße ab. Die Sperlinge kamen und setzten sich zu Dutzenden auf die Weinranken und zwitscherten miteinander so laut sie konnten; aber nicht etwa von dem alten Hause, denn an dieses konnten sie sich gar nicht mehr erinnern.

Es waren ja seither so viele Jahre vergangen, daß aus dem kleinen Knaben schon ein Mann, und zwar ein tüchtiger Mann, der seinen Eltern Freude machte, geworden war. Er hatte vor kurzem Hochzeit gehabt und wohnte nun mit seiner jungen Frau in dem Haus mit dem Garten davor. Einmal stand er neben ihr, während sie eine einfache Feldblume pflanzte, die ihr besonders gut gefiel; sie pflanzte sie mit ihrer eigenen kleinen Hand ein und drückte die Erde mit ihren Fingern fest. Au! was war das? Sie hatte sich gestochen, etwas Spitziges ragte aus der Erde hervor.

Das war – ja denket nur – das war der Bleisoldat; derselbe Bleisoldat, der einst bei dem alten Manne verloren gegangen war und allmählich durch das Balkenwerk und den Schutt hinuntergeglitten war, und nun schon viele Jahre lang in der Erde gelegen hatte.

Die junge Frau wischte den Soldaten zuerst mit einem grünen Blatt und dann mit ihrem feinen Taschentuche, das herrlich duftete, sorgfältig ab, und da war es dem Bleisoldaten, als ob er aus einem tiefen, tiefen Schlafe erwache.

"Laß mich ihn sehen!" sagte der junge Mann; dann lächelte er und schüttelte den Kopf. "Es kann wohl schwerlich derselbe sein, aber er erinnert mich an eine Geschichte, die ich als kleiner Knabe einmal mit einem Bleisoldaten erlebt habe." Dann erzählte er seiner Frau von dem alten Hause und dem alten Mann und von dem Bleisoldaten, den er ihm hinübergeschickt hatte, weil er so schrecklich einsam war. Er erzählte dies alles so lebendig, daß der jungen Frau über das alte Haus und den alten Mann die Tränen in die Augen traten.

"Es kann doch sein, daß es derselbe Bleisoldat ist", erwiderte sie. "Ich will ihn aufbewahren und alles, was du mir erzählt hast, wohl im Gedächtnis behalten, und das Grab des alten Mannes mußt du mir auch zeigen."

"Ich weiß gar nicht, wo es ist", sagte er, "niemand weiß es. Alle seine Freunde waren tot, niemand pflegte ihn, und ich war ja ein kleiner Knabe."

"Wie schrecklich verlassen muß er doch gewesen sein!" rief sie aus.

"Ja, verlassen und einsam", sagte der Bleisoldat, "aber herrlich ist es, nicht vergessen zu werden!"

"Herrlich!" rief etwas dicht neben ihnen; allein außer dem Bleisoldaten sah niemand, daß es ein Fetzen der schweinsledernen Tapete war. Die Vergoldung war vollständig abgegangen, und er sah gerade wie feuchte Erde aus; aber seine Ansicht hatte er sich doch erhalten und sprach sie aus:

"Vergoldung vergeht,
Aber Schweinsleber besteht!"

Allein das glaubte der Bleisoldat nicht.

Der Wind erzählt von Waldemar Daae und seinen Töchtern

Wenn der Wind über das niedere Gras weht, dann kräuselt es sich wie ein ruhiges Wasser; bläst er aber über das Korn, dann wogt es wie die hohe See; das ist des Windes Tanz. Höre ihm einmal zu; er singt alles laut hinaus. Und zwischen den Bäumen des Waldes klingt es ganz anders als durch die Schallöcher, Risse und Sprünge der Mauern. Siehst du, wie der Wind dort oben die Wolken jagt, als seien sie eine Schafherde? Hörst du, wie der Sturm durch das offene Tor heult, als sei es der Wächter und stieße ins Horn? Wunderbar saust er zum Schornstein herab und in den Kamin hinein, daß die Flamme lustiger lodert und knistert und heller ins Zimmer hereinscheint. Es ist so warm und gemütlich am Kamin, daß man gern dort sitzt und dem Winde zuhört. Laß nun den Wind erzählen! Er weiß Märchen und Geschichten, mehr als wir alle zusammen! Höre, wie er erzählt!

"Hu-u-ud! Fahre hin!" – so lautet der Kehrreim seines Liedes.

*

"Am Großen Belt liegt ein altes Schloß mit dicken, roten Mauern", erzählt der Wind. "Ich kenne dort alle Steine; ich kannte sie schon früher, als sie noch in Marsk Stigs Burg eingefügt waren. Die Burg wurde zerstört, aber die Steine wurden wieder benutzt. Man baute andere Mauern daraus, ein neues Schloß an einer andern Stelle, nämlich das Schloß Borreby, das noch heute steht.

Ich habe die hochadeligen Männer und Frauen, die wechselnden Geschlechter, die darin wohnten, gekannt und gesehen, und will nun von Waldemar Daae und seinen Töchtern erzählen.

Hoch erhobenen Hauptes ging er einher; denn er war von königlichem Stamme. Er verstand mehr als einen Hirsch zu jagen und einen Krug zu leeren. – Das werde sich bald zeigen, sagte er selbst.

Steif schritt seine Frau in Gewändern von Goldbrokat über den blanken getäfelten Fußboden; prachtvolle Tapeten bekleideten die Wände, und die künstlich geschnitzten Möbel waren teuer und wertvoll. Silberne und goldene Geräte hatte die Frau ins Haus gebracht; deutsches Bier lag im Keller; schwarze, feurige Rosse wieherten im Stalle; großer Reichtum zeigte sich überall im Schlosse Borreby.

Auch Kinder gab es auf dem Schlosse: drei kleine Jungfräulein, Ida, Johanna und Anna Dorothea. Ich erinnere mich noch ganz genau an ihre Namen.

Es waren reiche Leute, es wahren vornehme Leute, in Herrlichkeit geboren und aufgewachsen. – Hu-u-ud! Fahre hin!" sang der Wind, und dann erzählte er wieder.

"Hier sah ich nicht, wie in den andern alten Schlössern, die hochgeborene Frau mit ihren Mägden in der Halle sitzen und den Spinnrocken drehen. Sie spielte auf der klingenden Laute und sang dazu; aber nicht immer die alten vaterländischen Lieder, sondern auch solche in fremder Sprache. Es herrschte fröhliches Leben und Geselligkeit auf dem Schlosse; vornehme Fremde kamen von nah und fern; Musik ertönte, und die Becher klangen, ich konnte sie nicht übertäuben!" sagte der Wind. "Hier war Hochmut und Prunk und Pracht. Herrschaft wohl, aber Gott herrschte hier nicht.

Gerade am ersten Mai war es, als ich am Abend von Westen gezogen kam. Ich hatte die Schiffe an der Westküste von Jütland in Wracke verwandelt, war über die Heide und die waldbewachsene Küste weitergejagt, hinüber nach Fünen und sauste nun atemlos über den Belt.

An der Küste von Seeland legte ich mich zur Ruh, in der Nähe des Schlosses Borreby, wo damals noch der herrliche Eichenwald stand.

Die jungen Burschen aus der Umgegend kamen heraus und sammelten Reiser und Zweige, die größten und trockensten, die sie finden konnten. Sie trugen sie ins Dorf, legten sie auf Haufen, zündeten sie an, und dann tanzten die Burschen und Mädchen unter Gesang um sie herum.

Ich lag beinahe still", sagte der Wind, "aber ich blies doch leise auf einen Zweig, den der schönste der Burschen hingelegt hatte. Er loderte hell auf, loderte am höchsten von allen. Da wurde der schönste Bursche der Auserwählte; er wurde der König des Festes und durfte sich unter den Mädchen seine Königin wählen. Es war eine Freude und eine Lust, größer als die auf dem Schlosse Borreby."

*

"Und hin nach dem Schlosse fuhren mit sechs Pferden in goldener Kutsche die hohe Frau und ihre drei Töchter. Die waren so fein, so jung, drei reizende Blumen: eine Rose, eine Lilie und eine bleiche Hyazinthe. Die Mutter selbst war eine prunkende Tulpe. Sie grüßte niemand aus der ganzen versammelten Schar, die im Spiele anhielt, knickte und Kratzfüße machte. Man hätte glauben können, die Frau fürchte, bei einer Verbeugung abzuknicken.

Rose, Lilie und die bleiche Hyazinthe, ja, ich sah sie alle drei! Wessen Königin werden sie wohl einmal werden? dachte ich. Ihr Auserwählter wird ein stolzer Ritter, vielleicht gar ein Prinz sein!

– Hu-u-ud! – Fahre hin, fahre hin!

Die Kutsche fuhr mit ihnen weiter, und die Bauersleute fuhren in ihrem Tanze fort.

Aber des Nachts, als ich mich erhob", berichtete der Wind weiter, "legte sich die hochadelige Frau nieder, um nie wieder aufzustehen. Es kam über sie, wie es einmal über alle Menschen kommt; das ist der Welt Lauf. Waldemar Daae stand einen Augenblick ernst und gedankenvoll da. Auch ein stolzer Baum kann gebeugt, aber er kann nicht gebrochen werden, sprach eine Stimme in seinem Herzen. Die Töchter weinten, und alle auf dem Herrenhofe wischten sich die Augen. Aber Frau Daae war dahingefahren – und ich fuhr ebenfalls weiter! Hu-u-ud!" sagte der Wind.

*

"Ich kam wieder, ich kam oft wieder über die Insel Fünen und über das Wasser des Belts und legte mich am Ufer in der Nähe von Borreby neben dem prächtigen Eichenwalde zur Ruhe. Hier nisteten die Fischadler, die Waldtauben, die blauschwarzen Raben und selbst der schwarze Storch. Es war noch früh im Jahre; einige hatten Eier, andere schon Junge. Nein, wie sie flogen, wie sie schrien! Axtschläge ließen sich hören, Schlag auf Schlag. Der Wald wurde gefällt. Waldemar Daae wollte ein kostbares Schiff bauen, ein Kriegsschiff, einen Dreidecker, den dann gewiß der König kaufen würde; deshalb mußte der Wald fallen, der schöne Wald, das Wahrzeichen der Seeleute, die Heimat der Vögel. Erschrocken flog der Neuntöter umher; denn sein Nest war zerstört worden. Der Fischadler und alle Waldvögel mußten fortziehen; planlos flogen sie umher und schrien vor Angst und Zorn. Ich konnte sie wohl verstehen und mit ihnen fühlen. Die Krähen und Dohlen aber riefen laut und spöttisch: Aus dem Neste! Aus dem Neste! Hinaus, hinaus!

Aber mitten im Walde bei einer Schar Arbeiter stand Waldemar Daae mit seinen drei Töchtern, und alle lachten über das Angstgeschrei der Vögel. Nur die jüngste Tochter Anna Dorothea fühlte Mitleid in ihrem Herzen, und als nun auch ein halbverdorrter Baum gefällt werden sollte, auf dessen kahlen Zweigen der schwarze Storch gebaut hatte, dessen Junge neugierig aus dem Neste herausguckten, da bat sie mit Tränen in den Augen, und deshalb durfte der Baum mit dem Neste des schwarzen Storchs stehen bleiben. Das war allerdings nur eine geringfügige Sache.

Es wurde gehauen, und es wurde gesägt – und es wurde ein Dreidecker gebaut. Wohl stammte der Baumeister aus einem einfachen Hause; aber er hatte ein feines Benehmen und ein angenehmes Wesen. Seine Augen und Stirne verrieten Klugheit und Scharfsinn, und Waldemar Daae hörte ihn gerne erzählen. Auch klein Ida, die älteste, fünfzehnjährige Tochter, hörte ihm gerne zu. Und während er dem Vater ein Schiff baute, erbaute er sich selbst ein Luftschloß, worin er und Klein-Ida als Mann und Frau wohnten; ja es wäre auch so gekommen, wenn das Schloß aus Stein gemauert und mit Wall und Graben, Gärten und Wäldern umgeben gewesen wäre. Aber trotz all seiner Klugheit war der Meister eben doch nur ein armer Vogel, und was soll der Spatz im Reigen der Kraniche? Hu-u-ud! – Ich flog fort, und er flog auch fort; denn er durfte nicht bleiben. Und Klein-Ida verschmerzte es; denn sie mußte es verschmerzen."

*

"Im Stalle wieherten die schwarzen Rosse, die der höchsten Bewunderung wert waren, und auch von allen sehr bewundert wurden. Vom Könige selbst war ein Admiral abgesandt worden, um das neue Kriegsschiff zu besichtigen und über den Ankauf zu verhandeln. Er brach in laute Bewunderung über die feurigen Rosse aus; ich hörte es wohl", sagte der Wind, "denn ich folgte den Herrn durch die offene Tür und wehte die Strohhalme wie Goldfäden vor ihre Füße hin. Gold wollte Waldemar Daae haben, der Admiral aber wollte die Pferde haben, deshalb rühmte er sie so. Es wurde jedoch nicht verstanden, und deshalb wurde auch das Schiff nicht gekauft. Es stand mit Bohlen bedeckt am Ufer, eine Arche Noah, die nie ins Wasser kam. Hu-u-ud! Fahre hin! Fahre hin! Und das war sehr zu bedauern.

Zur Winterszeit, als eine Schneedecke auf dem Felde lag, das Treibeis im Belt schwamm, und gegen die Küste trieb", erzählte der Wind weiter, "kamen Raben und Krähen, die einen immer schwärzer als die andern, in großen Scharen herbei. Sie setzten sich auf das öde, tote, einsame Schiff am Ufer, schrien mit heiserer Stimme und klagten über den verschwundenen Wald und die vielen herrlichen Vogelnester, die zerstört worden waren, über die obdachlosen Alten und die obdachlosen Jungen, und daß dies alles um des alten Gerümpels willen, das doch niemals fortschwimmen würde, geschehen sei.

Ich blies in den Schnee hinein, daß er lustig umherwirbelte; hoch türmte er sich um das Schiff und lagerte sich auf ihm. Ich ließ es meine Stimme hören, damit es merken konnte, was ein Sturm heißen will. Ich kann wohl sagen, ich trug das meinige dazu bei, daß es Erfahrungen sammelte! – Hu-u-ud! Fahre hin!

Und der Winter fuhr dahin; Winter und Sommer fuhren dahin, wie ich dahinfahre, wie der Schnee dahinfegt, wie die Apfelblüte verweht und das Laub fällt. Fahre hin! Fahre hin! Auch die Menschen fahren dahin!

Aber noch waren die Töchter jung; klein Ida war eine Rose, schön anzusehen wie damals, als der Schiffsbauer sie sah. Oft spielte ich mit ihrem langen, braunen Haar, wenn sie gedankenvoll unter dem Apfelbaum im Garten stand und es nicht merkte, daß ich ihr Blüten ins Haar streute, das sich gelöst hatte, wenn sie die goldene Sonne und den leuchtenden Himmel zwischen den dunklen Gesträuchern und Bäumen des Gartens hindurch betrachtete.

Ihre Schwester Johanna war eine Lilie, glänzend und steif. Erhobenen Hauptes ging sie einher und vermied es, wie einst die Mutter, einen freundlichen Gruß zu erwidern, aus Furcht, bei einer Verbeugung abzuknicken. Sie ging in den großen Saal, wo die Ahnenbilder hingen. Die Frauen auf den Gemälden trugen Samt und Seide und kleine Hütchen mit reicher Perlenstickerei auf den geflochtenen Haaren. Es waren schöne Frauen! Die Männer sah man in Stahl gekleidet oder in kostbaren Mänteln mit Eichhornfellen gefüttert und mit bläulichweißer Halskrause. Das Schwert hatten sie um den Schenkel gegürtet und nicht um die Hüfte. Wo würde wohl Johannas Bild an der Wand hängen? Und wie würde ihr adeliger Gatte aussehen? Ja, daran dachte sie, davon flüsterte sie, ich hörte es wohl, wenn ich durch den langen Gang in den Saal hinauffuhr und dann wieder umdrehte.

Anna Dorothea, die bleiche Hyazinthe, ein vierzehnjähriges Kind, war still und in sich gekehrt. Die großen, wasserblauen Augen blickten gedankenvoll; aber ein kindliches Lächeln spielte um ihren Mund. Ich konnte es nicht fortblasen, und ich wollte es auch nicht.

Ich traf sie im Garten und auf den Feldern, wo sie Kräuter und Blumen sammelte, von denen sie wußte, daß ihr Vater sie zu Getränken und Tropfen, die er zu brauen verstand, gebrauchen konnte. Waldemar Daae war zwar hochmütig und stolz, aber auch kenntnisreich und erfahren. Man merkte es wohl, und man munkelte in der Gegend allerlei über ihn. Das

Feuer brannte selbst zur Sommerszeit in seinem Kamin, und seine Kammertür war stets verschlossen. Tag und Nacht arbeitete er unverdrossen in seinem Laboratorium; aber er sprach nicht viel davon, denn die Kräfte der Natur muß man im geheimen beherrschen. Und er hoffte, bald die beste Kunst erlernt zu haben, nämlich die Kunst, Gold zu machen.

Deshalb rauchte sein Kamin unaufhörlich; deshalb knisterte und flammte es stets darin. Ja, ich war auch dabei", sagte der Wind. "Laß fahren! Laß fahren! sang ich durch den Schornstein. Es wird nur Rauch, Dampf, Qualm und Asche! Du verbrennst dein Hab und Gut dabei! Hu-u-ud! Fahre hin! Fahre hin! Aber er ließ sein Vorhaben nicht fahren.

Die prächtigen Rosse im Stalle – was wurde aus ihnen? Was aus den goldenen und silbernen Geräten in Kisten und Kasten? Was aus den Kühen auf dem Felde, was aus dem Gute und dem Schlosse? Ach, sie schmolzen, schmolzen im Goldtiegel, und es fand sich doch kein Gold darin.

Leer wurde es in der Scheune und Speisekammer, leer im Keller und auf dem Bodenraum. Je weniger Leute, desto mehr Mäuse. Eine Scheibe zersprang, eine andere zerbrach; ich brauchte nicht mehr zur Türe hineinzugehen", sagte der Wind. "Wo der Schornstein raucht, da kocht das Essen, heißt es; jawohl! hier rauchte der Schornstein, aber er verschlang alle Mittagessen um des roten Goldes willen.

Ich blies durch das Schloßtor wie ein Wächter, der in das Horn stößt. Allein es war kein Wächter da", sagte der Wind. "Ich drehte den Wetterhahn auf der Turmspitze, daß es knarrte, als ob der Wächter da oben schnarchte; aber kein Wächter war da. Ratten und Mäuse waren da; Armut deckte den Tisch, Armut saß im Kleiderspind und im Eßkorb; die Türe wich aus den Angeln und bekam Risse und Sprünge. Ich ging ungehindert aus und ein, deshalb weiß ich so gut Bescheid.

In Rauch und in Asche, in Sorgen und schlaflosen Nächten ergraute das Haar im Bart und an den Schläfen; Waldemar Daaes Haut wurde runzlig und gelb; seine Augen funkelten gierig nach Gold, dem erwarteten Golde.

Ich blies ihm Rauch und Asche ins Gesicht und in den Bart. Schulden zeigten sich anstatt des Goldes. Ich sang durch die zerbrochenen Scheiben und offenen Risse, blies bis in die Schlafkammer der Töchter hinein, wo deren Kleider verschossen und fadenscheinig dalagen; denn sie mußten immer länger aushalten. Das war den Kindern nicht an der Wiege gesungen worden! Das alte Herrenleben hatte sich in ein kümmerliches Dasein verwandelt. Ich allein sang nun noch laut im Schlosse", sagte der Wind. "Ich sorgte dafür, daß sie einschneiten; das wärmt. Brennholz hatten sie nicht; der Wald war gefällt; wo sollten sie es also hernehmen? Es war bitterkalt; der Schnee knirschte unter den Füßen, und ich schwang mich durch Schallöcher und Gänge, über Giebel und Mauern, um mich frisch und munter zu erhalten. Drinnen lagen die adeligen Töchter der Kälte wegen im Bett; und der Vater kroch unter die Pelzdecke, mit der er sich zudeckte. Nichts zu nagen und nichts zu beißen – ist das ein Herrenleben! Hu-u-ud! Laß fahren! Aber dazu konnte sich Herr Daae nicht entschließen.

Auf den Winter folgt der Frühling, und auf magere Zeiten folgen auch wieder gute, sagte er, aber sie lassen auf sich warten, warten! – Jetzt ist das Gut verpfändet; jetzt ist die allerhöchste Zeit – jetzt kommt gewiß das Gold! Zu Ostern!

Ich hörte ihn auch einer Spinne in ihrem Gewebe zuflüstern: Du flinker, kleiner Weber, du lehrst mich aushalten! Wird dein Gewebe zerrissen, dann beginnst du wieder von vorne und vollendest es! Wieder entzwei – aber unverdrossen gehst du wieder ans Werk, von vorne, von vorne! Ja, so soll man es machen, und solch eine Ausdauer wird belohnt.

Es war am Ostermorgen; die Glocken läuteten; die Sonne glänzte am Himmel. In Fieberhitze hatte er gewacht, gekocht und gekühlt, gemischt und destilliert. Ich hörte ihn wie eine verzweifelte Seele seufzen; ich hörte ihn beten; ich merkte, daß er den Atem anhielt. Die Lampe ging aus, aber er bemerkte es nicht. Ich blies in die glühenden Kohlen; sie beleuchteten sein kreideweißes Gesicht, das dadurch rötlich angehaucht wurde. Seine

Augen waren tief eingesunken – aber jetzt wurden sie größer und größer, daß sie förmlich aus ihren Höhlen heraustraten.

Sieh! das alchimistische Glas! Es glänzt darin! Es ist glühend, rein und schwer! Mit zitternder Hand hob er es auf, und mit zitternder Stimme rief er: ›Gold! Gold!‹ Ihm schwindelte dabei, ich hätte ihn mit Leichtigkeit umblasen können", sagte der Wind, "aber ich blies nur auf die glühenden Kohlen und folgte ihm durch die Türe und in das Zimmer, wo die Töchter lagen und froren. Sein Wams war mit Asche bedeckt; Asche hing in seinem Barte und in seinem verworrenen Haar. Er richtete sich hoch auf, erhob seinen reichen Schatz in dem zerbrechlichen Glase und rief, strahlend vor Freude: ›Gefunden! Gewonnen – Gold!‹ Er zeigte das Glas, daß es im Sonnenlichte glänzte. Aber seine Hand zitterte; das alchimistische Glas fiel auf den Boden und zersprang in tausend Stücke – und zersprungen war seines Glückes letzte Blase. Hu-u-ud! Fahre hin! – Und ich fuhr aus dem Schlosse des Goldmachers!"

*

"Spät im Jahre, in den kurzen Tagen der nördlichen Gegenden, wenn der Nebel mit seinen Schleiern kommt und nasse Tropfen aus ihnen auf die roten Beeren und kahlen Zweige fallen, kam ich in bester Laune daher, wehte ein wenig, blies den Himmel rein und brach die verdorrten Zweige ab. Das ist zwar keine große Arbeit, aber sie will doch getan sein. Auch auf andere Weise wurde auf Schloß Borreby bei Waldemar Daae reiner Tisch gemacht. Sein Feind, Ove Ramel aus Basnäs, kam mit den aufgekauften Schuldscheinen und erstand Schloß und Hausgerät bei der Versteigerung. Ich trommelte auf die zersprungenen Scheiben, schlug mit den verfallenen Türen, pfiff durch die Risse und Sprünge: Hui-i! – Herrn Ove sollte die Lust vergehen, hierzubleiben! Ida und Anna Dorothea weinten blutige Tränen; Johanna aber stand steif und bleich da und biß sich in den Daumen, daß er blutete. Aber was konnte das helfen? Ove Ramel wollte zwar Herrn Daae gestatten, lebenslänglich auf dem Schloß zu bleiben, erntete aber keinen Dank für sein Anerbieten.

Ich hörte wohl, was dieser erwiderte", sagte der Wind. "Ich sah den besitzlosen Mann sein Haupt stolzer erheben und sich in die Brust werfen; ich aber richtete einen Windstoß gegen das Schloß und die alten Lindenbäume, daß der dickste Ast abbrach. Nun lag er vor der Türe wie ein Kehrbesen, falls jemand ausfegen wollte. Und ausgefegt wurde; ich hatte es mir wohl gedacht.

Es war ein harter, schwerer Tag, ein böser Augenblick, um sich aufrecht darin zu erhalten. Aber der Sinn war hart, der Nacken steif.

Sie besaßen nichts mehr als die Kleider, die sie auf dem Leibe trugen; doch ja, sie hatten ja auch noch das alchimistische Glas, das erst vor kurzem gekauft worden und mit den aufgelesenen Scherben des zertrümmerten Schatzes angefüllt war, des Schatzes, der so viel versprochen, aber so wenig gehalten hatte. Waldemar Daae barg es auf seiner Brust, nahm dann seinen Stock in die Hand, und nun ging der einst so reiche Herr mit seinen drei Töchtern zum Schlosse Borreby hinaus. Ich fühlte seine heißen Wangen; ich streichelte seinen grauen Bart und sein langes, weißes Haar; ich sang, wie ich nur irgend konnte: Hu-u-d! Fahre hin, fahre hin! – Das war das Ende der Herrlichkeit!

Ida und Anna Dorothea gingen zu seiner Rechten und seiner Linken. Johanna aber wandte sich unter dem Tor noch einmal um. Doch wozu sollte das dienen? Das Glück wandte sich darum doch nicht zu ihr um. Sie betrachtete die roten Steine des Mauerwerks, die noch von Marsk Stigs Burg herstammten. Dachte sie wohl an dessen Töchter, von denen es heißt:

"Die älteste ergriff der jüngsten Hand,
So wanderten sie in das fremde Land."

Gedachte sie etwa dieses Lieds? – Hier waren ihrer drei – der Vater war auch dabei. Sie gingen die Straße entlang, auf der sie so oftmals in der Kutsche gefahren waren. Nun gingen sie mit dem Vater betteln, gingen mit ihm auf das Smidstrup-Feld in die Lehmhütte, die der Vater für zehn Mark jährlich gemietet hatte: das war ihr neuer Herrensitz, mit leeren Wänden und leeren Schüsseln. Krähen und Dohlen flogen über sie hin und schrien wie zum Spott: Aus dem Nest! Aus dem Nest! Hinaus! Hinaus! gerade so wie die Vögel damals geschrien hatten, als der Wald gefällt wurde.

Herr Daae und seine Töchter vernahmen es wohl; aber ich blies ihnen um die Ohren. Es war wirklich nicht der Mühe wert, darauf zu hören.

So zogen sie denn in die Lehmhütte – und ich fuhr dahin über Moor und Feld, durch kahle Hecken und entlaubte Wälder, nach dem offenen Meere, nach fremden Ländern. Hu-u-ud! Fahre hin! Fahre hin! Alle Jahre, alle Jahre!"

*

Wie ging es Waldemar Daae weiter, und wie erging es seinen Töchtern? Der Wind erzählt:

"Die letzte von den dreien, die ich sah, ja zu allerletzt sah, das war Anna Dorothea, die bleiche Hyazinthe. – Alt und gebeugt war sie nun; denn es war ein halbes Jahrhundert später. Sie lebte am längsten, sie kannte das Schicksal aller der Ihrigen.

Drüben auf der Heide, in der Nähe der Stadt Biborg, lag das neue stattliche Haus des Dompropstes aus roten Backsteinen aufgeführt und mit zackigem Giebel; ein dicker Rauch stieg aus dem Schornstein empor. Die sanfte Hausfrau und die lieblichen Töchter saßen im Erker und schauten über den Garten hinweg; hinaus auf die braune Heide. – Wonach sahen sie? Sie blickten nach dem Storchennest draußen auf dem baufälligen Hause. Die spärlichen Reste des einstigen Daches waren mit Moos und Hauslauch bedeckt; den hauptsächlichsten Schutz aber verlieh das Nest des Storches, das, während alles übrige dem Verfall preisgegeben war, von dem Storch instand gehalten wurde.

Es war ein Haus, nur zum Ansehen, nicht zum Anrühren. Ich mußte behutsam damit verfahren", sagte der Wind. "Um des Storchennests willen durfte das Haus stehen bleiben. Eigentlich sah es wie eine Vogelscheuche auf der Heide aus. Aber den Storch wollten Dompropstens nicht verjagen; deshalb blieb die baufällige Hütte stehen, und die arme Bewohnerin durfte das elende Obdach ungestört weiter benutzen. Sie konnte sich dafür bei dem ägyptischen Vogel bedanken. Oder war es vielleicht sein Dank dafür, daß sie einst für das Nest seiner schwarzen wilden Brüder im Borrebyer Walde gebeten hatte? Damals war sie ein junges Kind, eine feine, bleiche Hyazinthe in dem adeligen Garten gewesen. Sie erinnerte sich dessen noch genau, sie, Anna Dorothea.

O! O! – Ja, die Menschen können seufzen, wie der Wind durch Schilf und Rohr seufzt. O! keine Glocken läuteten über dein Grab, Waldemar Daae! Die armen Schulknaben sangen nicht, als der frühere Besitzer von Borreby in das Grab gelegt wurde! O! alles nimmt ein Ende, auch das Elend! – Schwester Ida wurde die Frau eines Bauern, und das war unserem Vater die härteste Prüfung! Sein Tochtermann ein elender Leibeigener, dem der Herr die entehrendsten Strafen auferlegen kann. – Nun ist ihm wohl unter der Erde. Und dir auch, Schwester Ida! Mit mir jedoch ist es noch nicht vorbei, mit mir, der unglücklichen, elenden Greisin. Erlöse mich doch, du mächtiger Heiland!

So lautete Anna Dorotheas Gebet in der jämmerlichen Hütte, die um des Storches willen stehen bleiben durfte.

Der mutigsten und kräftigsten der Schwestern hatte ich mich angenommen", sagte der Wind. "Wie ihr Sinn, war auch ihr Tun. In der Tracht eines armen Bootsknechts verdingte sie sich bei einem Schiffer. Sie war kurz angebunden und verdrießlich, in ihrem Berufe aber willig und fleißig. Jedoch klettern konnte sie nicht; da wehte ich sie über Bord, ehe jemand erfuhr, daß sie ein Frauenzimmer war; und das war von mir gewiß sehr wohl getan", sagte der Wind.

*

"Es war ein Ostermorgen, gerade wie damals, als Waldemar Daae meinte, er habe die Goldmacherkunst erfunden. Da hörte ich zwischen den baufälligen Wänden unter dem Storchenneste leise ein Kirchenlied anstimmen. Es war Anna Dorotheas letzter Gesang.

Es war zwar kein Fenster, sondern nur ein Loch in der Wand. – Die Sonne kam wie ein feuriger Ball und lugte durch die Öffnung; welch einen Glanz verbreitete sie! Anna Dorotheas Augen brachen – ihr Herz brach! Es wäre doch so gekommen, wenn die Sonne auch an diesem Morgen die Ärmste nicht beschienen hätte.

Der Storch hatte ihr bis zu ihrem Tode Schutz und Schirm gegeben. Ich sang an ihrem Grabe", sagte der Wind. "Ich sang auch am Grabe ihres Vaters. Ich weiß, wo die Gräber sind; außer mir weiß es niemand.

Neue Zeiten, andere Zeiten! Alte Landstraßen verwandeln sich in Ackerland, eingefriedigte Gräber in öffentliche Fahrstraßen. Und halb kommt der Dampf mit seiner langen Wagenreihe und braust über die Gräber hin, die ebenso vergessen sind, wie die Namen derer, die darin schlafen. Hu-u-ud! Fahre hin!

Das ist die Geschichte von Waldemar Daae und seinen Töchtern. Erzählet sie besser, ihr andern, wenn ihr es könnt!" sagte der Wind und drehte sich um.

Weg war er!

Was Vater tut, ist immer recht

Nun will ich dir einmal eine Geschichte erzählen, die ich gehört habe, als ich noch ein kleiner Junge war; und so oft ich seither an die Geschichte dachte, kam sie mir jedesmal schöner vor. Es geht mit den Geschichten gerade wie mit manchen Menschen; sie werden mit dem Alter immer schöner, und das ist so erfreulich.

Du bist ja wohl schon draußen auf dem Lande gewesen und hast dort ein richtiges altes Bauernhaus gesehen? Auf seinem Strohdach wächst Unkraut und Moos, und ein Storchennest steht auf der Dachfirste – ja, der Storch, der darf nicht fehlen. Die Wände sind schief, die Fenster nieder, und man kann nur ein einziges davon aufmachen. Der Backofen ragt wie ein kleiner, dicker Bauch an der Mauer heraus, und der Fliederbusch neigt sich über den Zaun hinüber, neben dem sich eine Wasserpfütze mit einer Ente – oder oft auch mehreren Entlein unter einem verkrüppelten Weidenbaume befindet. Außerdem ist auch noch ein Kettenhund da, der jedermann ohne Ausnahme anbellt.

Gerade solch ein Bauernhaus stand draußen auf dem Land, und drinnen wohnte ein altes Ehepaar, ein Bauer und eine Bäuerin. Sie besaßen zwar sehr wenig, meinten aber, sie könnten immerhin noch ein Stück entbehren, nämlich ein Pferd, das am Grabenrand auf der Landstraße zu grasen pflegte. Auf diesem Pferd ritt der Vater nach der Stadt, die Nachbarn entlehnten es zuweilen und leisteten ähnliche Gegendienste dafür. Allein die Bauersleute dachten, es wäre doch nützlicher, wenn sie das Pferd verkauften oder gegen irgend etwas, das ihnen noch größeren Nutzen brächte, eintauschen würden. Aber was sollte das sein?

"Das wirst du, Alterchen, am besten verstehen", sagte die Frau. "Es ist gerade Jahrmarkt in der Stadt; reite heute hin und verkaufe das Pferd oder mache einen Tausch, was du tust, ist immer recht. Ja, reite nur auf den Jahrmarkt." Darauf band sie ihm sein Halstuch um, denn das verstand sie besser als er. Sie machte eine doppelte Schleife, das sah flott aus. Dann fuhr sie mit der flachen Hand über seinen Hut, damit ja kein Stäubchen mehr daran hinge, küßte ihn auf den warmen Mund, und dann ritt er auf dem Pferd, das verkauft oder vertauscht werden sollte, von dannen.

"Ja, ja, Vater versteht es ausgezeichnet", murmelte sie.

Die Sonne brannte am wolkenlosen Himmel; auf dem Wege staubte es gewaltig; denn es waren gar viele Leute, die auch auf den Jahrmarkt wollten, zu Wagen, zu Pferd oder zu Fuß unterwegs, und schattenlos dehnte sich die Landstraße aus.

Unter den Fußgängern war auch ein Mann, der eine Kuh vor sich hertrieb. Die Kuh war so schön, als eine Kuh nur sein kann.

Da dachte der Bauer: "Die gibt gewiß auch gute Milch; die Kuh für das Pferd, das wäre eigentlich ein guter Tausch!"

"Höre einmal, du mit der Kuh, ich möchte dir einen Vorschlag machen!" rief er. "Siehst du, ein Pferd kostet zwar mehr als eine Kuh, aber das ist mir einerlei, die Kuh ist mir nützlicher. Wollen wir nicht tauschen?"

"Mit Vergnügen!" sagte der Mann mit der Kuh, und darauf tauschten sie.

Nachdem dies geschehen war, hätte der Bauer füglich wieder umkehren können; denn er hatte ja erreicht, was er gewollt hatte. Aber da er nun einmal beabsichtigt hatte, auf den Jahrmarkt zu gehen, so wollte er auch wirklich auf den Jahrmarkt kommen, wenn auch nur, um ihn anzusehen, und so zog er mit seiner Kuh weiter. Rasch ging er seines Weges und trieb die Kuh vor sich her. Nach kurzer Zeit erreichten sie einen Mann, der ein Schaf an einem Strick führte. Es war ein gutes, wohlgenährtes Schaf mit einem dicken, wolligen Fell.

"Das möchte ich gern haben", dachte der Bauer; "es würde am Grabenrand nicht an Futter fehlen, und im Winter könnten wir es in die Stube hereinnehmen. Eigentlich wäre es wichtiger, wenn wir uns ein Schaf anstatt einer Kuh hielten."

"Du, wollen wir nicht tauschen?" fragte er den Mann mit dem Schaf. Der war natürlich gleich einverstanden; der Tausch wurde vollzogen, und nun ging der Bauer mit seinem Schaf weiter.

Da gewahrte er auf einem Fußweg, der auf die Landstraße mündete, einen Mann mit einer großen Gans unter dem Arm.

"Der Tausend, das ist ja eine prächtige Gans, die du da hast!" redete unser Bauer den Mann an. "Da gibt es Federn und Fett im Überfluß, und wie hübsch würde sie sich auf unserem Tümpel ausnehmen! Das wäre etwas für die Mutter, um ihre Abfälle zu verwerten, sie hat schon oft gesagt, hätten wir nur eine Gans zu füttern; nun könnte sie ja eine bekommen, und sie soll sie bekommen! Willst du tauschen? Ich gebe dir das Schaf für deine Gans und einen schönen Dank obendrein!"

Der andere tauschte natürlich sehr gern, und so erhielt der Bauer die Gans.

Er war nun schon ganz nahe an der Stadt, und das Gedränge auf der Landstraße nahm immer zu. Es wimmelte von Menschen und Vieh auf dem Wege und im Graben, und am Schlagbaum drängte die Menge sogar auf den Kartoffelacker des Pflastergeldeinnehmers hinein, auf dem dieser seine Henne angebunden hatte, damit sie sich bei dem Durcheinander nicht verlaufen sollte. Es war eine hübsche Henne mit ganz kurzen Schwanzfedern, und sie blinzelte mit dem einen Auge. "Gluck, gluck!" sagte sie. Was sie dabei dachte, kann ich dir nicht sagen, mein liebes Kind, aber als der Bauer die Henne sah, dachte er: "Das ist die schönste Henne, die ich jemals gesehen habe; sie ist sogar schöner als des Pfarrers Bruthenne. Die möchte ich haben! Eine Henne findet immer ein Körnchen, sie braucht beinahe gar keine Pflege. Ich glaube, es wäre ein guter Tausch, wenn ich sie für meine Gans bekommen könnte." – "Heh da! wollen wir tauschen?" fragte er den Pflastergeldeinnehmer.

"Tauschen?" sagte dieser, "das wäre nicht übel!" Und so tauschten sie. Der Bauer bekam das Huhn und der andere die Gans.

Der Bauer hatte seine Zeit gut genützt. Was hatte er nun schon alles ausgerichtet! heiß war es auch, und er fühlte sich nachgerade müde. Ein

Gläschen Schnaps und einen Bissen Brot hatte er seiner Meinung nach reichlich verdient, und da er sich gerade vor dem Wirtshause befand, wollte er hineingehen; aber in diesem Augenblick kam der Knecht mit einem vollen Sack auf dem Rücken heraus.

"Was hast du darin?" fragte der Bauer.

"Verfaulte Äpfel", erwiderte der Knecht; "einen ganzen Sack voll für die Schweine!"

"Einen ganzen Sack voll Äpfel! Welch eine Menge! Den Anblick würde ich meiner Alten daheim gönnen. Voriges Jahr trug unser alter Baum am Torfschuppen nur einen einzigen Apfel, und der mußte aufgehoben werden und stand auf der Kommode, bis er verdarb. ›Es zeigt immer einen gewissen Wohlstand,‹ sagte Mutter. Aber hier könnte sie erst einen gewissen Wohlstand sehen, ja, den Anblick möchte ich ihr gönnen."

"Nun, was wollt Ihr mir dafür geben?" fragte der Knecht.

"Geben? Ich biete Euch meine Henne dafür."

So tauschte er denn die Henne um den Sack Äpfel ein und trat nun mit diesem in die Wirtsstube. Hier lehnte er seinen Sack an den Ofen, der tüchtig geheizt war; allein das bedachte das Bäuerlein nicht. In der Stube befanden sich viele Fremde, Pferdehändler, Ochsentreiber und auch zwei Engländer. Diese sind alle so reich, daß ihre Taschen von Gold strotzen; und Wetten machten sie, das ist ihr Hauptvergnügen, das wirst du gleich hören.

"Suß – Suß!" – was tönte denn so sonderbar vom Ofen her? Die Äpfel begannen zu braten.

"Was ist denn das?" fragten alle miteinander.

Nun, da erfuhren sie denn auch gleich die ganze Geschichte, von dem Pferd, das gegen eine Kuh und dann immer weiter herunter bis zu den verfaulten Äpfeln eingetauscht worden war.

"Na, da wird es Prügel setzen, wenn du nach Hause kommst!" sagten die Engländer. "Du kannst dich darauf verlassen!"

"Was, Prügel! Einen Kuß wird sie mir geben und sagen: was Vater tut, ist immer recht!"

"Wollen wir wetten?" sagten die Engländer. "Wir wollen dir Goldstücke tonnenweise geben, wenn du gewinnst; hundert Pfund sind ein Schiffspfund."

"O, ich bin mit einem Scheffel voll zufrieden!" sagte der Bauer. "Ich selbst kann jedoch nur einen Scheffel voll Äpfel für mich und die Mutter dagegen setzen, aber das ist auch schon mehr als gestrichenes, das ist gehäuftes Maß."

"Topp!" riefen die Engländer, und damit war die Wette abgemacht. Hierauf wurde der Wagen des Wirts bestellt, und die Engländer sowie der Bauer mitsamt seinen verfaulten Äpfeln fuhren hinaus aufs Dorf und langten bald vor dem Haus des Bauern an.

"Guten Abend, Mutter!"

"Grüß dich Gott, Alter!"

"Der Tausch wäre gemacht."

"Ja, du verstehst es!" sagte die Frau, indem sie ihren Mann umarmte und weder den Sack noch die Engländer beachtete.

"Nun, ich habe also das Pferd gegen eine Kuh vertauscht."

"Gott sei Dank!" sagte die Frau, "nun können wir Milchspeisen kochen und Butter und Käse auf den Tisch stellen. Das war ein herrlicher Tausch!"

"Aber dann tauschte ich die Kuh gegen ein Schaf ein."

"Das war auch viel besser, du denkst doch immer an alles! Für ein Schaf haben wir gerade Futter genug. Nun bekommen wir Schafsmilch und Schafskäse und wollene Strümpfe und wollene Nachtjacken. Wolle bekommt man von der Kuh keine, sie verliert ja ihre Haare. Wie fürsorglich du doch bist!"

"Aber das Schaf habe ich gegen eine Gans eingetauscht."

"Können wir wirklich in diesem Jahr eine Martinsgans essen? Ach, Väterchen, du bist doch immer darauf bedacht, mir eine Freude zu machen! Das ist ein reizender Gedanke von dir! Die Gans können wir draußen an einem Strick anbinden, dann wird sie bis Martini noch fett."

"Aber Mutter, die Gans habe ich gegen eine Henne eingetauscht."

"Eine Henne?" sagte die Frau. "Das ist wirklich ein guter Tausch. Die Henne legt Eier, sie brütet sie aus, wir kommen Küklein, ja, einen ganzen Hühnerhof. Das habe ich mir im stillen schon immer gewünscht."

"Aber die Henne tauschte ich für einen Sack voll verfaulter Äpfel ein."

"Nun muß ich dich küssen!" rief die Frau voller Freude. "Ich danke dir, liebster Mann, und muß dir gleich etwas erzählen. Als du heute morgen fort warst, überlegte ich mir, was ich dir Gutes kochen könnte, bis du nach Hause kommst. Eier und Schnittlauch natürlich! Eier hatte ich, aber keinen Schnittlauch. Deshalb ging ich zu Schullehrers hinüber; ich weiß ganz bestimmt, daß sie welchen haben, aber die Frau ist ein Geizhals, wenn sie es sich auch nicht merken lassen will. Ich bat sie nun, mir ein wenig Schnittlauch zu leihen. ›Leihen?‹ versetzte sie, ›in unserem Garten wächst gar nichts, nicht einmal ein verfaulter Apfel, selbst den könnte ich Ihnen nicht leihen.‹ Aber jetzt kann ich ihr zehn, ja, einen ganzen Sack voll leihen! Das freut mich, Väterchen!" Und dabei gab sie ihm einen festen Kuß mitten auf den Mund.

"Das gefällt mir!" sagten die Engländer wie aus einem Munde, "immer den Berg hinab und doch immer gleich froh. Das ist wirklich Goldes wert."

Darauf zählten sie dem Bauern, der keine Prügel, sondern vielmehr Küsse erhielt, ein Schiffspfund Goldstücke auf den Tisch.

Ja, ja, es lohnt sich immer, wenn die Frau einsieht, daß *Vater der Klügste ist*, und erklärt, daß das, *was er tut, immer recht ist*.

Siehst du, das ist nun meine Geschichte! Ich habe sie als kleiner Knabe gehört, und nun hast du sie auch gehört und weißt, daß das, was Vater tut, immer recht ist.

Der Halskragen

Es war einmal ein feiner Kavalier, dessen Hausgeräte nur aus einem Stiefelknecht und einem Kamm bestand. Dafür hatte er aber den schönsten Halskragen von der Welt, und von diesem Kragen will ich euch nun eine Geschichte erzählen.

Er war nämlich gerade in dem Alter, wo man ans Heiraten zu denken pflegt, und da traf es sich einmal, daß er mit einem Strumpfband zusammen in die Wäsche kam.

"Potztausend!" sagte der Kragen, "in meinem ganzen Leben habe ich noch nie ein so schlankes und feines, zartes und niedliches Mädchen gesehen; darf ich Sie wohl um Ihren Namen bitten?"

"Den sage ich Ihnen nicht", antwortete das Strumpfband.

"Wo sind Sie denn zu Hause?" fragte der Kragen.

Aber das Strumpfband war sehr verschämt und schüchtern und meinte, das könne es nicht sagen.

"Sie sind wohl ein Gürtel", sagte der Kragen, "ein Band, das man um den Leib trägt? Ich sehe schon, Sie sind sowohl zum Nutzen als auch zum Staat, mein kleines Fräulein!"

"Wie können Sie sich erlauben, so mit mir zu sprechen!" sagte das Strumpfband. "Ich habe Ihnen doch gar keine Veranlassung dazu gegeben!"

"Wenn man so schön ist wie Sie", erwiderte der Kragen, "so ist das Veranlassung genug."

"Kommen Sie mir nicht zu nah!" sagte das Strumpfband. "Sie sehen mir wie ein Herr aus."

"Ich bin allerdings auch ein sehr feiner Kavalier", sagte der Kragen, "ich besitze einen Stiefelknecht und einen Kamm."

Das war nun nicht wahr. Diese gehörten ja seinem Herrn, er prahlte nur damit.

"Kommen Sie mir nicht zu nah!" rief das Strumpfband noch einmal. "Ich bin das nicht gewöhnt!"

"Ach, wie zimperlich", sagte der Kragen. Gleich darauf wurde er aus der Wäsche genommen, alsdann wurde er gestärkt, in den Sonnenschein gehängt und auf das Plättbrett gelegt; nun kam das heiße Plätteisen.

"Frau!" begann der Kragen, "liebe Frau Witwe, ach, mir wird ganz heiß zu Mute; ich fühle, daß ich ein anderer werde; ich komme ganz aus dem Geleise, au! Sie brennen mir ein Loch ein! Ich – ich freie um Sie!"

"Du Lump!" sagte das Plätteisen und glitt stolz über den Kragen hin; denn es bildete sich ein, es sei ein Dampfkessel, der auf die Eisenbahn hinaus und Wagen ziehen sollte. "Lump!" sagte es noch einmal.

Der Kragen war an der Kante ein wenig ausgefranst, und so kam die Papierschere, um die Fransen abzuschneiden.

"Aha!" sagte der Kragen, "Sie sind wohl Ballettänzerin? Wie Sie die Beine ausstrecken können! Das ist das Reizendste, was ich je gesehen habe. Das kann Ihnen kein Mensch nachmachen!"

"Das weiß ich wohl", erwiderte die Schere.

"Sie verdienten eine Gräfin zu sein", sagte der Kragen. "Aber ach! alles, was ich besitze, besteht aus einem feinen Kavalier, einem Stiefelknecht und einem Haarkamm. Wenn ich doch nur eine Grafschaft hätte!"

"Soll das vielleicht ein Antrag sein?" fragte die Schere ärgerlich, und dabei schnitt sie so tief in den Kragen hinein, daß er nicht mehr zu gebrauchen war.

"Ich muß nun wohl um den Haarkamm freien", sagte der Kragen und wandte sich damit an den Kamm.

"Es ist doch merkwürdig, wie Sie Ihre Zähne zu erhalten verstehen, verehrtes Fräulein! Haben Sie noch nie ans Heiraten gedacht?"

"Das versteht sich von selbst!" erwiderte der Kamm. "Ich bin ja mit dem Stiefelknecht verlobt!"

"Verlobt!" rief der Kragen, und weil jetzt niemand mehr da war, mit dem er sich hätte verloben können, verschwor er von nun an das Heiraten.

Nach langer Zeit wanderte der Kragen in den Lumpensack und von da in die Papiermühle. Dort war große Lumpengesellschaft; die feinen für sich und die groben auch für sich; wie es sich nun einmal gehört. Alle hatten viel zu erzählen, aber der Kragen doch am allermeisten; er war ein richtiger Prahlhans.

"Ich habe ungeheuer viel Liebschaften gehabt", erzählte er, "man ließ mir gar keine Ruhe! Ich war aber auch ein feiner Kavalier, ein gestärkter! Auch besaß ich sowohl Kamm als Stiefelknecht, die ich aber nie benützte! Sie hätten mich damals nur sehen sollen, jawohl, wenn ich frisch gestärkt war! Niemals vergesse ich meine erste Liebe.

Es war ein Gürtel, so fein und so geschmeidig und so reizend – das arme Mädchen stürzte sich meinetwegen ins Wasser. Dann war da auch noch eine Witwe, die in Liebe zu mir erglühte; aber ich ließ sie stehen, bis sie schwarz wurde. Endlich war da auch noch eine Ballettänzerin, und sie brachte mir eine Wunde bei, die heute noch nicht vernarbt ist; sie war so scharf und bissig. Dann verliebte sich mein eigener Kamm in mich und verlor aus Liebeskummer alle seine Zähne. Ja, in dieser Beziehung habe ich viele Erfahrungen gemacht, aber am meisten leid tut es mir doch um das Strumpfband – Gürtel wollte ich sagen, der sich ins Wasser, das heißt ins Waschfaß, stürzte. Ja, ich habe viel auf dem Gewissen, und es wird mir gut tun, daß ich gereinigt und zu weißem Papier werde."

Und so geschah es. Alle die Lumpen wurden zu weißem Papier. Aber aus dem Kragen, versteht ihr wohl! wurde gerade das Stück Papier, auf dem diese Geschichte gedruckt steht, und zwar aus dem Grund, weil der Kragen so entsetzlich mit Dingen prahlte, die der Wahrheit gar nicht entsprachen.

Und das wollen wir uns zur Warnung dienen lassen, damit wir es nicht ebenso machen. Denn wir können ja nicht wissen, ob wir nicht auch einmal in den Lumpensack kommen und dann zu weißem Papier umgearbeitet werden, worauf dann unsere Geschichte, selbst die allergeheimste, schwarz auf weiß gedruckt wird, so daß wir dann selbst damit in der Welt umherlaufen und sie, gerade wie der Halskragen, ausplaudern müssen.

Der Schweinehirt

Es war einmal ein Prinz, der nur ein ganz kleines Königreich besaß, aber es war noch immer groß genug, um darauf zu heiraten; und heiraten wollte er. Es war freilich etwas keck von ihm, daß er es wagte, zu des Kaisers Tochter zu sagen: "Willst du mich haben?" Aber er durfte es schon; denn sein Name war weit und breit berühmt, und Hunderte von Prinzessinnen hätten mit Vergnügen "ja" darauf gesagt. Aber nun laßt uns hören, ob des Kaisers Tochter es so machte.

Auf dem Grab des Vaters unseres Prinzen wuchs ein Rosenstock, ein wunderschöner Rosenstock! Allein er blühte nur alle fünf Jahre und trug auch dann nur eine einzige Rose. Aber was für eine Rose! Sie duftete so herrlich, daß man, wenn man daran roch, sogleich alle seine Sorgen und Kümmernisse vergaß. Dann hatte der Prinz auch eine Nachtigall, die so schön singen konnte, als ob alle süßen Melodien der ganzen Welt in ihrer kleinen Kehle wohnten. Diese Rose und diese Nachtigall wollte der Prinz des Kaisers Tochter schenken; deshalb wurden beide in große silberne Behälter gesetzt und dann der Prinzessin zugeschickt.

Der Kaiser ließ sie vor sich her in den großen Saal tragen, wo die Prinzessin sich aufhielt und gerade mit ihren Hofdamen "Es kommt Besuch!" spielte. Als sie nun die großen Behälter mit den Geschenken darin sah, klatschte sie vor Freude in die Hände.

"Ach, wenn es doch ein Miezekätzchen wäre!" sagte sie – aber da kam eine prachtvolle Rose zum Vorschein.

"Nein, wie niedlich sie gemacht ist!" sagten alle Hofdamen.

"Sie ist sogar mehr als niedlich", erwiderte der Kaiser, "sie ist entzückend!"

Als aber die Prinzessin die Rose befühlte, wäre sie fast in Tränen ausgebrochen.

"Pfui, Papa!" rief sie aus, "es ist ja gar keine künstliche Rose, sondern eine natürliche!"

"Pfui!" wiederholten alle die Hofdamen, "es ist eine natürliche!"

"Ehe wir uns erzürnen, wollen wir sehen, was sich im andern Behälter befindet", sagte der Kaiser, und da kam die Nachtigall heraus. Sie sang so lieblich, daß man nicht gleich etwas Böses gegen sie vorzubringen wußte.

"Superbe! Charmant!" riefen alle Hofdamen; denn sie plauderten sämtlich französisch, eine immer schlechter als die andere.

"Dieser Vogel erinnert mich an die Spieldose der hochseligen Kaiserin", sagte ein alter Kavalier, "es ist ganz derselbe Ton und derselbe Vortrag!"

"Jawohl", erwiderte der Kaiser. Und dann weinte er wie ein kleines Kind.

"Es wird doch nicht am Ende eine natürliche sein!" rief die Prinzessin plötzlich.

"Doch! es ist ein natürlicher Vogel", sagte der Überbringer.

"Nun, dann laßt ihn nur fliegen!" befahl die Prinzessin und wollte durchaus nicht gestatten, daß sich der Prinz bei Hofe vorstelle.

Dieser ließ sich jedoch nicht einschüchtern. Er färbte sich das Gesicht mit brauner und schwarzer Farbe, zog die Mütze tief über die Stirne herein und klopfte unerschrocken an.

"Guten Tag, Herr Kaiser!" sagte er, "könnte ich nicht hier auf dem Schlosse in Dienst treten?"

"Ach, hier gibt es immer so viele Stellesuchende!" sagte der Kaiser, "aber ich will sehen, ob es sich machen läßt. Ich brauche allerdings gerade jemand, der die Schweine hüten kann; denn wir haben eine große Herde."

So wurde denn der Prinz kaiserlicher Schweinehirt. Er bekam ein elendes Kämmerchen drunten neben dem Schweinestall, und dort mußte er bleiben. Allein den ganzen Tag über arbeitete er fleißig an einem Gegenstand, und als der Abend hereinbrach, hatte er einen niedlichen kleinen Topf vollendet; ringsherum hingen kleine Schellen, und sobald der Topf kochte, begannen sie zu klingeln und spielten die alte Melodie:

"Ach, du lieber Augustin,
Alles ist hin ..."

Aber das allerkünstlichste an dem Topfe war doch, daß man, sobald man einen Finger in den daraus aufsteigenden Dampf hielt, sogleich riechen konnte, welche Speisen auf jedem Herd in der ganzen Stadt zubereitet wurden. Das war freilich etwas anderes als eine Rose!

Nun kam die Prinzessin mit allen ihren Hofdamen vorbei, und als sie die Melodie hörte, blieb sie stehen und sah sehr vergnügt aus; denn sie konnte auch "Ach, du lieber Augustin" spielen. Es war zwar das einzige, was sie konnte, aber sie spielte es mit einem Finger.

"Das Lied kann ich auch!" rief sie, "das muß ja ein gebildeter Schweinehirt sein! Gehe einmal hin und frage, was das Instrument kosten soll!"

Die Hofdame mußte nun schnell zu dem Schweinehirten hingehen; doch zog sie zuvor noch Holzschuhe über, denn es war schmutzig auf dem Hof.

"Wieviel verlangst du für den Topf?" fragte die Hofdame.

"Zehn Küsse von der Prinzessin!" antwortete der Schweinehirt. "Ach, du lieber Himmel", rief die Hofdame.

"Um weniger gebe ich ihn nicht her!" entgegnete der Schweinehirt.

"Nun, was sagte er?" fragte die Prinzessin.

"Das kann ich nicht sagen", erwiderte die Hofdame, "es ist zu schrecklich!"

"Dann flüstere es mir ins Ohr!" Und die Hofdame flüsterte es der Prinzessin in das Ohr.

"Er ist frech!" sagte die Prinzessin und ging schnell weiter. Aber als sie eine kurze Strecke weit gegangen waren, ertönten die Glöckchen wieder wie vorher:

"Ach, du lieber Augustin,
Alles ist hin..."

"Höre!" begann die Prinzessin von neuem, "du mußt ihn fragen, ob er zehn Küsse von meinen Hofdamen dafür haben möchte!"

"Nein, ich danke!" sagte der Schweinehirt. "Zehn Küsse von der Prinzessin, oder ich behalte meinen Topf!"

"Das ist doch recht ärgerlich!" sagte die Prinzessin, "aber dann müßt ihr euch wenigstens um mich herumstellen, damit es niemand sieht."

Da stellten sich die Hofdamen um sie herum und breiteten ihre Kleider aus: alsdann erhielt der Schweinewirt zehn Küsse von der Prinzessin, und die Prinzessin den Topf.

Das war nun ein Vergnügen! Den ganzen Abend und den ganzen Tag mußte der Topf kochen. In der ganzen Stadt gab es keinen Herd, von dem man auf dem Schlosse nicht gewußt hätte, was darauf gekocht wurde, sowohl beim Krämer als beim Schuhmacher. Die Hofdamen hüpften vor Vergnügen und klatschten in die Hände.

"Wir wissen, wer süße Suppe und Pfannkuchen essen wird! Wir wissen, bei wem es Grütze und Kotelettes gibt! Das ist doch interessant!"

"Ja, sehr interessant!" stimmte die Oberhofmeisterin bei.

"Haltet aber ja reinen Mund, denn ich bin die Tochter des Kaisers!"

"Das versteht sich von selbst!" beteuerten alle miteinander.

Der Schweinehirt, das heißt der Prinz – aber man hielt ihn ja für einen wirklichen Schweinehirten – ließ den nächsten Tag nicht vorübergehen, ohne etwas Neues zu arbeiten, und diesmal verfertigte er eine Knarre; wenn man diese drehte, so erklangen alle Walzer, Hopser und Polkas, die man seit der Erschaffung der Welt kannte.

"Aber das ist ja *superbe*!" rief die Prinzessin, als sie bei den Schweinehirten vorüberkam. "Noch nie habe ich ein so schönes Kunstwerk spielen hören.

Gehe hin und frage ihn, was das Instrument kostet. Aber Küsse gebe ich keine mehr!"

"Er will hundert Küsse von der Prinzessin haben", sagte die Hofdame, die sich erkundigt hatte.

"Ich glaube, er ist verrückt!" sagte die Prinzessin und ging weiter. Aber kaum war sie eine Strecke weit gegangen, als sie stehen blieb.

"Man muß die Kunst aufmuntern", sagte sie, "und ich bin dazu des Kaisers Tochter! Sagt ihm, daß ich willens bin, ihm wie gestern zehn Küsse zu geben, aber den Rest muß er sich bei meinen Hofdamen holen!"

"Aber wir tun es so ungern!" sagten die Hofdamen.

"Ach, Unsinn!" versetzte die Prinzessin, "wenn ich ihn küssen kann, dann könnt ihr es ebenfalls. Bedenkt, daß ich euch Kost und Lohn gebe!" Also mußten die Hofdamen dem Schweinehirten die Antwort der Prinzessin bestellen.

"Nichts da!" erwiderte dieser. "Hundert Küsse von der Prinzessin, oder jeder behält das Seinige."

"So stellt euch eben um mich herum!" befahl die Prinzessin. Da stellten sich alle Damen in einem Kreise um sie herum, und nun küßte der Schweinehirt die Prinzessin.

"Was ist denn das für ein Auflauf dort unten beim Schweinestall?" sagte der Kaiser, der auf seinem Altane stand. Er rieb sich die Augen und setzte die Brille auf. "Da haben gewiß die Hofdamen irgend einen Unfug angestellt. Ich muß doch rasch hinuntergehen und nachsehen!" Damit zog er seine Pantoffeln hinten in die Höhe; denn es waren Schuhe, die er niedergetreten hatte.

Potztausend, wie er sich beeilte! Als er in den Hof hinunterkam, trat er ganz leise auf, und die Hofdamen waren mit dem Zählen der Küsse so vollauf beschäftigt – denn es sollte hübsch ehrlich dabei zugehen, und der Schweinehirt nicht zu viel, aber auch nicht zu wenig erhalten –, daß sie den Kaiser gar nicht bemerkten. Dieser stellte sich auf die Fußspitzen und –

"Ei, was ist denn das?" rief er, als er sah, wie die beiden sich küßten. Dann schlug er mit dem Pantoffel auf sie los, und zwar gerade in dem Augenblick, als der Schweinehirt den sechsundachtzigsten Kuß empfing.

"Fort mit euch!" rief der Kaiser; denn er war sehr zornig, und nun wurde sowohl der Schweinehirt als auch die Prinzessin aus dem Kaiserreich hinausgestoßen.

Da stand nun die Prinzessin und weinte; der Schweinehirt aber schalt, und der Regen floß in Strömen hernieder.

"Ach, ich elendes Geschöpf!" seufzte die Prinzessin, "hätte ich doch den hübschen Prinzen genommen! Ach, wie unglücklich ich bin!"

Nun ging der Schweinehirt hinter einen Baum, wischte sich die schwarze Farbe aus dem Gesicht, warf die schlechten Kleider ab und trat dann in seinem Prinzengewand hervor, so schön, daß sich die Prinzessin unwillkürlich vor ihm verneigte.

"Jetzt verachte ich dich", begann er, "denn du wolltest keinen ehrlichen Prinzen haben. Du verstandest dich weder auf die Rose noch auf die Nachtigall, aber den Schweinehirten hast du um eines Spielwerks willen geküßt. Dir ist geschehen, was du verdient hast!"

Darauf ging er in sein Königreich, machte die Türe zu und legte einen Riegel vor. Nun konnte sie draußen stehen und singen:

"Ach, du lieber Augustin,
Alles ist hin ..."

Die Meernixe

Weit draußen im Meere ist das Wasser so blau wie die Blüten der schönsten Kornblume und so klar wie das reinste Glas; aber es ist dort außerordentlich tief, tiefer, als irgend ein Ankertau reicht, und es müßten viele Kirchtürme aufeinander gestellt werden, um vom Grunde über das Wasser empor zu reichen. Dort unten wohnt das Meervolk.

Nun muß man aber nicht etwa denken, es sei dort unten nur der nackte weiße Sandboden, durchaus nicht. Da wachsen die merkwürdigsten Bäume und Pflanzen, die so geschmeidige Stiele und Blätter haben, daß sie sich bei der geringsten Bewegung des Wassers hin und her wiegen. Die kleinen und großen Fische schlüpfen zwischen den Zweigen hindurch, wie hier oben die Vögel durch die Bäume. An der tiefsten Stelle liegt das Schloß des Meerkönigs, die Mauern sind von Korallen und die hohen Spitzbogenfenster von klarsten Bernstein; das Dach aber ist aus Muschelschalen gebildet, die sich je nach der Strömung des Wassers öffnen und schließen. Das sieht wunderbar schön aus; denn in all den Muscheln liegen glänzende Perlen, von denen eine einzige schon ein kostbarer Schmuck in der Krone einer Königin wäre.

Der Meerkönig dort unten war schon seit vielen Jahren Witwer, und seine alte Mutter führte ihm daher die Wirtschaft. Sie war eine kluge Frau, aber sehr stolz auf ihren Adel. Deshalb trug sie auch zwölf Austern auf ihrem Schwanze, während die andern Adeligen nur sechs tragen durften. Sonst verdiente sie alles Lob, besonders weil sie ihre Enkelinnen, die kleinen Meerprinzessinnen, herzlich lieb hatte. Es waren sechs reizende Kinder, aber die jüngste der Prinzessinnen war doch die schönste von allen. Ihre Haut war so zart und fein wie ein Rosenblatt, ihre Augen so blau wie der tiefste See; aber wie alle die andern hatte auch sie keine Füße, sondern der Körper endete in einem Fischschwanz.

Den ganzen Tag durften die Kinder unten im Schloß in den großen Sälen, wo lebendige Blumen aus den Wänden hervorwuchsen, spielen. Die großen Bernsteinfenster wurden aufgemacht, und dann schwammen die Fische zu ihnen hinein, gerade wie bei uns die Schwalben hereinfliegen, wenn wir die Fenster aufmachen. Doch die Fische schwammen zu den kleinen Prinzessinnen hin, fraßen ihnen aus den Händen und ließen sich streicheln.

Vor dem Schlosse war ein großer Garten mit feuerroten und dunkelblauen Bäumen; die Früchte strahlten wie Gold und die Blumen wie brennendes Feuer, während sie die Stengel und Blätter unaufhörlich bewegten. Die Erde selbst war der feinste Sand, aber blau wie die Flamme des brennenden Schwefels. Über dem Ganzen lag ein merkwürdig blauer Schein; man hätte eher glauben können, daß man hoch droben in der Luft stehe und über und unter sich nur Himmel habe, als daß man auf dem Grunde des Meeres sei. Bei Windstille konnte man die Sonne erblicken, aber sie erschien wie eine Purpurblume, aus deren Kelch alles Licht strömte.

Jede der kleinen Prinzessinnen hatte ein Gärtchen, wo sie nach Belieben graben und pflanzen konnten. Die eine gab ihrem Blumenbeet die Gestalt eines Walfischs; einer andern gefiel es besser, daß das ihrige einem Meerweibchen gleiche; die jüngste jedoch machte es rund wie die Sonne und pflanzte nur Blumen, die rot wie diese leuchteten. Sie war überhaupt ein sonderbares Kind, still und nachdenklich, und wenn die andern Schwestern die merkwürdigen Sachen, die von gestrandeten Schiffen in die Tiefe hinabsanken, aufstellten, wollte sie außer den rosenroten Blumen, die der Sonne dort oben glichen, nur eine hübsche Marmorstatue haben, die einmal auf den Meeresgrund gesunken war und einen wunderschönen Knaben, aus schneeweißem Stein gehauen, vorstellte.

Die kleine Prinzessin pflanzte nun neben die Statue eine rosenrote Trauerweide; die wuchs herrlich empor und bildete mit ihren frischen Zweigen, die hin- und herschwankten und bis auf den blauen Sandboden herunterhingen, eine Laube, unter der der Schatten ganz veilchenblau erschien. Die größte Freude aber war für sie, von der Menschenwelt da droben erzählen zu hören. Die Großmutter mußte alles, was sie von Schiffen und Städten, Menschen und Tieren wußte, immer und immer wieder erzählen. Ganz besonders merkwürdig und schön aber deuchte es sie, daß oben auf der Erde die Blumen dufteten, denn das war bei den ihrigen nicht der Fall, und daß die Wälder dort grün waren, und daß die Fische, die man dort auf den Bäumen sah, laut und herrlich singen konnten, daß es eine wahre Lust war. Die kleinen Vögel nannte die Großmutter nämlich Fische; sonst hätte die Enkelin sie nicht verstanden, da sie noch keinen Vogel gesehen hatte.

"Wenn ihr fünfzehn Jahre alt seid", sagte die Großmutter, "dann dürft ihr aus dem Meere emporsteigen, im Mondschein auf der Klippe sitzen und die großen Schiffe vorbeisegeln sehen, und dann werdet ihr auch Wälder und Städte mit euern eigenen Augen erblicken."

Im nächsten Jahr wurde eine der Schwestern fünfzehn Jahre alt; aber von den andern war die eine immer ein Jahr jünger als die andere, und die jüngste mußte also noch volle fünf Jahre warten, ehe sie von dem Grunde des Meeres aufsteigen und sehen durfte, wie es bei uns hier oben aussieht. Aber sie versprachen einander, sich ganz genau zu erzählen, was sie erblickten, und was ihnen am ersten Tag am besten gefallen habe. Denn die Großmutter erzählte ihnen lange nicht genug; es gab noch so vieles, worüber sie gerne Auskunft gehabt hätten.

Keine aber sehnte sich mehr nach diesen Nachrichten als die jüngste der Schwestern, gerade sie, die noch am längsten zu warten hatte und die stets so still und gedankenvoll war. Manche Nacht stand sie am offenen Fenster und sah durch das dunkelblaue Wasser, wo die Fische mit ihren Schwänzen plätscherten, empor. Mond und Sterne konnte sie sehen. Diese hatten freilich nur einen ganz bleichen Schimmer; aber durch das Wasser sahen sie größer aus als vor unsern Augen. Zog dann etwas, einer schwarzen Wolke gleich, unter ihr hin, so wußte sie, daß es entweder ein Walfisch war, der über ihr hinschwamm, oder ein Schiff mit vielen Menschen darauf. Ach, diese dachten sicher nicht daran, daß ein schönes, kleines

Meermädchen unten stehe und ihre weißen Hände zum Kiel des Schiffes emporstrecke.

Nun war die älteste Prinzessin fünfzehn Jahre alt und erhielt die Erlaubnis, über die Meeresfläche emporzusteigen.

Als sie zurückkam, hatte sie hunderterlei zu erzählen, aber das Schönste, sagte sie, das sei doch, im Mondschein auf einer Sandbank in der ruhigen See zu liegen und die dicht am Ufer gelegene große Stadt zu betrachten, wo die Lichter gleich vielen hundert Sternen blinkten, dann die Musik, den Lärm und das Geräusch von Wagen und Menschen zu hören, die vielen Kirchtürme zu sehen und das Läuten der Glocken zu vernehmen.

O, wie andächtig lauschte die jüngste Schwester auf diese Worte! Und wenn sie des Abends wieder am offenen Fenster stand und durch das dunkelblaue Wasser emporblickte, flohen ihre Gedanken immer nach der großen Stadt mit dem Lärm und dem Geräusch, und dann meinte sie, das Läuten der Kirchenglocken bis zu sich herunter hören zu können.

Im folgenden Jahr erhielt die zweite Schwester die Erlaubnis, aus dem Wasser emporzusteigen und nach Belieben herumzuschwimmen.

Gerade bei Sonnenuntergang tauchte sie auf, und dieser Anblick war ihrer Meinung nach das Schönste, das sie sah. Sie sagte, der ganze Himmel habe wie lauter Gold ausgesehen, und die Schönheit der Wolken könne sie auch nicht annähernd beschreiben. Rot und veilchenblau seien sie über ihr dahingezogen, aber weit schneller als diese sei wie ein langer weißer Schleier eine Schar wilder Schwäne über das Wasser, der untergehenden Sonne entgegen, dahingeflogen. Da sei sie auch in dieser Richtung fortgeschwommen, aber die Sonne sei versunken und der Schein auf der Meeresfläche und in den Wolken erloschen.

Im nächsten Jahr durfte die dritte Schwester hinaufsteigen. Sie war die beherzteste von allen und schwamm deshalb einen breiten Fluß, der in das Meer mündete, aufwärts. Da sah sie herrlich grüne, mit Reben bepflanzte Hügel; Schlösser und Burgen schimmerten aus den Wäldern hervor, sie hörte die Vögel singen, und die Sonne schien so warm, daß sie oft unter das

Wasser tauchen mußte, um ihr heißes Antlitz zu kühlen. In einer stillen Bucht traf sie eine Schar kleiner Menschenkinder; diese waren ganz nackt und plätscherten lustig im Wasser. Das Meermädchen hätte gerne mit ihnen gespielt, aber die Kinder flohen erschrocken davon, und dann kam ein kleines schwarzes Tier, ein Hund – aber sie hatte noch nie einen Hund gesehen – der bellte sie so schrecklich an, daß sie Angst bekam und schnell in die offene See zurückschwamm. Aber niemals konnte die Prinzessin die prächtigen Wälder, die grünen Hügel und die niedlichen Kinder, die im Wasser schwimmen konnten, obgleich sie keinen Fischschwanz hatten, vergessen.

Die vierte Schwester war nicht so keck, sie blieb draußen im wogenden Meere und meinte, dort sei es doch am allerschönsten; von dort aus könne man viele Meilen weit umhersehen und der Himmel stehe wie eine Glasglocke darüber. Sie hatte auch Schiffe gesehen, aber nur aus weiter Ferne, und meinte, sie sähen wie Möwen aus. Die possierlichen Delphine hatten Purzelbäume geschlagen, und die großen Walfische aus ihren Nasenlöchern Wasser emporgespritzt, so daß es wie Hunderte von Springbrunnen ringsumher ausgesehen habe.

Nun kam die Reihe an die fünfte Schwester. Ihr Geburtstag war im Winter, und deshalb sah sie, was die andern das erste Mal nicht gesehen hatten. Das Meer sah ganz grün aus, und ringsumher schwammen große Eisberge, von denen jeder, ihrer Erzählung nach, wie eine Perle geglänzt hatte, aber weit größer gewesen war als der schönste von den Menschen erbaute Kirchturm. Die Eisberge hatten die sonderbarsten Gestalten und glänzten wie Diamanten. Die Prinzessin hatte sich auf einen der größten gesetzt. Da fuhren die erschrockenen Fischer weit um den Eisberg herum, während sie da oben saß und den Wind mit ihren langen Haaren spielen ließ. Aber gegen Abend überzog sich der Himmel mit dichten Wolken; es blitzte und donnerte, während die schwarzen Wogen die großen Eisblöcke hoch emporhoben und sie in den grellen Blitzen hell erglänzen ließen. Auf allen Schiffen reffte man die Segel; überall herrschte Angst und Grauen. Das Meermädchen aber saß ruhig auf ihrem schwimmenden Eisberg und sah die Blitze im Zickzack in das schäumende Meer schießen.

Sobald eine der Schwestern über das Meer emporkam, war sie immer von all dem Schönen und Neuen, das sie gesehen hatten, ganz entzückt. Aber als sie nun als erwachsene Mädchen hinaufsteigen konnten, wann es ihnen beliebte, wurde es ihnen bald gleichgültig. Sie sehnten sich stets wieder nach der Heimat zurück, und nach Verfluß eines Monats sagten sie, es sei unten im Meere doch am allerschönsten, da fühle man sich am behaglichsten.

Oftmals schlangen die fünf Schwestern die Arme ineinander und stiegen in einer Reihe zur Oberfläche des Wassers hinauf. Sie hatten herrliche Stimmen, schöner als irgend ein Menschenkind; und wenn dann ein Sturm im Anzug war, so daß sie fürchteten, es könnten Schiffe untergehen, schwammen sie vor diesen her und sangen mit ihren entzückenden Stimmen, wie schön es auf dem Grunde des Meeres sei und baten die Seeleute, sich doch nicht zu fürchten, dort hinunter zu kommen. Aber die Schiffer konnten die Worte nicht verstehen und meinten, es sei das Toben des Sturmes. Sie bekamen auch die Herrlichkeit dort unten gar nicht zu sehen; denn wenn das Schiff scheiterte, ertranken die Menschen und kamen nur als Leichen zum Schlosse des Meerkönigs.

Wenn die Schwestern so des Abends Arm in Arm durch das Wasser hinaufstiegen, dann blieb die kleinste Schwester allein zurück und schaute ihnen nach; und dann war es ihr, als ob sie weinen müßte. Aber ein Meermädchen hat ja keine Tränen, und darum leidet es noch viel mehr. "Ach, wäre ich doch schon fünfzehn Jahre alt!" seufzte die Prinzessin. "Ich weiß, daß ich die Welt dort oben und die Menschen, die darauf wohnen, recht, recht lieb haben werde."

Endlich war sie denn auch fünfzehn Jahre alt.

"So, nun bist du erwachsen", sagte die Großmutter. "Komm, ich will dich schmücken wie deine andern Schwestern." Sie setzte ihr einen Kranz von Wasserlilien aufs Haar, von denen jedes Blumenblatt die Hälfte einer Perle war, und dann befahl die Großmutter acht Austern, sich im Schweife der Prinzessin festzuklemmen, um ihren hohen Rang anzudeuten.

"Das tut mir weh!" sagte die Meernixe.

"Ja, Eitelkeit muß leiden", sagte die Großmutter. Ach, wie gerne hätte die Kleine auf all diese Pracht verzichtet und den schweren Kranz abgelegt! Die roten Blumen aus ihrem Garten standen ihr gewiß viel besser. Aber sie mußte sich eben den Wünschen der Großmutter fügen.

"Lebet wohl!" sprach sie und stieg dann klar und leicht wie eine Blase aus dem Wasser auf.

Die Sonne war eben untergegangen, als sie den Kopf über die Meeresfläche erhob. Aber alle Wolken schimmerten noch goldig rot, und inmitten der blaßroten Luft leuchtete der Abendstern hell und schön; die Luft war mild und frisch und das Meer spiegelglatt. Da lag ein großer Dreimaster. Nur ein einziges Segel war aufgezogen; denn es regte sich kein Lüftchen, und im Tauwerk und auf den Rahen saßen die Matrosen. Musik und Gesang ertönte, und als es dunkelte, wurden Hunderte von Laternen angezündet, so daß es aussah, als ob die Flaggen aller Nationen in der Luft wehten.

Die Nixe schwamm dicht bis an das Kajütenfenster, und jedesmal, wenn das Wasser sie emporhob, konnte sie durch die spiegelklaren Scheiben hineinblicken. Viele geputzte Menschen waren drinnen, aber der schönste von allen war doch der junge Prinz mit den großen, schwarzen Augen. Er war sicher nicht viel über sechzehn Jahre alt. Es war heute sein Geburtstag, und deshalb wurde das Fest gefeiert. Die Matrosen tanzten auf dem Verdeck, und als der junge Prinz zu ihnen trat, stiegen über hundert Raketen hoch in die Luft empor; sie leuchteten wie der helle Tag, so daß die Meernixe heftig erschrak und rasch unter das Wasser tauchte. Aber bald streckte sie wieder das Köpfchen hervor, und da war es ihr, als ob alle Sterne zu ihr herunterfielen. Noch nie hatte sie solch ein Feuerwerk gesehen. Große Sonnen drehten sich zischend und sprühend im Kreise; prächtige Feuerfische schwangen sich in die blaue Luft, und alles spiegelte sich in der klaren See. Auf dem Schiffe selbst war es so hell, daß man jedes kleine Tau, wieviel mehr also die Menschen, sehen konnte. O wie schön war doch der junge Prinz! Er drückte den Leuten freundlich lächelnd die Hand, während die Musik durch die stille Nacht erklang.

Es wurde spät; aber die Meerprinzessin konnte ihre Augen nicht von dem Schiffe und von dem schönen Prinzen abwenden. Die bunten Laternen wurden ausgelöscht; es stiegen keine Raketen mehr in die Höhe, und es ertönten auch keine Kanonenschüsse mehr; nur tief unten im Meere wogte und rauschte es dumpf. Die Nixe aber saß auf dem Wasser und schaukelte auf und nieder, daß sie in die Kajüte hineinblicken konnte. Aber nun erhob sich der Wind und das Schiff fuhr schneller dahin; ein Segel nach dem andern blähte sich; die Wogen gingen stärker; schwarze Wolken stiegen auf; es blitzte am Horizont, ja, ein schrecklicher Sturm brach los, und eilig refften die Matrosen die Segel.

Das große Schiff schoß in rasender Eile durch die wilde See; die Wogen erhoben sich wie riesengroße, schwarze Berge, die über die Masten hereinzustürzen drohten; aber wie ein Schwan hob und senkte sich das Schiff aus der grollenden, schäumenden Flut. Die Meernixe dünkte es eine recht lustige Fahrt zu sein, den Matrosen aber durchaus nicht. Das Schiff knackte und krachte; die dicken Planken bogen sich bei dem heftigen Wogenprall; der Hauptmast brach mitten durch, als ob er nur ein schwaches Rohr wäre, und das Schiff legte sich auf die Seite, während das Wasser hineindrang. Nun sah die Nixe, daß die Mannschaft in Gefahr war; sie mußte sich selbst auch vor den Balken und Schiffstrümmern, die auf dem Wasser trieben, in acht nehmen.

Einen Augenblick war es so finster, daß sie nicht das geringste unterscheiden konnte. Aber wenn es dann blitzte, wurde es wieder so hell, daß sie jeden einzelnen Menschen auf dem Schiffe erkannte; besonders suchte ihr Auge den jungen Prinzen, und als das Schiff barst, sah sie ihn in das tiefe Meer versinken. Zuerst freute sie sich darüber, nun kam er ja zu ihr hinunter! Aber da fiel ihr ein, daß die Menschen im Wasser nicht leben können, und daß er also nur tot zum Schlosse ihres Vaters hinuntergelangen würde. Aber sterben, nein, das durfte er nicht! So schwamm sie zwischen Balken und Planken, die auf der See trieben, umher und vergaß ganz, daß diese sie hätten zerquetschen können. Tief tauchte sie unter das Wasser und stieg wieder hoch zwischen den Wogen empor und erreichte so schließlich den Prinzen, der sich kaum noch auf der stürmischen See halten konnte. Seine Arme und Beine begannen zu ermatten; seine schönen Augen schlossen sich, und er hätte sterben müssen, wenn die Nixe nicht eben herbeigekommen wäre. Sie hielt seinen Kopf über das Wasser empor und ließ sich dann mit ihm aufs Geratewohl von den Wogen forttreiben.

Am nächsten Morgen war der Sturm vorüber, von dem Schiffe aber war keine Spur mehr zu entdecken. Rot und glänzend stieg die Sonne aus dem Wasser empor, und es war, als ob des Prinzen Wangen Leben dadurch erhielten, aber seine Augen blieben geschlossen. Die Meernixe küßte ihn auf seine schöne, hohe Stirne, und es kam ihr vor, als ob er der Marmorstatue in ihrem kleinen Garten gleiche. Sie küßte ihn wieder und wieder und wünschte innig, daß er doch wieder zum Leben erwache. Nun erblickte sie vor sich das Festland: hohe blaue Berge, auf deren Gipfel der weiße Schnee glänzte, als seien es Schwäne, die dort ruhten; unten an der Küste waren herrliche, grüne Wälder, und am Ufer lag eine Kirche oder ein Kloster, das wußte sie nicht recht, aber ein Gebäude war es.

Zitronen- und Apfelsinenbäume wuchsen im Garten, und vor dem Tore standen hohe Palmbäume. Das Meer bildete hier eine kleine Bucht, wo das Wasser ruhig, aber sehr tief und rings von Klippen umgeben war. Hierher schwamm sie mit dem Prinzen, legte ihn auf den feinen, weißen Sand und war besonders darauf bedacht, daß der Kopf im Sonnenscheine erhöht lag.

Nun läuteten alle Glocken in dem weißen Gebäude, und viele junge Mädchen kamen in den Garten heraus. Da schwamm die Nixe weiter hinaus hinter einige Felsen, die aus dem Wasser hervorragten, bedeckte ihr Haar und ihre Brust mit weißem Meeresschaum, so daß niemand ihr süßes Gesichtchen sehen konnte, und dann paßte sie auf, wer wohl den armen Prinzen finden würde.

Es währte auch gar nicht lange, da kam ein junges Mädchen dorthin. Sie schien heftig zu erschrecken, aber nur einen Augenblick; dann holte sie andere Leute herbei, und die Meernixe sah, daß der Prinz wieder zu sich kam, und daß er alle anlächelte. Nur ihr, seiner Retterin, lächelte er nicht zu; allein er wußte ja gar nicht, daß sie ihn gerettet hatte. Da wurde ihr das

Herz recht schwer, und als er in das große Gebäude hineingeführt wurde, tauchte sie traurig unter das Wasser und kehrte zum Schloß ihres Vaters zurück.

Von nun an stieg sie des Morgens und des Abends oft hinauf und suchte die Stelle, wo sie den Prinzen verlassen hatte. Sie sah, wie die Früchte des Gartens reiften und abgepflückt wurden, sah, wie der Schnee auf den hohen Bergen schmolz; aber den Prinzen sah sie nicht wieder und kehrte jedesmal betrübter heim.

Ihr einziger Trost war, in ihrem Gärtchen zu sitzen und die Arme um die schöne Marmorstatue, die dem Prinzen glich, zu schlingen. Aber ihre Blumen pflegte sie nicht mehr, und so wuchsen diese über die Gänge hinaus und verflochten ihre langen Stiele und Blätter mit den Zweigen der Bäume, so daß es dort ganz dunkel wurde.

Zuletzt konnte sie es nicht mehr länger aushalten; sie klagte ihr Leid einer ihrer Schwestern, und dann erfuhren es auch die andern, aber niemand weiter als diese und einige andere Meermädchen, die es nur ihren nächsten Freundinnen mitteilten. Eine von ihnen wußte denn auch, wo der Prinz war; sie hatte jenes Fest auf dem Schiffe auch gesehen und konnte Auskunft geben, wo er war und wo sein Königreich lag.

"Komm, Schwesterchen!" sagten die andern Prinzessinnen; und die Arme ineinander geschlungen, stiegen sie in einer langen Reihe an der Stelle, wo des Prinzen Schloß lag, aus dem Wasser empor.

Das Schloß war aus einer hellgelben, glänzenden Steinart gebaut und hatte große Marmortreppen, deren eine bis zum Meer hinabführte.

Prächtige, vergoldete Kuppeln zierten das hohe Dach, und zwischen den Säulen, die das ganze Gebäude umgaben, standen Marmorbilder, die wie lebendige Wesen aussahen. Durch die hohen Fenster sah man in die prächtigen Säle hinein, wo kostbare seidene Vorhänge hingen und alle Wände mit schönen Gemälden geschmückt waren, so daß es ein großer Genuß war, hineinzuschauen. Mitten in dem größten Saale war ein hoher Springbrunnen, und dessen Strahlen erhoben sich bis zu der Glaskuppel an der Decke, durch die die Sonne auf das Wasser und die Pflanzen, die in dem großen Bassin wuchsen, herabschien.

Nun wußte die Nixe doch, wo der Prinz wohnte, und dort weilte sie nun manchen Abend und manche Nacht auf dem Wasser. Sie schwamm viel weiter ans Land, als die andern Schwestern es je gewagt hatten, ja, sie ging sogar den schmalen Kanal hinauf, bis unter die prächtige Marmorterrasse, die weit über das Wasser hinausragte. Hier saß sie und betrachtete den jungen Prinzen, der meinte, er sei ganz allein in dem hellen Mondschein.

Sie sah ihn manchen Abend mit Musik in seinem prächtigen, mit Flaggen geschmückten Boote auf dem Wasser fahren. Dann lauschte sie aus dem grünen Schilfe hervor, und wenn der Wind durch ihren langen, silberweißen Schleier wehte, so hätte man glauben können, es sei ein Schwan, der die Flügel ausbreitete. Manchmal, wenn die Fischer mit Fackeln auf dem Fischfang waren, hörte sie viel Gutes von dem Prinzen erzählen, und dann freute sie sich, daß sie ihm das Leben gerettet hatte, damals, als er halb tot auf den Wogen umhertrieb. Und sie dachte daran, wie fest sein Haupt an ihrem Busen geruht und wie innig sie ihn damals geküßt hatte. Aber er wußte ja gar nichts davon und konnte also nicht einmal von ihr träumen.

Mehr und mehr fing sie an, die Menschen zu lieben, mehr und mehr wünschte sie unter ihnen umherwandeln zu können, unter ihnen, deren Welt weit größer zu sein schien als die ihrige. Sie konnte ja auf Schiffen über das Meer fliegen, auf den hohen Bergen zu den Wolken emporsteigen, und ihre Länder erstreckten sich mit Wäldern und Feldern weiter, als ihre Blicke reichten. Es gab so vieles, was sie gerne gewußt hätte; aber ihre Schwestern konnten ihre Fragen nicht alle beantworten. Deshalb ging sie zu der Großmutter. Diese kannte die Oberwelt recht gut, die sie sehr richtig "die Länder über dem Meere" nannte.

"Wenn nun die Menschen nicht ertrinken", fragte das Meermädchen, "können sie dann ewig leben? Sterben sie nicht, wie wir hier unten im Meere?"

"Doch", sagte die Alte, "sie müssen auch sterben, und ihr Leben währt sogar noch kürzer als das unsere. Wir können dreihundert Jahre alt werden; aber wenn unser Dasein aufhört, werden wir in Meeresschaum verwandelt und haben nicht einmal ein Grab hier unten unter unsern Lieben. Wir haben keine unsterbliche Seele und können darum auch nicht auferstehen. Wir sind gleich dem grünen Schilfe: ist das einmal durchschnitten, so kann es nicht wieder grünen. Die Menschen dagegen haben eine Seele, die unsterblich ist, ja, die noch weiter lebt, selbst wenn der Körper zu Erde geworden ist. Sie steigt dann durch die klare Luft empor, hinauf zu den glänzenden Sternen. So wie wir aus dem Wasser auftauchen und die Länder der Erde erblicken, so steigt die Menschenseele zu unbekannten herrlichen Orten empor, die wir nie zu sehen bekommen."

"Warum wurde denn uns keine unsterbliche Seele zuteil?" fragte die Nixe betrübt. "Ich würde gleich meine dreihundert Jahre, die mir beschieden sind, hingeben, wenn ich dafür nur einen Tag ein Mensch sein könnte und dann auch Anteil an der himmlischen Welt bekäme."

"So mußt du nicht denken", sagte die Alte; "wir fühlen uns weit glücklicher und haben es viel besser als die Menschen dort oben."

Die Meerprinzessin klagte: "Ich muß also sterben und als Schaum auf dem Meere dahintreiben! Ich werde dann die Musik der Wogen nicht mehr hören, die schönen Blumen und die rote Sonne nicht mehr sehen! Kann ich denn gar nichts tun, um eine unsterbliche Seele zu erlangen?"

"Nein", sagte die Alte, "nur wenn ein Mensch dich so lieb gewinnen würde, daß du ihm mehr wärest als Vater und Mutter. Wenn er mit all seinen Gedanken und all seiner Liebe nur dich begehrte und den Priester seine rechte Hand in die deinige legen ließe zum Treubund für Zeit und Ewigkeit, dann würde seine Seele in deinen Körper überfließen, und du erhieltest Anteil an der Glückseligkeit, die dem Menschen beschieden ist. Er gäbe dir eine Seele und behielte doch seine eigene. Allein das wird nie geschehen; was wir hier im Meere gerade so schön finden, nämlich den Fischschwanz, das gilt dort auf der Erde für häßlich; die Menschen verstehen es eben nicht besser. Um schön zu sein, muß man dort zwei plumpe Pfosten haben, die sie Beine nennen."

Da seufzte die Nixe und betrachtete betrübt ihren Fischschwanz.

"Komm, wir wollen zufrieden und vergnügt sein!" sagte die Alte. "Hüpfen und springen wollen wir in den dreihundert Jahren unserer Lebenszeit. Das ist fürwahr lange genug. Später kann man um so friedlicher ausruhen. Komm, heute abend ist großer Ball im Schlosse."

Und das war eine Pracht, wie man sie nie auf Erden geschaut hat! Die Wände und die Decken des großen Tanzsaals waren von ganz dickem, aber durchsichtigem Glas. Mehrere hundert riesengroße, rosenrote und grasgrüne Muscheln standen auf jeder Seite des Saals, jede mit einer blauschimmernden Fackel, die den ganzen Raum hell erleuchteten und durch die Wände hindurchschienen, so daß das Schloß in einem Lichtmeer zu stehen schien. Man konnte unzählige große und kleine Fische sehen, die gegen die Glasmauern schwammen; auf einigen glänzten die Schuppen purpurrot, auf andern erschienen sie wie Silber und Gold. Mitten durch den Saal floß ein breiter Strom, und auf diesem tanzten die Meermänner und Meerweibchen zu ihrem eigenen, lieblichen Gesange. Solch schöne Stimmen haben die Menschen auf der Erde nicht; aber die jüngste Meerprinzessin sang am allerschönsten, und der ganze Hof klatschte mit den Händen und Schwänzen Beifall. Einen Augenblick fühlte sie sich auch in dem Bewußtsein, daß sie auf der ganzen Erde und im Meere die allerschönste Stimme habe, hoch beglückt; allein bald mußte sie wieder an die Welt über sich denken. Sie konnte den schönen Prinzen und ihr Herzeleid darüber, daß sie nicht auch eine unsterbliche Seele besaß, nicht vergessen. Deshalb schlich sie aus ihres Vaters Schloß hinaus, und während drinnen eitel Gesang und Frohsinn herrschte, saß die betrübt in ihrem kleinen Garten. Da hörte sie eine Musik durch das Wasser herunterschallen und dachte: "Nun fährt er gewiß dort oben vorüber, er, an den ich immer denken muß, er, den ich mehr liebe als Vater und Mutter, er, in dessen Hand ich mein Schicksal legen möchte. Alles, alles will ich wagen, um ihn und eine unsterbliche Seele zu gewinnen! Während meine

Schwestern drinnen im Schlosse des Vaters tanzen, will ich zu der Meerhexe gehen, vor der ich mich bis jetzt immer so gefürchtet habe; sie kann mir vielleicht raten und helfen."

Darauf ging die kleine Prinzessin aus ihrem Garten hinaus und hin zu dem brausenden Strudel, hinter dem die Hexe wohnte. Noch nie hatte sie diesen Weg betreten. Hier wuchsen keine Blumen und kein Seegras; nur der nackte graue Sandboden erstreckte sich bis zum Strudel hin, wo das Wasser gleich rauschenden Mühlrädern herumwirbelte und alles, was es erfaßte, mit sich in die Tiefe riß. Zwischen diesen verderbenbringenden Wirbeln mußte sie hindurch, um ins Gebiet der Meerhexe zu gelangen, und von hier führte der Weg über warmen, sprudelnden Schlamm, den die Hexe ihr Torfmoor nannte. Dahinter lag ihr Haus mitten in einem seltsamen Walde.

Die Bäume und Gebüsche waren nämlich Polypen, halb Tier, halb Pflanzen. Sie sahen aus wie hundertköpfige Schlangen, die aus der Erde hervorwuchsen; die Zweige aber glichen langen, schleimigen Armen mit Fingern wie gelenkige Würmer, und alle Glieder bewegten sich an den Bäumen von der Wurzel bis zum Gipfel. Alles, was sie im Meere erfassen konnten, umschlangen sie fest und ließen es nicht wieder los. Die Prinzessin blieb vor dem Hause der Meerhexe ganz erschrocken stehen; ihr Herz pochte heftig, und sie wäre fast wieder umgekehrt. Aber dann dachte sie an den Prinzen und an die Seele der Menschen, und da faßte sie wieder Mut. Sie band ihr langes Haar fest um den Kopf, damit die Polypen sie nicht daran erfassen könnten, kreuzte die Hände über der Brust und eilte nun so schnell, wie ein Fisch nur immer durchs Wasser schießen kann, durch die greulichen Polypen hindurch, die ihre geschmeidigen Arme und Finger nach ihr ausstreckten. Sie sah, daß jeder von ihnen irgend etwas erfaßt hatte und mit hundert kleinen Armen wie mit eisernen Zangen festhielt. Menschen, die auf der See umgekommen und hinuntergesunken waren, sahen als weiße Gerippe aus ihren Fangarmen hervor; Ruder und Kisten hielten sie fest, auch Skelette von Landtieren und sogar ein kleines Meermädchen, das sie gefangen und erstickt hatten; und das war unserm Meermädchen das Schrecklichste von allem.

Nun kam sie zu einem großen, sumpfigen Platze im Walde, wo greuliche Wasserschlangen sich herumwälzten. Mitten auf dem Platze stand ein von den Knochen ertrunkener Menschen errichtetes Haus und davor saß die Meerhexe und ließ eine Kröte aus ihrem Mund fressen, wie die Menschen einem Kanarienvögelchen zu essen geben.

"Ich weiß schon, was du willst", begann die Meerhexe. "Es ist zwar sehr töricht von dir, aber du sollst deinen Willen haben; denn er wird dich ins Unglück stürzen, meine schöne Prinzessin! Du möchtest deinen Fischschwanz los sein und statt dessen zwei Pfosten zum Gehen haben, wie die Menschen, damit sich der junge Prinz in dich verliebt und du ihn und seine unsterbliche Seele bekommen kannst! Du kommst auch gerade zur rechten Zeit; denn nach dieser Nacht könnte ich dir nicht helfen, ehe wieder ein ganzes Jahr vergangen wäre. Ich werde dir einen Trank bereiten, mit dem mußt du, ehe die Sonne aufgeht, ans Land schwimmen, dich dort ans Ufer setzen und ihn austrinken.

Darauf schrumpft dein Schwanz zu dem zusammen, was die Menschen niedliche Beine nennen. Aber es tut sehr weh, und es wird dir sein, als ob ein scharfes Schwert dich durchdränge. Wer dich sieht, wird sagen, du seist das schönste Menschenkind, das man je gesehen habe. Du behältst einen schwebenden Gang – keine Tänzerin kann so leicht dahingleiten als du – aber bei jedem Schritt wirst du das Gefühl haben, als ob du auf scharfe Messer trätest und dein Blut fließen müßte. Aber wenn du all dies leiden willst, dann werde ich dir helfen."

"Ja, ich will es", sagte die Nixe mit bebender Stimme und dachte dabei an den Prinzen und an die unsterbliche Seele.

"Aber bedenke wohl", sagte die Hexe, "wenn du erst einmal menschliche Gestalt angenommen hast, kannst du nie wieder eine Nixe werden. Niemals kannst du wieder durch das Wasser zu deinen Schwestern, zum Schlosse deines Vaters zurückkehren. Und wenn du die Liebe des Prinzen nicht gewinnst, so daß du ihm mehr bist als Vater und Mutter und er den Priester eure Hände ineinander legen läßt, daß ihr Mann und Frau werdet, so bekommst du keine unsterbliche Seele. Am ersten Morgen, nachdem er sich mit einer andern vermählt hat, wird dein Herz brechen und du wirst zu Schaum auf dem Wasser."

"Ich will es", sagte die Meernixe und war dabei bleich wie der Tod.

"Mich aber mußt du bezahlen", sagte die Hexe, "und ich verlange nicht wenig. Von allen hier auf dem Meeresgrunde hast du die schönste Stimme, und du denkst wohl, du könntest den Prinzen damit bezaubern; allein diese Stimme mußt du mir geben. Das Beste, was du besitzest, will ich für meinen köstlichen Trank haben; denn ich muß dir ja von meinem eigenen Blut geben, damit der Trank scharf wie ein zweischneidiges Schwert wird."

"Aber wenn du mir meine Stimme nimmst", sagte die Nixe, "was bleibt mir dann übrig?"

"Deine schöne Gestalt", entgegnete die Hexe, "dein schwebender Gang und deine sprechenden Augen. Damit kannst du schon ein Menschenherz bezaubern. Nun, hast du den Mut verloren? Strecke nur deine kleine Zunge heraus, dann schneide ich sie ab, nehme sie an Zahlungs Statt, und du erhältst den Zaubertrank."

"Sei es!" sagte die Nixe, und sogleich setzte die Hexe ihren Kessel auf, um den Trank zu kochen. "Reinlichkeit ist das halbe Leben!" sagte sie und scheuerte den Kessel mit einer Hand voll Schlangen aus. Dann ritzte sie sich in die Brust und ließ ihr scharfes Blut hineintröpfeln.

Es zischte und brodelte in dem Kessel, daß es einem ganz angst und bange dabei wurde. Jeden Augenblick warf die Hexe neue Zutaten hinein, und es stieg ein schrecklicher Dampf auf.

"Sei es!" sagte die Nixe, und sogleich setzte die Hexe ihren Kessel auf, um den Trank zu kochen. "Reinlichkeit ist das halbe Leben!" sagte sie und scheuerte den Kessel mit einer Hand voll Schlangen aus. Dann ritzte sie sich in die Brust und ließ ihr scharfes Blut hineintröpfeln. Es zischte und brodelte in dem Kessel, daß es einem ganz angst und bange dabei wurde. Jeden Augenblick warf die Hexe neue Zutaten hinein, und es stieg ein schrecklicher Dampf auf.

Endlich war der Trank fertig, und da sah er wie das klarste Wasser aus.

"Da hast du ihn!" sagte die Hexe, und darauf schnitt sie der Nixe die Zunge ab, die nun stumm war und weder singen noch sprechen konnte. "Sollten die Polypen dich ergreifen wollen, wenn du durch meinen Wald zurückgehst", fuhr die Hexe fort, "so besprenge sie nur mit einem Tropfen dieses Getränks, davon zerspringen ihre Arme und Finger."

Aber das brauchte die Meerprinzessin nicht zu tun; die Polypen zogen sich erschrocken zurück, als sie den hellen Trank erblickten, der wie ein funkelnder Stern in ihrer Hand leuchtete. So eilte sie rasch durch den Wald, das Moor und den brausenden Strudel zurück.

Jetzt konnte sie schon das Schloß ihres Vaters sehen; die Fackeln in dem großen Saale waren erloschen; sie schliefen wohl schon alle dort drinnen. Sie wagte es jedoch nicht, sie aufzusuchen, jetzt, da sie stumm war und die Ihrigen für immer verlassen wollte, aber es war ihr, als ob ihr Herz vor Schmerz brechen sollte. Sie schlich in den Garten hinein, pflückte von jedem der Blumenbeete der Schwestern eine Blume, warf dem Schlosse viele tausend Kußhände zu und stieg durch die dunkelblaue See empor.

Die Sonne war noch nicht aufgegangen, als sie am Schlosse des Prinzen anlangte und die prächtigen Marmortreppen hinaufstieg; es war heller, klarer Mondschein. Nun trank die Meerprinzessin den brennend scharfen Trank, und da war es ihr, als ginge ein zweischneidiges Schwert durch ihren zarten Körper; sie verlor das Bewußtsein und lag wie tot da. Als die Sonne auf das Meer schien, erwachte sie und fühlte einen stechenden Schmerz; aber gerade vor ihr stand der schöne, junge Prinz und heftete seine schwarzen Augen auf sie, so daß sie die ihrigen niederschlagen mußte. Da gewahrte sie, daß ihr Fischschwanz verschwunden war, und sie die niedlichsten weißen Beine hatte, die nur ein Mädchen haben kann. Aber sie war nackt, und so hüllte sie sich in ihr langes, dichtes Haar wie in einen Mantel. Der Prinz fragte sie, wer sie sei, und wie sie hierhergekommen. Sie sah ihn mit ihren dunkelblauen Augen freundlich und doch tieftraurig an, sprechen konnte sie ja nicht. Da nahm er sie bei der Hand und führte sie hinein in sein Schloß. Bei jedem Schritt, den sie machte, war es ihr, wie die

Hexe es im voraus gesagt hatte, als trete sie auf lauter spitzige Nadeln und scharfe Messer; aber das ertrug sie gern. An des Prinzen Hand schritt sie so leicht wie eine Seifenblase dahin, und er sowie alle andern verwunderten sich über ihren anmutigen, schwebenden Gang.

Nun wurde sie in herrliche Kleider von Seide und Musselin gehüllt; im Schlosse war sie die schönste von allen, aber stumm war sie, konnte weder singen noch sprechen. Herrliche Sklavinnen, in Seide und Gold gekleidet, kamen herbei und sangen vor dem Prinzen und seinen königlichen Eltern; eine sang schöner als die andere, und dann klatschte der Prinz in die Hände und lächelte ihr zu. Da wurde die kleine Meerprinzessin sehr betrübt, sie wußte, daß sie selbst noch viel schöner gesungen hatte und dachte: "Ach, wenn er nur wüßte, daß ich meine Stimme für Zeit und Ewigkeit hingegeben habe, um bei ihm sein zu dürfen."

Nun tanzten die Sklavinnen reizende schwebende Tänze zu einer lieblichen Musik. Da erhob die Nixe ihre schönen, weißen Arme, richtete sich auf den Fußspitzen auf, schwebte anmutig über den Boden hin und tanzte so schön, wie man noch nie jemand hatte tanzen sehen. Bei jeder Bewegung trat ihre Schönheit deutlicher hervor, und ihre Augen sprachen inniger zum Herzen als der Gesang der Sklavinnen.

Alle waren entzückt davon und ganz besonders der Prinz, der sie sein liebes kleines Findelkind nannte. Sie aber tanzte immer weiter, obgleich es ihr jedesmal, wenn ihr Fuß die Erde berührte, war, als ob sie auf scharfe Messer träte. Der Prinz sagte, sie müsse immer bei ihm bleiben; und sie erhielt die Erlaubnis, vor seiner Türe auf einem Samtkissen zu schlafen. Er ließ ihr auch Männerkleider machen, damit sie ihn zu Pferde begleiten konnte. Dann ritten sie miteinander durch die duftenden Wälder, wo die grünen Zweige ihre Schultern streiften und die Vögel zwischen den Blättern sangen. Sie erstieg mit dem Prinzen die hohen Berge, und als ihre zarten Füße bluteten, daß selbst die Begleiter es wahrnehmen konnten, lachte sie nur darüber und stieg mit dem Prinzen immer höher hinauf, bis sie die Wolken unter sich dahinsegeln sahen gleich einem Schwarm Vögel, die nach wärmeren Ländern ziehen.

Daheim auf des Prinzen Schlosse, wenn nachts die andern schliefen, setzte sie sich auf die breite Marmortreppe unten am Meeresrand und kühlte ihre brennenden Füße im kalten Seewasser; das tat ihr wohl, und dann gedachte sie der Ihrigen dort unten in der Tiefe. Eines Nachts erschienen plötzlich ihre Schwestern Arm in Arm über der Meeresfläche. Sie sangen wehmütige Lieder, während sie durch das Wasser schwammen. Die Nixe winkte ihnen, und da erkannten sie die Schwester und erzählten ihr, wie betrübt sie alle über ihr Fortgehen seien. Von nun an besuchten die Schwestern sie jede Nacht, und einmal erblickte sie sogar die alte Großmutter, die seit vielen Jahren nicht mehr an der Oberfläche des Meeres gewesen war, sowie auch den Meerkönig mit seiner Krone auf dem Haupte. Sie streckten die Hände nach ihr aus, wagten sich aber beide nicht so nahe ans Land als die Schwestern.

Mit jedem Tage gewann die kleine Meerprinzessin den Prinzen lieber, und auch er liebte sie, wie man ein gutes, süßes Kind lieb hat, aber er dachte nicht daran, sie zur Königin zu machen, und seine Frau mußte sie doch werden, sonst bekam sie ja keine unsterbliche Seele und mußte an seinem Hochzeitstage zu Schaum auf dem Wasser werden.

"Liebst du mich nicht mehr als alle die andern?" schienen die Augen der Nixe zu fragen, wenn er sie in seine Arme schloß und auf die schöne Stirne küßte.

"Ja, du bist mir die liebste", sagte der Prinz; "denn du hast von allen das beste Herz. Du bist mir am treuesten ergeben und du gleichst einem jungen Mädchen, das ich einmal sah, aber wohl nie wiederfinden werde. Ich war auf einem Schiffe, das scheiterte. Die Wogen warfen mich in der Nähe eines Tempels ans Land, wo mehrere junge Mädchen den Gottesdienst verrichteten; die jüngste von ihnen fand mich am Ufer und rettete mich vom Tode. Ich sah sie nur zweimal, aber sie wäre die einzige, die ich auf dieser Welt lieben könnte. Allein du gleichst ihr und verdrängst beinahe ihr Bild aus meiner Seele. Sie ist dem heiligen Tempel geweiht, und nun hat mir ein freundliches Geschick dich gesendet. Wir wollen uns nie wieder trennen."

"Ach, er weiß nicht, daß ich es war, die ihm das Leben gerettet hat!" dachte die kleine Nixe. "Ich trug ihn durch die Wogen zum Walde hin, wo der Tempel steht; ich wartete hinter dem Schaume verborgen, ob nicht bald Menschen kommen würden. Ich sah das schöne Mädchen, das er mehr liebt als mich!" Sie seufzte tief auf; denn weinen konnte sie ja nicht. "Das Mädchen ist dem heiligen Tempel geweiht, so hatte er gesagt", dachte sie weiter. "Nie wird es also in die Welt hinauskommen, und nie werden sich die beiden wieder begegnen. Ich aber bin bei ihm und sehe ihn jeden Tag; ich will ihn pflegen, lieben und ihm mein Leben opfern."

Aber nun sollte sich der Prinz vermählen, und zwar, wie es hieß, mit der schönen Tochter des Nachbarkönigs. Deshalb wurde ein prächtiges Schiff ausgerüstet. "Es heißt allerdings", sagten die Leute, "der Prinz wolle nur die Länder des Nachbarkönigs besichtigen, allein es geschieht doch nur, um dessen Tochter zu sehen. Ein großes Gefolge wird ihn begleiten." Die Nixe aber schüttelte den Kopf und lächelte; sie kannte ja des Prinzen Gedanken weit besser als alle andern. "Ja, ich muß allerdings hinreisen", hatte er zu ihr gesagt, "um die schöne Prinzessin zu sehen. Meine Eltern verlangen es, aber sie werden mich nicht zwingen, sie als meine Braut heimzuführen. Ich weiß zum voraus, daß ich sie nicht lieben kann. Sie gleicht gewiß dem schönen Mädchen im Tempel nicht, dem du so ähnlich bist. Ja, sollte ich jemals eine Braut wählen, so würdest eher du es sein, du, mein stummes Findelkind, mit den sprechenden Augen!" Bei diesen Worten küßte er sie auf ihren roten Mund, spielte mit ihrem langen Haare und legte sein Haupt an ihr Herz, so daß die kleine, arme Nixe von Menschenglück und einer unsterblichen Seele träumte.

"Du fürchtest dich doch nicht vor dem Meere, mein stummes Kind?" fragte er, als sie auf dem prächtigen Schiffe standen, das ihn nach dem Lande des Nachbarkönigs führen sollte. Darauf erzählte er ihr von Sturm und Windesstille, von seltsamen Fischen in der Tiefe und von dem, was die Taucher dort gesehen hatten, und sie lächelte bei seiner Erzählung. Sie wußte ja viel besser als irgend ein Mensch, wie es auf dem Grunde des Meeres aussah.

In einer mondhellen Nacht, als außer dem Steuermann, der am Steuerruder stand, alle auf dem Schiffe schliefen, lehnte sie am Geländer und starrte unverwandt in das klare Wasser hinunter. Sie glaubte ihres Vaters Schoß zu erblicken, ganz oben auf der Zinne stand die Großmutter mit der silbernen Krone auf dem Haupte und starrte durch die wilde Strömung zum Kiel des Schiffes empor. Da tauchten plötzlich ihre Schwestern aus dem Wasser auf, schauten sie tieftraurig an und rangen ihre weißen Hände. Sie aber winkte ihnen lächelnd zu und wollte ihnen erzählen, daß es ihr gut gehe und sie glücklich sei; aber in diesem Augenblick kam der Schiffsjunge herbei, und sofort tauchten die Schwestern unter, so daß er glaubte, das Weiße, was er gesehen habe, sei nur Schaum auf den Wogen gewesen.

Am nächsten Morgen fuhr das Schiff in den Hafen der Hauptstadt des Nachbarlandes. Alle Glocken läuteten, und von den hohen Türmen wurden die Posaunen geblasen, während die Soldaten mit fliegenden Fahnen und blitzenden Bajonetten aufmarschierten. Jeden Tag wurde ein neues Fest gefeiert. Bälle und Gesellschaften wechselten miteinander ab; aber die Prinzessin war noch nicht da. Es hieß, sie befinde sich weit von hier entfernt in einem Tempel, wo sie zu allen königlichen Tugenden erzogen werde. Endlich traf sie ein.

Die Nixe war sehr begierig, die gepriesene Schönheit zu sehen. Sie mußte auch zugeben: eine lieblichere Erscheinung als die Königstochter hatte sie noch nie gesehen. Ihre Haut war zart und fein, und hinter den langen, dunklen Augenwimpern strahlten ein paar dunkelblaue, treue Augen hervor.

"Du, du bist es!" rief der Prinz; "du hast mich gerettet, als ich damals leblos am Ufer lag!" Und er drückte sie als seine errötende Braut in seine Arme.

"O, ich bin zu glücklich", sagte er zu der Nixe. "Das Beste, das ich je zu hoffen gewagt, ist mir zuteil geworden. Ich weiß, du freust dich mit mir über mein Glück; denn du bist mir von allen am treuesten ergeben!"

Und die Meerprinzessin küßte dem Prinzen die Hand, und es kam ihr schon jetzt vor, als fühle sie ihr Herz brechen. Am Hochzeitstage des

Prinzen war sie ja dem Tode verfallen und wurde in leichten Meeresschaum verwandelt.

Alle Kirchenglocken läuteten; die Herolde ritten durch die Straßen und verkündeten die Vermählung. Auf allen Altären brannte wohlriechendes Öl in kostbaren, silbernen Lampen. Die Priester schwangen die Rauchfässer; Braut und Bräutigam reichten einander die Hand und erhielten den Segen des Bischofs. Die Nixe war in Seide und Gold gekleidet und trug der Braut die Schleppe. Aber ihr Ohr vernahm die festliche Musik nicht, und ihr Auge sah nicht die heilige Handlung; sie mußte immerfort an ihre Todesnacht und an all das, was sie in dieser Welt verloren, denken.

Noch an demselben Abend begaben sich Braut und Bräutigam an Bord des Schiffes. Die Kanonen donnerten; die Flaggen wehten und mitten auf dem Schiffe war ein königliches Zelt aus Gold und Purpur errichtet und mit den schönsten Kissen geschmückt; da sollte das Brautpaar in der kühlen, stillen Nacht schlafen.

Der Wind blähte die Segel, und das Schiff glitt leicht über die klare See dahin.

Als es dunkelte, wurden bunte Lampen angezündet, und die Seeleute tanzten lustig auf dem Verdeck. Die Nixe aber gedachte jenes Abends, wo sie zum ersten Mal aus dem Meere aufgetaucht war und dieselbe Pracht und Freude erblickt hatte wie heute. Sie drehte sich anmutig im Tanze, leicht wie eine Schwalbe, und alle jubelten laut vor Entzücken; noch nie hatte sie so herrlich getanzt. Wohl drang es ihr durch die Füße wie scharfe Messer; aber sie fühlte es nicht – ein noch schärferer Schmerz drang durch ihr Herz. Sie wußte, das war der letzte Abend, an dem sie ihn sah, ihn, um dessentwillen sie ihre Verwandten und ihre Heimat verlassen, ihre schöne Stimme dahingegeben und täglich unendliche Qualen ertragen hatte, ohne daß auch nur ein Mensch eine Ahnung davon gehabt hatte. Das war nun die letzte Nacht, daß sie dieselbe Luft mit ihm atmete und das tiefe Meer und den sternenhellen Himmel schaute. Eine ewige Nacht ohne Bewußtsein und ohne Träume erwartete sie, weil sie ja keine Seele hatte und nie eine erlangen konnte.

Freude und Frohsinn herrschte auf dem Schiffe bis lange nach Mitternacht, und auch die arme kleine Nixe lachte und tanzte mit den Todesgedanken im Herzen. Der Prinz küßte seine schöne Braut; sie spielte mit seinem schwarzen Haar, und Arm in Arm gingen sie zur Ruhe in das prächtige Zelt.

Ruhig und still wurde es auf dem Schiffe; nur der Steuermann stand am Steuerruder. Die Nixe legte ihre weißen Arme auf das Schiffsgeländer und schaute gegen Osten nach der Morgenröte aus. Sie wußte, der erste Sonnenstrahl brachte ihr den Tod.

Da sah sie plötzlich ihre Schwestern aus dem Wasser emportauchen. Sie waren ebenso bleich als sie selbst, und ihre langen, schönen Haare wehten nicht mehr im Winde: sie waren abgeschnitten.

"Wir haben es der Hexe gegeben, um Hilfe für dich zu erlangen, damit du heute nacht nicht sterben mußt. Sie hat uns ein Messer gegeben; siehe, hier ist es! Siehe, wie scharf es ist! Ehe die Sonne aufgeht, mußt du es dem Prinzen ins Herz stoßen, und sobald sein warmes Blut auf deine Füße spritzt, wachsen diese wieder in einen Fischschwanz zusammen. Du wirst dann wieder eine Nixe, kannst zu uns herabsteigen und lebst deine dreihundert Jahre, ehe du zu totem, salzigem Meeresschaum wirst. Aber beeile dich! Er oder du muß sterben, ehe die Sonne aufgeht. Unsere Großmutter trauert so tief um dich, daß all ihr weißes Haar ausgefallen ist, gerade wie das unserige unter der Schere der Hexe fiel. Töte den Prinzen und kehre zu uns zurück! Aber beeile dich! Siehst du den roten Streifen dort am Himmel? In wenigen Minuten geht die Sonne auf, dann mußt du sterben!" Sie seufzten tief auf und versanken in den Wogen.

Die Nixe zog den Purpurteppich vor dem Zelt zurück und sah die holde Braut an des Prinzen Brust ruhen. Nun beugte sich die Nixe zu ihm nieder und küßte ihn auf die schöne Stirne, blickte dann zum Himmel empor, wo die Morgenröte immer rosiger glühte, betrachtete das scharfe Messer in ihrer Hand und heftete ihre Blicke wieder auf den Prinzen, der im Traume den Namen seiner Braut aussprach. Ja, sie allein war in seinen Gedanken, und das Messer zitterte in der Hand des Meermädchens. Aber dann schleuderte sie es plötzlich weit von sich hinaus in die Wogen, und da war es, als ob dunkelrote Blutstropfen hoch aufspritzten. Noch einen letzten Blick warf sie mit halbgebrochenen Augen auf den Prinzen, stürzte sich dann vom Schiffe in das Meer hinab und fühlte, wie ihr Körper sich in Schaum auflöste.

Nun erhob sich die Sonne über dem Meere; mild und warm fielen ihre Strahlen auf den toten, kalten Meeresschaum, und die Nixe fühlte den Tod nicht. Sie sah die helle Sonne, und neben ihr schwebten Hunderte von durchsichtigen, lieblichen Geschöpfen, durch die hindurch sie des Schiffes weiße Segel und die glänzenden, roten Wolken erblicken konnte. Die Sprache dieser Wesen war melodisch, aber so geisterhaft, daß kein menschliches Ohr sie vernehmen, wie auch kein irdisches Auge sie gewahren konnte. Ohne Flügel schwebten sie vermöge ihrer eigenen Leichtigkeit durch die Luft. Und nun sah die Nixe, daß sie selbst einen Körper gleich dem dieser Gestalten hatte, der sich mehr und mehr aus dem Schaum erhob.

"Wohin komme ich?" fragte sie, und ihre Stimme klang wie die der schwebenden Gestalten, ebenso geisterhaft, daß keine irdische Musik sie wiederzugeben vermag.

"Zu den Töchtern der Luft!" erwiderten die andern. "Die Nixe hat keine unsterbliche Seele und kann nie eine solche erhalten, wenn sie nicht die Liebe eines Menschen gewinnt. Von einer fremden Macht hängt ihr ewiges Dasein ab. Wir Töchter der Luft haben auch keine unsterbliche Seele; aber wir können uns durch gute Handlungen selbst eine verschaffen. Wir fliegen nach den warmen Ländern, wo die giftige Pestluft die Menschen tötet; dort fächeln wir ihnen Kühlung zu. Wir verbreiten den Duft der Blumen in der Luft und senden Erquickung und Heilung. Wenn wir dreihundert Jahre lang darnach gestrebt haben, alles Gute, was in unserer Macht steht, zu vollbringen, dann bekommen wir eine unsterbliche Seele und dürfen am ewigen Glücke der Menschen teilnehmen. Du arme kleine Nixe hast gelitten und geduldet und hast dich damit zur Welt der Luftgeister erhoben, und du kannst dir nun durch gute Werke nach dreihundert Jahren selbst eine unsterbliche Seele schaffen."

Da erhob die Nixe ihre durchsichtigen Arme zu Gottes Sonne empor, und zum ersten Mal füllten sich ihre Augen mit Tränen.

Auf dem Schiffe erwachte wieder Lärm und Leben. Sie sah den Prinzen und seine schöne Braut nach ihr suchen; wehmütig starrten sie auf die schäumenden Wogenkämme, als ob sie wüßten, daß sie sich in die Fluten gestürzt habe. Unsichtbar küßte sie die Stirne der Braut, lächelte dem Prinzen zu und bestieg dann mit den übrigen Kindern der Luft eine rosenrote Wolke, die am Himmel hinzog.

"Nach dreihundert Jahren schweben wir so in das Reich Gottes hinein!"

"Wir können sogar noch früher dahin gelangen", flüsterte eine der Lichtgestalten. "Wir schweben unsichtbar in die Häuser der Menschen hinein, wo es Kinder gibt, und für jeden Tag, an dem wir ein gutes Kind finden, das seinen Eltern Freude bereitet und deren Liebe verdient, verkürzt Gott unsere Prüfungszeit. Das Kind weiß nicht, wann wir durch die Stube fliegen, und wenn wir dann aus Freude über das liebe Kind lächeln können, so wird ein Jahr von den dreihundert abgezogen; sehen wir aber ein unartiges und böses Kind, dann müssen wir Tränen der Trauer vergießen, und jede Träne legt unserer Prüfungszeit einen Tag zu."

Die Schneekönigin

Ein Märchen in sieben Geschichten

Erste Geschichte, die von dem Spiegel und den Scherben handelt

Nun seht, jetzt fangen wir an. Wenn wir am Ende der Geschichten angekommen sind, wissen wir mehr als beim Beginn.

Denn es war ein böser Zauberer, einer der allerschlimmsten, ja der leibhaftige Teufel selbst.

Eines Tages war er in recht guter Laune, weil er einen Spiegel vollendet hatte, der die Eigenschaft besaß, alles Gute und Schöne, das sich darin spiegelte, fast zu nichts zusammenschrumpfen zu lassen, während das, was nichts taugte und sich schlecht ausnahm, recht deutlich hervortrat und immer schlimmer wurde. Die prächtigsten Landschaften sahen darin wie gekochter Spinat aus, und der beste Mensch erschien häßlich und stand ohne Rumpf auf dem Kopf; seine Gesichtszüge wurden so verzerrt, daß sie ganz unkenntlich waren, und wenn jemand Sommersprossen hatte, so breiteten sie sich ganz gewiß über Nase und Mund hin. Das sei außerordentlich lustig, meinte der Teufel.

Zog nun ein guter und frommer Gedanke durch eines Menschen Seele, dann nahm man ein Grinsen in dem Spiegel wahr, daß der Zauberteufel über seine kunstreiche Erfindung selbst lachen mußte.

Alle, die die Schule der Zauberei besuchten – denn der Teufel hielt eine solche – erzählten weit und breit, daß ein Wunder geschehen sei. Nun erst, meinten sie, könne man erkennen, wie die Welt und die Menschen wirklich aussähen. Die Schüler liefen mit dem Spiegel umher, und zuletzt gab es keine Länder und keine Menschen, die nicht als Zerrbild darin erschienen wären. Und schließlich wollten sie auch noch zum Himmel emporfliegen, um mit den Engeln und dem lieben Gott ihr Spiel zu treiben. Je höher sie mit dem Spiegel flogen, desto mehr grinste er; sie konnten ihn kaum noch festhalten. Aber höher und höher flogen sie und kamen Gott und den Engeln immer näher. Da zitterte der Spiegel in seinem Grinsen so furchtbar, daß er ihrer Hand entglitt und auf die Erde hinabstürzte, wo er in hundert Millionen, ja Billionen und noch mehr Stücke zerbrach. Aber gerade dadurch richtete er noch viel größeres Unglück an als zuvor; denn von den Scherben waren einzelne kaum so groß wie ein Sandkorn. Diese flogen weit in der Welt umher, und wo sie bei den Leuten in die Augen kamen, da blieben sie sitzen, und dann sahen die Menschen alles verkehrt und gewahrten immer nur das Verkehrte einer Sache; denn jedes Splitterchen hatte dieselbe Kraft behalten, die dem ganzen Spiegel eigen gewesen war. Einigen Menschen drangen solche Splitterchen sogar ins Herz, und das war noch am allerschlimmsten, denn dann erstarrte das Herz förmlich zu einem Eisklumpen. Einige Scherben waren auch noch so groß, daß sie zu Fensterscheiben verwendet wurden; aber es war nicht gut, wenn man durch solche Scheiben seine Freunde betrachtete. Andere Stücke wieder dienten als Brillengläser. Da war es nun geradezu entsetzlich, wenn die Leute solche Brillengläser aufsetzten, um recht zu sehen und gerecht zu urteilen.

Der Böse lachte, daß er schier zerplatzte, und das kitzelte ihn dann so recht angenehm.

Aber noch immer flogen kleine Glasscherben draußen in der Luft umher, und nun werden wir hören, wie es damit ging.

Zweite Geschichte.
Ein kleiner Knabe und ein kleines Mädchen

In der großen Stadt, wo es so viele Häuser und Menschen gibt und daher nicht alle Leute hinreichend Platz für ein Gärtchen haben, infolgedessen sich die meisten mit Blumen in Töpfen begnügen müssen, da waren doch einmal zwei arme Kinder, die einen etwas größeren Garten als einen Blumentopf besaßen. Sie waren keine Geschwister, hatten einander aber doch ebenso lieb wie solche.

Ihre Eltern wohnten dicht nebeneinander in zwei Dachkammern, gerade da, wo das Dach des einen Nachbarhauses das des andern berührte und die Wasserrinne zwischen den Dächern entlanglief. In jedem Haus war hier ein Fenster, und man brauchte nur über die Rinne zu schreiten, um von dem einen zum andern zu gelangen.

Die Eltern der beiden Kinder hatten jedes draußen einen hölzernen Kasten angebracht, worin die notwendigsten Küchenkräuter gezogen wurden. Auch befand sich in jedem Kasten ein kleiner Rosenstock, die alle beide herrlich gediehen. Nun gerieten die Eltern auf den Gedanken, die beiden Kästen quer über die Rinne zu stellen, so daß sie fast von einem Fenster bis zum andern reichten und sich nun ganz wie zwei Blumenwälle ausnahmen.

Erbsenranken hingen über die Kästen herunter, trieben lange Zweige, rankten sich um die Fenster und verschlangen sich ineinander; es glich beinahe einer Ehrenpforte aus Blumen und grünem Laub.

Da die Kästen sehr hoch waren und die Kinder wußten, daß sie nicht hinaufklettern durften, so ließ man sie öfters zueinander hinaussteigen, und dann saßen sie auf ihren kleinen Schemeln unter den Rosen und spielten dort ganz prächtig.

Im Winter war allerdings dieses Vergnügen vorüber. Dann waren die Fenster oft dicht zugefroren, aber die Kinder wärmten rote Pfennige auf dem Ofen, hielten sie an die gefrorenen Scheiben; und dann bildete sich dort ein herrliches Guckloch, ganz rund und hell, und dahinter strahlte ein glückliches Augenpaar hervor, und zwar hinter jedem Fenster eines. Das eine gehörte dem kleinen Knaben und das andere dem kleinen Mädchen.

Er hieß Kay und sie hieß Gerda. Im Sommer konnten sie mit einem Sprung zueinander gelangen, im Winter dagegen mußten sie erst die vier Treppen hinunter und dann die andern wieder hinauf.

Einmal herrschte draußen ein tüchtiges Schneegestöber, da sagte die alte Großmutter: "Jetzt schwärmen die weißen Bienen."

"Haben sie auch eine Bienenkönigin?" fragte der kleine Knabe; denn er wußte, daß die wirklichen eine solche haben.

"Jawohl", sagte die alte Großmutter, "und die fliegt stets dort, wo die Bienen am dichtesten schwärmen. Die Königin ist die größte von allen Schneeflocken und bleibt nie ruhig auf der Erde liegen, sondern fliegt gleich wieder zu der schwarzen Wolke empor. Manchmal fliegt sie in der Winternacht durch die Straßen der Städte und guckt zu den Fenstern hinein, worauf diese so wunderschön gefrieren, als seien sie mit lauter Blumen besät."

"Ja, das habe ich schon gesehen!" riefen beide Kinder wie aus *einem* Mund, und nun wußten sie, daß es wirklich so war.

"Kann die Königin hier hereinkommen?" fragte das kleine Mädchen.

"O, sie soll nur kommen!" rief der kleine Knabe. "Ich setze sie auf den warmen Ofen, und dann zerschmilzt sie!"

Aber die Großmutter strich ihm zärtlich über das Haar und erzählte andere Geschichten.

Am Abend, als der kleine Kay wieder daheim und schon halb ausgezogen war, kletterte er auf den Stuhl am Fenster und schaute zu dem kleinen Loch hinaus. Ein paar Schneeflocken fielen draußen herab, und eine derselben, gerade die allergrößte, blieb auf dem Rand des einen Blumenkastens hängen. Die Schneeflocke wuchs und wuchs, bis sie zuletzt ganz wie eine Frau war. Sie war schön und fein, aber von Eis, von blendendem, blinkendem Eis, und doch war sie lebendig. Ihre Augen funkelten wie zwei helle Sterne, die aber ohne Rast und Ruhe umherschweiften. Sie nickte nach dem Fenster zu und winkte mit der Hand. Da erschrak der kleine Knabe und sprang rasch von dem Stuhle hinunter, und da war es, als ob ein großer Vogel draußen am Fenster vorbeiflöge.

Am folgenden Tag war noch klares Frostwetter – aber dann begann es zu tauen – endlich hielt der Lenz seinen Einzug. Die Sonne schien; die Grashälmchen sprossen hervor; die Schwalben bauten Nester; die Fenster wurden geöffnet, und die kleinen Kinder saßen wieder in ihrem Gärtchen über der Dachrinne hoch oben über allen Stockwerken.

In diesem Sommer blühten die Rosen ganz besonders schön. Das kleine Mädchen hatte ein Lied gelernt, in dem auch von Rosen die Rede war, und bei den Rosen dachte sie an ihre eigenen zu Hause. Nachher sang sie das Lied dem kleinen Knaben vor, und er sang mit:

"Die Rose verkündet in ihrer Pracht
Die Liebe des Herrn, die selig uns macht."

Und die Kleinen faßten einander bei der Hand, küßten die Rosen, schauten in Gottes hellen Sonnenschein hinein und redeten ihn an, als ob das liebe Jesuskind da wäre.

Welch herrlicher Sommertag war das; wie erfrischend war es da draußen zwischen den Rosenstöcken, die unaufhörlich zu blühen schienen!

Kay und Gerda betrachteten miteinander das Bilderbuch mit den vielen Tieren und Vögeln darin, da geschah es – die Uhr auf dem großen Turm schlug gerade fünf – daß Kay sagte: "Au! Es ging mir ein Stich durchs Herz! Und jetzt ist mir etwas ins Auge geflogen!"

Das kleine Mädchen faßte ihm um den Hals. Er blinzelte, allein es war gar nichts in seinem Auge zu sehen.

"Ich denke, es ist wieder fort", sagte er. Aber es war nicht fort, sondern einer jener Glassplitter, der von dem Spiegel herrührte, jenem Zauberspiegel nämlich, der bewirkte, daß alles Große und Gute, das sich darin abspiegelte und jeder Fehler an einer Sache sich sofort bemerkbar machte. Der arme Kay! Ein Körnchen davon war ihm auch ins Herz eingedrungen, und nun mußte dieses bald zu einem Eisklumpen werden. Es tat ihm zwar nicht mehr weh, aber da war es doch.

"Weshalb weinst du?" fragte er. "So siehst du häßlich aus; mir fehlt ja gar nichts!" – "Pfui!" rief er plötzlich aus, "die Rose in dem Topf ist vom Wurm angefressen; und sieh, diese hier ist ganz schief. Das sind eigentlich recht häßliche Rosen. Sie sind ebenso garstig wie die Kästen, in denen sie stehen." Dabei stieß er heftig mit dem Fuß gegen den Kasten und riß die beiden Rosen ab.

"Kay, was tust du?" rief das kleine Mädchen. Aber als er ihr Entsetzen sah, riß er noch eine Rose ab, sprang damit in sein Fenster hinein und ließ die kleine, freundliche Gerda allein draußen.

So oft sie später mit dem Bilderbuch kam, sagte er immer spöttisch, das passe nur für Säuglinge. Und wenn die Großmutter Geschichten erzählte, kam er regelmäßig mit einem "Aber" dazwischen, ja, sobald er nur konnte, schlich er sich hinter sie, setzte eine Brille auf und äffte die Großmutter nach. Er machte sie so täuschend nach, daß die Leute laut auflachten, und bald konnte er sogar alle Leute in der ganzen Straße, ihre Redeweise und Gangart nachmachen. Alles, was sonderbar und unschön war, wußte Kay treffend nachzuahmen, und die Leute sagten dann: "Der Junge hat einen ausgezeichneten Kopf!"

Aber daran war nur der Glassplitter schuld, der ihm in die Augen geflogen war, jawohl, der Glassplitter, der ihm im Herzen saß.

Er neckte sogar öfters die kleine Gerda, die ihn doch von ganzer Seele lieb hatte.

Seine Spiele nahmen jetzt einen ganz andern Charakter an; sie wurden sozusagen verständig. An einem Wintertage kam er mit einem Vergrößerungsglas, hielt seinen blauen Rockzipfel zum Fenster hinaus und ließ ein paar Schneeflocken darauffallen.

"Sieh nur einmal in das Glas, Gerda", sagte er. Da war jede Schneeflocke viel größer und sah wie eine prächtige Blume oder ein Stern mit zehn Spitzen aus. Das war ein sehr hübscher Anblick.

"Siehst du, wie kunstreich!" rief Kay aus. "Das ist weit interessanter als die wirklichen Blumen! Auch ist kein einziger Fehler an ihnen; sie sind ganz regelmäßig. Schade, daß sie so schnell zerschmelzen!"

Nicht lange darauf kam Kay mit Fausthandschuhen und seinem Schlitten auf dem Rücken zu Gerda. Er flüsterte ihr ins Ohr: "Ich darf mit den andern Knaben auf dem großen Platz spielen und Schlitten fahren." Fort war er.

Auf dem Platz banden die kecksten Knaben öfters ihre Schlitten an die Bauernwagen an und fuhren dann eine Strecke weit mit. Das war gerade der größte Spaß. Als sie nun mitten im schönsten Spielen waren, kam ein großer, weiß angestrichener Schlitten vorbei.

Darin saß jemand in einen weißen, rauhen Pelz eingehüllt, mit einer weißen Pelzmütze auf dem Kopfe. Der Schlitten fuhr zweimal um den Platz herum, und Kay gelang es, seinen eigenen kleinen daran zu befestigen, und nun fuhr er mit. Rascher und immer rascher ging es, gerade in die nächste Straße hinein. Die Person, die in dem Schlitten saß, wandte den Kopf und nickte Kay so freundlich zu, als ob sie schon miteinander bekannt wären.

So oft Kay seinen kleinen Schlitten abbinden wollte, nickte sie immer wieder, und dann blieb Kay sitzen. Nun fuhren sie zu dem Stadttor hinaus, und da erhob sich ein so heftiges Schneegestöber, daß der kleine Knabe die Hand vor den Augen nicht mehr erkennen konnte, während er doch immer weiter fuhr. Endlich ließ er den Stecken los, um von dem großen Schlitten wegzukommen; aber das half nichts, sein kleines Fuhrwerk hing fest, und mit Windeseile ging es weiter.

Kay rief laut um Hilfe, aber niemand hörte ihn; der Schnee wirbelte, und der Schlitten fuhr vorwärts. Zuweilen gab es einen Stoß, als ob man über Gräben und Hecken fetze. Kay war ganz entsetzt; er wollte das Vaterunser beten, konnte sich aber nur noch auf das große Einmaleins besinnen. Die

Schneeflocken wurden immer größer, und zuletzt sahen sie wie weiße Hühner aus. Plötzlich wichen die Pferde zur Seite; der Schlitten hielt, und die Person, die darin saß, erhob sich. Pelz und Mütze waren von lauter Schnee. Es war eine Dame, hoch und schlank und blendend weiß: das war die Schneekönigin.

"Wir sind ja flott gefahren", sagte sie. "Aber warum solltest du denn frieren? Komm, krieche mit unter meinen Bärenpelz!" Darauf setzte sie ihn neben sich in den Schlitten und schlug den Pelz um ihn; da war es ihm, als versinke er in einen Schneehaufen.

"Frierst du noch?" fragte sie und küßte ihn auf die Stirne. Huh, das war noch kälter als Eis und drang ihm gleich bis ins Herz hinein, das ja so schon halb und halb ein Eisklumpen war.

Kay war es zu Mute, als ob er sterben müsse – aber nur einen Augenblick, dann war es ihm gerade angenehm, und er empfand nichts mehr von der Kälte, die ringsumher herrschte.

"Mein Schlitten! Vergiß meinen Schlitten nicht!" Daran erinnerte er sich noch. Dieser wurde auch auf eines der weißen Hühner geladen, das nun mit dem Schlitten hinterherflog. Dann küßte die Schneekönigin Kay noch einmal, und da hatte er die kleine Gerda, die Großmutter und alle daheim vergessen.

"Nun bekommst du keine Küsse mehr", sagte sie, "denn sonst würde ich dich zu Tode küssen."

Kay betrachtete sie; sie war wunderschön, ein klügeres, lieblicheres Antlitz konnte er sich nicht vorstellen. Jetzt kam sie ihm gar nicht wie ein Gebilde von Eis vor wie damals, wo sie draußen vor dem Fenster saß und ihm winkte. In seinen Augen war sie ein vollkommenes Wesen, und er fürchtete sich auch gar nicht mehr vor ihr, sondern erzählte ihr, daß er sehr gut Kopfrechnen könne, sogar mit Brüchen, auch wisse er die Quadratmeilen und die Einwohnerzahl der Länder, und sie lächelte freundlich zu allem. Da schien es ihm, als sei das, was er wisse, doch recht ungenügend, und er schaute zum großen, weiten Luftraum empor. Da flog die Schneekönigin mit ihm hoch hinauf bis zu den schwarzen Wolken, während der Sturm sauste und brauste, als singe er lauter Lieder. Sie flog über Wälder und Seen, über Meere und Länder. Unter ihnen sauste der kalte Wind; in der Tiefe heulten die Wölfe; der Schnee flimmerte und glänzte, und schwarze, schreiende Krähen flogen darüber hinweg. Aber über ihm leuchtete der Mond groß und klar, und zu ihm schaute Kay die lange, lange Winternacht empor. Am Tage aber schlief er zu den Füßen der Schneekönigin.

Dritte Geschichte.
Der Blumengarten der Frau, die zaubern konnte

Aber wie erging es der kleinen Gerda, als Kay nicht wiederkam? Ach, wo war er nur geblieben? – Niemand wußte es, niemand konnte Auskunft geben.

Die Knaben erzählten nur, sie hätten gesehen, wie Kay seinen kleinen Schlitten an einen großen, prächtigen angebunden habe, und daß dieser dann mit ihm zum Stadttor hinausgefahren sei; aber keiner wußte, wo Kay geblieben war.

Viele Tränen flossen, ja, die kleine Gerda weinte lange und bitterlich. Nun hieß es, er sei tot; er sei wahrscheinlich in dem Fluß, der nahe an der Stadt vorbeifloß, ertrunken. O, es waren recht lange, dunkle Wintertage!

Doch nun erschien der Lenz mit warmem Sonnenschein.

"Kay ist tot", klagte die kleine Gerda.

"Das glaube ich nicht", sagte der Sonnenschein.

"Kay ist tot", erzählte sie den Schwalben.

"Das glauben wir nicht", entgegneten diese; und endlich glaubte die kleine Gerda es auch nicht mehr.

"Ich will meine neuen, roten Schuhe anziehen", sagte sie eines Morgens, "diejenigen, welche Kay noch nicht gesehen hat, und dann will ich selbst zum Flusse hinuntergehen und mich bei diesem nach ihm erkundigen."

Es war noch ganz früh, als sie sich erhob; sie küßte die alte Großmutter, die noch schlief, zog die roten Schuhe an und ging dann allein zum Tore hinaus nach dem Flusse.

"Ist es wahr, daß du mir meinen kleinen Spielkameraden genommen hast? Ich will dir meine roten Schuhe dafür schenken, wenn du ihn mir wiedergibst", sagte sie zu dem Flusse.

Es schien ihr, als ob die Wellen ihr so eigentümlich zunickten. Da nahm sie ihre roten Schuhe – es war das Liebste, was sie besaß – und warf sie beide in den Fluß; aber sie fielen dicht am Ufer nieder, und die kleinen Wellen trugen sie wieder zu ihr ans Land. Es war, als wolle der Fluß sie ihres liebsten Eigentums nicht berauben; besonders da er ja den kleinen Kay nicht hatte. Gerda aber glaubte, sie habe die Schuhe nicht weit genug hinausgeworfen und kletterte deshalb in ein Boot, das im Schilfe lag. Nun ging sie bis ans äußerste Ende und warf die Schuhe von neuem ins Wasser. Das Boot war jedoch nicht angebunden, und bei der Bewegung, die Gerda machte, glitt es vom Lande ab. Das kleine Mädchen bemerkte es gleich und wollte rasch wieder ans Land; allein ehe ihr dies gelang, was das Boot schon einen Meter weit vom Ufer entfernt und trieb nun schnell flußabwärts.

Da erschrak die kleine Gerda sehr und begann zu weinen. Allein außer den Sperlingen hörte sie niemand, und diese konnten sie nicht ans Land tragen; aber sie flogen dem Ufer entlang und zwitscherten, wie um sie zu trösten: "Hier sind wir! Hier sind wir!"

Das Boot trieb mit dem Strom, und die kleine Gerda saß nun ganz still da. Ihre kleinen roten Schuhe schwammen hinterher, konnten jedoch das Boot nicht erreichen, weil dieses schnell vom Strom fortgerissen wurde.

Zu beiden Seiten breiteten sich schöne Ufer aus: prächtige Blumen, alte Bäume und mit Schafen und Kühen belebte Abhänge, aber nicht ein Mensch war zu sehen.

"Vielleicht trägt mich der Fluß zu dem kleinen Kay hin", dachte Gerda. Und bei diesem Gedanken wurde sie wieder froh, richtete sich auf und betrachtete viele Stunden lang die schönen, grünen Ufer. Dann kam sie an einem großen Kirschengarten vorüber, worin ein Häuschen mit sonderbaren roten und blauen Fenstern stand.

Es war mit Stroh gedeckt, und vor der Türe standen zwei hölzerne Soldaten, die vor den Vorübergehenden das Gewehr schulterten.

Gerda hielt sie für lebendige Soldaten und rief sie an. Aber sie antworteten natürlich nicht. Nun kam sie ihnen ganz nahe, denn die Strömung trieb sie gerade auf das Land zu. Gerda rief noch lauter, und da trat aus dem Hause ein uraltes Mütterchen, das sich auf einen Krückstock stützte. Zum Schutz gegen die Sonne trug sie einen großen Hut, der mit den schönsten Blumen bemalt war.

"Du liebes, armes Kind", sagte die alte Frau, "wie bist du denn auf den reißenden Strom gekommen und so weit in die Welt hinausgetrieben worden?" Darauf trat sie bis an den Rand des Wassers, zog das Boot mit ihrem Krückstock bis ans Land und hob die kleine Gerda heraus.

Gerda war froh, wieder aufs Trockene zu kommen, aber sie fürchtete sich doch ein wenig vor der fremden alten Frau.

"Komm doch und erzähle mir, wer du bist und wie du hierherkommst", sagte diese. Da erzählte ihr Gerda alles. Darauf schüttelte die Alte den Kopf und sagte: "Hm, hm!" Nachdem ihr aber Gerda alles gesagt und sie gefragt hatte, ob sie vielleicht den kleinen Kay gesehen habe, erwiderte die Frau, er sei nicht vorübergekommen, er werde aber schon noch kommen; sie solle nur nicht betrübt sein, sondern ihre Kirschen kosten und ihre Blumen ansehen, die schöner als ein Bilderbuch seien und von denen jede eine Geschichte erzählen könne.

Hierauf nahm sie Gerda bei der Hand, ging mit ihr in das Häuschen und machte die Türe hinter sich zu.

Die Fenster waren sehr hoch angebracht, hatten rote, blaue und gelbe Scheiben, und das Tageslicht fiel in allen Farben herein. Auf dem Tisch standen die herrlichsten Kirschen, die sich Gerda nach Herzenslust schmecken ließ, nachdem die Frau ihr die Erlaubnis dazu gegeben hatte. Während nun das kleine Mädchen aß, ordnete ihr die Frau das Haar mit einem goldenen Kamm, und da lockte sich dieses goldig schimmernd um das liebe, freundliche Gesichtchen, das rund war und wie eine Rose blühte.

"Nach so einem goldenen kleinen Mädchen hab ich mich schon lange gesehnt", sagte die Alte. "Du wirst sehen, wie gut wir miteinander auskommen werden!"

Und je länger sie das Haar der kleinen Gerda kämmte, desto mehr vergaß diese ihren kleinen Spielkameraden Kay; denn die alte Frau konnte zaubern, obgleich sie keine böse Zauberin war. Sie zauberte nur ein wenig zu ihrem eigenen Vergnügen und wollte die kleine Gerda bei sich behalten. Deshalb ging sie in den Garten hinaus, streckte ihren Krückstock über alle Rosenstöcke aus, und wie herrlich diese auch eben noch geblüht hatten, so versanken sie doch alle plötzlich in die schwarze Erde, ohne daß man sehen konnte, wo sie vorher gestanden hatten. Die Alte befürchtete nämlich, Gerda werde bei dem Anblick der Rosen ihrer eigenen zu Hause gedenken, dadurch werde sie an den kleinen Kay erinnert und dann davonlaufen.

Dann führte sie Gerda in den Blumengarten hinaus. Welch ein Duft, welch eine Pracht herrschte hier!

Alle nur erdenklichen Blumen, und zwar diejenigen jeder Jahrszeit, standen hier im üppigsten Flor. Kein Bilderbuch konnte farbenreicher und schöner sein!

Gerda hüpfte vor Freude und spielte, bis die Sonne hinter den hohen Kirschbäumen unterging. Dann bekam sie ein hübsches Bettchen mit rotseidenen Kissen, die mit blauen Veilchen gestickt waren, und dann schlief und träumte sie so herrlich wie eine Königin an ihrem Hochzeitstag.

Am nächsten Morgen durfte sie wieder mit den Blumen im warmen Sonnenschein spielen – und so ging es viele Tage lang fort.

Gerda kannte jede Blume mit Namen. Aber wie viele auch vorhanden waren, so kam es ihr doch immer vor, als ob eine darunter fehle; nur wußte sie nicht welche.

Da betrachtete sie eines Tages den Sonnenhut der alten Frau mit den gemalten Blumen, von denen die schönste gerade eine Rose war. Die Alte hatte vergessen, diese von dem Hute zu entfernen, als sie die andern in die Erde versinken ließ. So geht es, wenn man seine Gedanken nicht beisammen hat!

"Wie", sagte Gerda, "gibt es denn hier keine Rosen?" Eilig lief sie zwischen die Beete, suchte und suchte, aber da war keine Rose zu finden. Hierauf setzte sie sich nieder und weinte. Ihre heißen Tränen fielen gerade auf eine Stelle, wo ein Rosenstock versunken war. Und als die warmen Tränen die Erde benetzten, da erhob sich plötzlich der Stock wieder ebenso blühend, wie er versunken war. Gerda umarmte ihn, küßte die Rosen und gedachte ihrer eigenen daheim und zugleich auch des kleinen Kay.

"O, wie viele Zeit habe ich versäumt!" rief das kleine Mädchen. "Ich wollte ja dich suchen! – Wißt ihr nicht, wo er ist?" fragte sie dann die Rosen. "Meint ihr, er sei tot und begraben?"

"Tot ist er nicht", erwiderten die Rosen, "wir sind ja in der Erde gewesen, und dorthin kommen alle Verstorbenen. Aber Kay war nicht dort."

"Ich danke euch tausendmal!" rief die kleine Gerda. Hierauf ging sie zu den andern Blumen, schaute in deren Kelche und fragte: "Wißt ihr nicht, wo der kleine Kay ist?"

Jede Blume stand in der Sonne da und träumte ihr eigenes Märchen oder ihre Geschichte. Die kleine Gerda hörte deren nun viele, aber in keiner kam etwas von Kay vor.

Ja, was sagte denn die Feuerlilie?

"Hörst du die Trommel ›bum, bum‹? Es sind nur zwei Töne, immer ›bum, bum‹! Hörst du das Klagelied der Frauen? Höre den Ruf des Priesters! – In ihrem langen, roten Gewande steht die Hindufrau auf dem Scheiterhaufen; gierig züngeln die Flammen um sie und ihren toten Mann in die Höhe. Aber die Hindufrau denkt nur an den Lebenden hier im Kreise, an ihn, dessen Auge heißer als Feuer brennt und aus dem ihr Flammen entgegenschlagen, die näher an ihr Herz dringen als diejenigen, welche bald ihren Körper in Asche verwandeln werden. Kann die Flamme des Herzens in den Flammen des Scheiterhaufens ersterben?"

"Das ist mir ganz und gar unverständlich", sagte die kleine Gerda.

"So lautet mein Märchen", erklärte die Feuerlilie.

"Was sagt aber die Winde?"

"Hinaus über den schmalen Bergpfad hängt eine alte Ritterburg. Dichtes Immergrün rankt sich um die rote Mauer in die Höhe und bedeckt den ganzen Altan; auf diesem steht ein schönes Mädchen. Sie beugt sich über das Geländer hinaus und schaut auf den Weg hinunter. Keine Rose blüht frischer an ihrem Zweig als diese Jungfrau, und keine Apfelblüte, die der Wind dem Baum entführt, schwebt leichter dahin als sie. Wie rauscht ihr prachtvolles Seidengewand! Kommt er denn noch nicht?"

"Meinst du Kay?" fragte die kleine Gerda.

"Ich spreche nur von meinem Märchen, von meinem Traum", entgegnete die Winde. "Was sagt das Schneeglöckchen?"

"Zwischen den Bäumen hängt an Seilen ein schmales Brett; das ist eine Schaukel. Zwei allerliebste kleine Mädchen – ihre Kleider sind weiß wie Schnee und lange, grüne Bänder flattern von ihren Hüten – sitzen darauf und schaukeln. Der Bruder, der etwas größer ist als sie, steht auch auf der Schaukel. Er hat den Arm um das eine Seil geschlungen, um sich daran festzuhalten; denn in der einen Hand hält er eine kleine Schale und in der andern eine Tonpfeife; er macht Seifenblasen. Die Schaukel bewegt sich, und die Blasen fliegen mit schimmernden Farben in die Höhe. Die letzte hängt noch an dem Pfeifenstiele und wiegt sich im Wind. Das schwarze Hündchen richtet sich ebenso leicht wie eine Blase auf die Hinterfüße auf und möchte auch mitschaukeln. Die Schaukel fliegt zurück; der Hund fällt, bellt und ist ärgerlich. Er wird geneckt; die Blasen zerplatzen – ein schaukelndes Brett, ein zerspringendes Schaumgebilde: das ist mein Gesang!"

"Was du erzählst, mag ja recht hübsch sein; aber du sagst es so traurig und erwähnst auch den kleinen Kay gar nicht. – Was berichten denn die Hyazinthen?"

"Es waren einmal drei schöne Schwestern, ganz zart und fein. Das Gewand der einen war rot, das der andern blau und das der dritten ganz weiß. Hand in Hand tanzten sie am stillen See im klaren Mondschein; aber es waren keine Elfen, sondern Menschenkinder. Dort duftete es so süß, und die Mädchen verschwanden im Wald. Der Duft wurde immer stärker – drei Särge, in denen die schönen Mädchen lagen, glitten aus dem Dickicht des Waldes über den See hin; glänzende Leuchtkäferchen flogen wie schwebende Lichter ringsumher. Schlafen die tanzenden Mädchen, oder sind sie tot? – Der Blumenduft sagt, sie seien Leichen. Die Abendglocken läuten über Tote!"

"Du machst mich ganz traurig", sagte die kleine Gerda. "Du duftest so stark, und nun muß ich immer an die kleinen Mädchen denken. Ach, ist denn der kleine Kay wirklich tot? Die Rosen sind doch unten in der Erde gewesen, und sie verneinen es."

"Kling klang!" läuteten die Hyazinthenglocken. "Wir läuten nicht für den kleinen Kay, wir kennen ihn ja gar nicht! Wir singen nur unser Lied, das einzige, das wir wissen."

Nun ging Gerda zur Butterblume, die hell zwischen ihren grünen Blättern hervorleuchtete.

"Du bist eine kleine, strahlende Sonne", redete Gerda sie an. Welches Lied konnte die Butterblume wohl singen? Aber auch sie sang nicht von Kay.

"In einem Hofe schien die liebe Sonne am ersten Frühlingstage warm hinein; die Strahlen glitten an den weißen Wänden des Nachbarhauses hinunter. Dicht dabei blühte die erste Blume und leuchtete goldig in den warmen Sonnenstrahlen. Die alte Großmutter saß draußen auf einem Stuhle, und die Enkelin, eine arme, schöne Dienstmagd, war soeben zu einem kurzen Besuch nach Hause gekommen. Sie küßte die Großmutter innig. Da war Gold, echtes Herzensgold in diesem seligen Kusse: Gold im

Mund, Gold im Grund, Gold hier in der Morgenstund! Sieh, das ist meine kleine Geschichte", sagte die Butterblume.

"Meine arme, alte Großmutter!" seufzte Gerda. "Sie sehnt sich gewiß nach mir und ist um meinetwillen jetzt ebenso betrübt, als sie es über den kleinen Kay war. Aber ich komme bald wieder heim und bringe Kay mit. – Es ist umsonst, daß ich die Blumen frage; sie kennen alle nur ihr eigenes Lied und geben mir keine Auskunft."

Dann schürzte sie ihr Röckchen auf, um schneller laufen zu können. Allein die Narzisse schlug sie ans Bein, während sie darüber hinwegsprang. Da blieb sie stehen, betrachtete die Blume auf ihrem hohen Stiele und fragte: "Weißt du vielleicht etwas?" Sie neigte sich ganz zu ihr hinab und – was sagte die Blume?

"Ich kann mich selbst sehen, ich kann mich selbst sehen!" begann die Narzisse. "O, wie ich dufte! – Oben im Dachkämmerlein steht halb angekleidet eine kleine Tänzerin. Sie steht bald auf einem Bein, bald auf beiden; die ganze Welt tritt sie mit Füßen. Aber es ist nichts als Blendwerk. Sie gießt Wasser aus der Teekanne auf ein Stück Zeug, das sie in der Hand hält. Es ist ihr Schnürleibchen! Ja, ja, Reinlichkeit ist das halbe Leben! Das weiße Kleid, das dort am Haken hängt, ist auch aus der Teekanne gewaschen und auf dem Dach getrocknet worden. Wenn sie es anzieht, bindet sie das safrangelbe Tuch um den Hals, dann erscheint das Kleid weißer. Das Bein in die Höhe! Sieh, wie sie sich auf einem Stiele aufrichtet! Ich kann mich selbst sehen, ich kann mich selbst sehen!"

"Das ist mir ganz gleichgültig", sagte Gerda, "und es ist dies wohl auch keine passende Erzählung für mich!" Darauf lief sie bis an die Hecke des Gartens.

Die Türe war zwar verschlossen, aber als sie auf die verrostete Klinke drückte, gab diese nach, das Türlein sprang auf, und nun lief die kleine Gerda ohne Schuhe und Strümpfe in die weite Welt hinaus. Dreimal schaute sie zurück, aber niemand verfolgte sie. Endlich konnte sie nicht mehr gehen. Sie setzte sich auf einen großen Stein, und als sie sich nun umschaute, war der Sommer vorbei, und es war Spätherbst. Das hatte man in dem schönen Garten, wo immer die Sonne schien und die Blumen aller Jahreszeiten standen, gar nicht gemerkt.

"Ach, wieviel Zeit habe ich verloren!" seufzte die kleine Gerda. "Es ist ja Herbst geworden; da darf ich nicht mehr lange rasten!"

Und sie erhob sich, um weiterzugehen. O, wie müde und wund waren bald ihre kleinen Füße, und wie kalt und rauh war es ringsum! Die langen Weidenblätter hatten eine gelbe Farbe, und in großen Tropfen träufelte der Tau herab. Ein Blatt nach dem andern wirbelte davon; nur der Schlehdorn trug noch Früchte, die freilich recht herb waren und einem den Mund zusammenzogen.

O, wie düster und drückend war es doch in der weiten Welt!

Vierte Geschichte.
Prinz und Prinzessin

Wieder mußte Gerda ausruhen. Da hüpfte auf dem Schnee – der Stelle, wo sie saß, gerade gegenüber – eine Krähe herbei, die schon vorher dagesessen, das kleine Mädchen aufmerksam angeschaut und zuletzt mit dem Kopf genickt hatte.

"Krah, krah, 'n Tag, 'n Tag!" krächzte sie. Besser konnte sie es nicht aussprechen. Aber sie meinte es mit dem kleinen Mädchen gut und fragte, wohin es denn so allein die weite Welt hinausgehe.

Das Wort "allein" verstand Gerda nur zu wohl und fühlte dessen ganze Bedeutung gar tief. Dann erzählte sie der Krähe ihr ganzes Schicksal und fragte, ob sie Kay nicht gesehen habe. Die Krähe nickte höchst bedächtig mit dem Kopf und sagte: "Es könnte sein, es könnte sein!"

"Meinst du das wirklich?" rief Gerda und küßte die Krähe so ungestüm, daß sie sie beinahe totgedrückt hätte.

"Vernünftig, nur immer vernünftig!" sagte die Krähe. "Es wird am Ende der kleine Kay sein, aber jetzt hat er dich gewiß über der Prinzessin vergessen."

"Wohnt er bei einer Prinzessin?" fragte Gerda.

"Ja. Höre nur zu! Aber es fällt mir schwer, deine Sprache zu reden. Verstehst du vielleicht die Krähensprache? Dann könnte ich besser erzählen."

"Nein, die habe ich nicht gelernt", erwiderte Gerda. "Meine Großmutter konnte sie allerdings, sowie auch Kauderwelsch. Hätte ich sie nur gelernt!"

"Das tut nichts", sagte die Krähe, "ich erzähle eben so gut ich kann, aber es wird freilich schlecht gehen." Und dann erzählte sie, was sie wußte.

"In diesem Königreich hier wohnt eine ungeheuer kluge Prinzessin; dafür hat sie aber auch alle Zeitungen, die es in der Welt gibt, gelesen und wieder vergessen. – So klug ist sie. Kürzlich saß sie einmal auf ihrem Thron, was gar nicht unterhaltend sein soll, und da sang sie unwillkürlich das Lied: ›Warum soll ich nicht heiraten?‹ vor sich hin. ›Ei, das ist auch wahr‹, dachte sie und war dann auch sogleich zum Heiraten entschlossen. Sie wollte jedoch einen Mann haben, der zu antworten verstand, wenn man mit ihm redete, einen, der nicht nur dastand und vornehm aussah; denn das ist höchst langweilig. Nun ließ sie alle Hofdamen zusammentrommeln, und als diese ihre Absicht vernahmen, freuten sie sich von Herzen darüber. ›Das gefällt mir!‹ rief jede von ihnen. ›Daran habe ich neulich auch schon gedacht!‹ –

Ich versichere dich, jedes Wort, das ich sage, ist die lautere Wahrheit", unterbrach die Krähe ihre Erzählung. "Ich habe nämlich eine zahme Geliebte, die frei im Schloß umhergeht, und sie hat mir alles erzählt."

Selbstverständlich war die Geliebte auch eine Krähe; denn jede Krähe sucht ihresgleichen, und das ist stets eine Krähe.

"Die Zeitungen erschienen sofort mit einem Rand von lauter Herzen und dem Namenszug der Prinzessin. Deutlich war es hier schwarz auf weiß zu lesen, daß es jedem jungen Mann von hübschem Äußern freistehe, auf das Schloß zu kommen und sich mit der Prinzessin zu unterhalten. Derjenige, von dem man hoffen dürfe, daß er für seine künftige Stellung am besten passe, den wolle die Prinzessin zum Mann nehmen. – Ja, ja!" sagte die Krähe, "es ist so wahr, als ich hier sitze.

Nun strömten die Leute von allen Seiten herbei. Es war ein Gedränge und Gelaufe; aber dennoch glückte es keinem der Freier, weder am ersten noch am zweiten Tag.

"Solange sie draußen auf der Straße waren, konnten sie zwar alle ausgezeichnet plaudern, sobald sie aber zur Schloßpforte hereintraten und die Leibwächter in ihren silbergestickten Uniformen und oben an der Treppe die Diener in Gold sowie die großen, erleuchteten Säle erblickten, dann wurden sie ganz verwirrt. Standen sie dann endlich vor dem Thron, auf dem die Prinzessin saß, so vermochten sie immer nur deren letzte Antwort nachzusprechen, und das wollte die Prinzessin doch nicht noch einmal hören. Es war gerade, als ob die Leute wie betäubt oder einer Ohnmacht nahe wären; und erst, wenn sie wieder auf die Straße hinauskamen, konnten sie von neuem plaudern. In langen Reihen standen die Freier von dem Stadttor bis zum Schloß. Ich war selbst drinnen, um es mit anzusehen", versicherte die Krähe. "Sie wurden hungrig und durstig. Aber vor dem Schloß wurde ihnen nicht einmal ein Trunk abgestandenes Wasser gereicht. Zwar hatten sich einige der Klügsten mit Butterbrot versehen, das teilten sie jedoch nicht mit ihrem Nachbarn. Sie dachten, es ist ganz gut, wenn er hungrig aussieht, dann nimmt ihn die Prinzessin sicher nicht."

"Aber Kay, der kleine Kay!" fragte Gerda. "Wann kam er? Befand er sich auch unter der Menge?"

"Eile mit Weile! Nun sind wir schon bei ihm! Am dritten Tag kam eine kleine Person ohne Pferde und Wagen, ganz lustig und guter Dinge gerade auf das Schloß zu marschiert. Seine Augen blitzten wie die deinigen, und er hatte lange, prächtige Haare, aber sonst ganz ärmliche Kleider."

"Das war Kay!" jubelte Gerda. "O, dann habe ich ihn gefunden!" und dabei klatschte sie in die Hände.

"Er trug auch einen kleinen Ranzen auf seinem Rücken", sagte die Krähe.

"Nein, das war gewiß sein Schlitten", erwiderte Gerda. "Er ging mit seinem Schlitten fort."

"Das ist wohl möglich", sagte die Krähe. "Ich sah nicht so genau hin, aber soviel weiß ich von meiner zahmen Geliebten, daß er, als er in das Schloß kam und die Leibwachen in ihren silbergestickten Uniformen und oben an der Treppe die Diener in Gold erblickte, nicht im geringsten in Verlegenheit geriet, sondern ihnen zunickte und sagte: ›Das ist wohl langweilig, so auf der Treppe stehen zu müssen! Ich gehe lieber hinein!‹ Drinnen waren die Säle hell erleuchtet; Geheime Räte und Exzellenzen gingen barfuß und trugen goldene Gefäße; dabei konnte einem schon beklommen zu Mute werden. Seine Stiefel knarrten auch entsetzlich laut, aber dies schien ihn nicht zu beunruhigen."

"Das ist ganz gewiß Kay!" rief Gerda. "Ich weiß, er hatte neue Stiefel; ich habe sie bei der Großmutter knarren hören."

"Ja, geknarrt haben sie allerdings, aber deshalb ging er doch wohlgemut zur Prinzessin hin, die auf einer Perle, die so groß wie ein Spinnrad war, saß. Alle Hofdamen mit ihren Zofen, und diese wieder mit ihren Untergebenen, sowie alle Kavaliere mit ihren Dienern, und diese wieder mit ihren Dienern, die sich auch wieder besondere Burschen hielten, waren ringsum im Saale aufgestellt.

Je näher sie an der Türe standen, desto stolzer sahen sie aus. Den Burschen des Kammerdieners Diener, der immer in Pantoffeln geht, wagte man fast nicht anzusehen, so stolz stand er da an der Türe."

"Das muß ja entsetzlich gewesen sein", sagte die kleine Gerda. "Und hat Kay dann die Prinzessin bekommen?"

"Wäre ich nicht eine Krähe gewesen, so hätte ich sie bekommen, trotzdem ich schon verlobt, bin. Er soll nämlich ebenso gut gesprochen haben wie ich, wenn ich mich der Krähensprache bediene. Das hat mir meine zahme Geliebte erzählt. Heiter und lebendig war er, aber er war gar nicht mit Heiratsabsichten, sondern nur gekommen, um die Klugheit der Prinzessin kennen zu lernen, und er fand diese gut. Die Prinzessin aber fand ihn auch gut."

"O, das war sicher Kay!" rief Gerda. "Er war außerordentlich klug und konnte sogar mit Brüchen kopfrechnen. Ach, bitte, bitte, führe mich doch im Schlosse ein!"

"Das ist leicht gesagt", meinte die Krähe, "aber wie sollte das zugehen? Ich will mich einmal mit meiner zahmen Geliebten darüber beraten. Sie kann uns vielleicht helfen; denn das will ich dir nur sagen, so ein kleines Mädchen wie du erhält eigentlich gar keinen Eintritt."

"Doch, ich darf hinein!" rief Gerda aus. "Wenn Kay von meiner Ankunft hört, kommt er gleich heraus und holt mich."

"Erwarte mich dort drüben am Zaun", erwiderte die Krähe, und dabei nickte sie Gerda noch einmal zu und flog davon.

Es war schon ganz dunkel, als sie zurückkehrte. "Krah, krah!" sagte sie. "Ich soll dich vielmals von meiner Braut grüßen. Hier ist ein Stück Brot für dich, das sie aus der Küche nahm, wo es Brot genug gibt, und du bist gewiß hungrig. – Es ist unmöglich für dich, ins Schloß zu gelangen, weil du barfuß bist. Die Leibwachen in den silbergestickten Uniformen und die Diener in Gold würden es nicht zulassen. Aber weine nicht, du sollst doch hineinkommen. Meine Geliebte weiß eine kleine Hintertreppe, die zu dem Schlafzimmer hinaufführt, und sie weiß auch, wo der Schlüssel dazu ist."

Darauf gingen sie in den Garten hinein durch eine große Allee, wo schon ein Blatt nach dem andern abfiel. Und als auf dem Schloß nach und nach die Lichter ausgelöscht wurden, führte die Krähe die kleine Gerda an eine kleine Hintertüre, die nur angelehnt war.

O, wie klopfte Gerdas Herz vor Angst und Sehnsucht! Es war ihr gerade, als ob sie etwas Böses vorhabe, und sie wollte doch nur erfahren, ob der kleine Kay da ist. Ja, er mußte es sein. Sie erinnerte sich so deutlich an seine klugen Augen und an sein langes Haar. Sie meinte ihn lächeln zu sehen wie damals, als sie daheim unter den Rosen saßen. O, er würde sich gewiß freuen, sie zu sehen und zu hören, welch einen weiten Weg sie seinetwegen gemacht hatte und zu vernehmen, wie betrübt sie alle zu Haus gewesen, als er nicht heimgekehrt war. O, das war eine Furcht und eine Freude zugleich!

Nun waren sie auf der Treppe. Es brannte eine kleine Lampe auf einem Schranke; aber mitten auf dem Fußboden stand die zahme Krähe, drehte das Köpfchen nach allen Seiten und betrachtete Gerda, die sich verneigte, wie die Großmutter es sie gelehrt hatte.

"Mein Bräutigam hat mir von Ihnen, mein kleines Fräulein, viel Liebes erzählt", begann die zahme Krähe. "Ihr Schicksal ist in der Tat rührend. Wollen Sie, bitte, die Lampe hier nehmen, dann werde ich vorangehen. Wir gehen hier gerade aus, da begegnen wir niemand."

"Mir ist es, als ob jemand hinter uns herkomme", sagte Gerda. Und es sauste wirklich etwas an ihr vorüber; wie Schatten glitt es an der Wand hin: Pferde mit flatternden Mähnen und dünnen Beinen, Jägerburschen, Herren und Damen zu Pferd.

"Das sind nur die Träume", sagte die Krähe. "Sie kommen und holen die Gedanken der hohen Herrschaft zur Jagd ab. Das ist recht gut für uns, dann können Sie diese im Bett besser betrachten. Aber das erwarte ich von Ihnen, daß Sie, wenn Sie zu Ehren und Würden gelangen, auch ein dankbares Herz zeigen werden."

"Wozu darüber erst Worte verlieren", versetzte die wilde Krähe.

Nun traten sie in den ersten Saal hinein, dessen Wände mit rosenrotem Atlas, in dem künstliche Blumen eingewebt waren, bedeckt waren. Hier sausten die Träume schon an ihnen vorüber, flogen aber so schnell, daß Gerda die hohen Herrschaften nicht zu sehen bekam. Ein Saal war immer prächtiger als der andere, der Anblick all der Herrlichkeit war fast überwältigend. Nun waren sie im Schlafzimmer. Die Decke glich hier einer großen Palme mit kostbaren gläsernen Blättern, und mitten im Zimmer hingen an einem dicken goldenen Stengel zwei Betten, deren jedes die Gestalt einer Lilie hatte. Das eine, worin die Prinzessin lag, war weiß, das andere aber rot, und darin sollte Gerda den kleinen Kay suchen. Sie bog eines der Blätter zur Seite, und da erblickte sie einen braunen Nacken. Ja, das war Kay!

Sie rief ganz laut seinen Namen und hielt die Lampe so, daß das Licht auf ihn fiel – rasch sausten die Träume zu Pferd wieder in die Stube hinein – er erwachte, wandte den Kopf und – es war nicht Kay.

Der Prinz glich ihm nur im Nacken, außerdem war er auch jung und schön.

Nun guckte aus dem weißen Lilienbett die Prinzessin hervor und fragte, was denn hier vorgehe. Da weinte die kleine Gerda und erzählte ihre ganze Geschichte, sowie auch, was die Krähen für sie getan hatten.

"Du armes Kind!" sagten der Prinz und die Prinzessin. Und sie lobten die Krähen und sagten, sie seien gar nicht böse auf sie; sie sollten es aber doch nicht wieder tun. Diesmal sollten sie jedoch eine Belohnung dafür erhalten.

"Wollt ihr frei fliegen?" fragte die Prinzessin. "Oder zieht ihr eine feste Anstellung als Hofkrähen mit allem, was aus der Küche abfällt, vor?"

Da verneigten sich die beiden Krähen und baten um die feste Anstellung. Denn sie dachten an spätere Zeiten und meinten, es sei doch schön, ein sorgenfreies Alter vor sich zu haben.

Nun erhob sich der Prinz aus seinem Bett und ließ Gerda darin schlafen. Mehr konnte er wirklich nicht tun.

Sie aber faltete ihre Hände und dachte: "Wie gut sind doch die Menschen und Tiere!" Dann schloß sie ihre Augen und schlief ein. Die Träume kamen auch wieder hereingeschwebt, und da sahen sie wie Engel aus. Sie zogen einen kleinen Schlitten, worauf Kay saß und ihr zunickte.

Aber das ganze war nur ein Traumbild, und deshalb verschwand es bei Gerdas Erwachen sofort wieder.

Am nächsten Tag wurde sie von Kopf bis zu Fuß in Samt und Seide gekleidet. Sie wurde auch freundlich aufgefordert, da zu bleiben, dort herrlich und in Freuden zu leben. Aber sie bat nur um einen kleinen Wagen mit einem Pferd nebst einem Paar Stiefelchen, und dann wollte sie wieder in die weite Welt hinausfahren und Kay suchen.

Sie bekam sowohl die erbetenen Stiefelchen als auch einen Muff und hübsche Kleider.

Als sie fort wollte, hielt vor der Türe eine kleine Kutsche aus lauterem Gold, auf dem das Wappen des Prinzen und der Prinzessin wie ein Stern leuchtete. Kutscher, Diener und Vorreiter – ja, ja, sogar Vorreiter – hatten goldene Kronen auf dem Kopf.

Der Prinz und die Prinzessin halfen ihr selbst in den Wagen und wünschten ihr glückliche Reise. Die wilde Krähe, die nun schon verheiratet war, begleitete sie die drei ersten Meilen. Sie saß *neben* Gerda, weil sie das Rückwärtsfahren nicht ertragen konnte. Die andere Krähe stand unter der Türe und schlug mit den Flügeln.

Sie ging nicht mit, weil sie seit der festen Anstellung und dem allzureichlichen Essen häufig an Kopfweh litt.

Inwendig war der Wagen mit Zuckerbrezeln gefüttert, und die Sitzkasten waren voll süßer Früchte und Pfeffernüsse.

"Lebe wohl, lebe wohl!" rief der Prinz und die Prinzessin. Die kleine Gerda weinte, und die Krähe weinte auch – so ging es die ersten drei Meilen. Dann sagte auch die Krähe Lebewohl, und das war der schwerste Abschied. Sie flog auf einen Baum und schlug mit ihren schwarzen Flügeln, solange sie den Wagen, der wie der helle Sonnenschein glänzte, noch sehen konnte.

Fünfte Geschichte.
Das kleine Räubermädchen

Gerda fuhr nun durch den dunklen Wald, aber der Wagen leuchtete weithin wie eine Fackel. Das stach den Räubern in den Augen, den konnten sie unmöglich ungefährdet vorüberziehen lassen.

"Gold, Gold, reines Gold!" riefen sie, stürzten hervor, fielen den Pferden in die Zügel, erschlugen die kleinen Vorreiter, den Kutscher und zerrten die kleine Gerda aus dem Wagen heraus.

"Sie ist ordentlich fett, ach, wie reizend, sie ist mit Nußkernen gemästet!" rief das alte Räuberweib, das einen langen, struppigen Bart und über die Augen herunterhängende buschige Brauen hatte. "Das ist ebenso gut wie ein kleines Osterlamm, das soll mir schmecken!"

Bei diesen Worten zog sie ein blankes Messer heraus, und das blinkte und blitzte, daß es einem schon einen Schreck einjagen konnte. "Au!" schrie das Weib plötzlich. Denn ihr eigenes Töchterchen, das sie auf dem Rücken trug, hatte sie ins Ohr gebissen.

"Du unartige Range!" sagte die Mutter. Aber dadurch kam sie nicht dazu, Gerda zu schlachten.

"Sie soll mit mir spielen!" rief das kleine Räubermädchen. "Sie muß mir ihren Muff und ihre schönen Kleider geben. Auch soll sie neben mir in meinem Bett schlafen!"

Dabei biß sie die Mutter abermals in das Ohr. Diese sprang in die Höhe und drehte sich rings im Kreise, daß alle Räuber lachten und sagten: "Seht, wie sie mit ihrem Balg tanzt!"

"Ich will in den Wagen hinein!" rief das kleine Räubermädchen. Und es mußte und wollte durchaus seinen Willen haben; denn es war gar verhätschelt und eigensinnig. Nun setzte sie sich mit Gerda hinein, und dann fuhren sie über Stock und Stein immer tiefer in den Wald.

Das kleine Räubermädchen war ebenso groß als Gerda, aber kräftiger, breitschulterig und von dunkler Hautfarbe. Es hatte große schwarze Augen und sah fast traurig aus. Plötzlich umschlang es die kleine Gerda und sagte: "Sie sollen dich nicht schlachten, solange ich nicht böse auf dich bin! Du bist gewiß eine Prinzessin!"

"Nein!" erwiderte die kleine Gerda, und dann erzählte sie ihr alles, was sie erlebt hatte und wie innig lieb sie den kleinen Kay hätte.

Das Räubermädchen schaute sie ganz ernsthaft an, nickte ein wenig mit dem Kopf und sagte: "Sie dürfen dich nicht schlachten, denn wenn ich je böse auf dich werde, dann will ich es schon selbst tun."

Darauf trocknete sie Gerdas Augen und steckte ihre eigenen Hände in den hübschen Muff, der so weich und warm war.

Jetzt hielt der Wagen; sie befanden sich auf dem Hofe eines Räuberschlosses, das von oben bis unten geborsten war. Raben und Krähen flogen aus den offenen Löchern, und die großen Bullenbeißer, die aussahen, als könnte jeder mit Leichtigkeit einen Menschen verschlingen, sprangen hoch empor, aber ohne zu bellen, denn das war ihnen verboten.

Mitten in der weiten alten Halle brannte ein großes Feuer. Der Rauch zog unter der Decke hin und mußte sich selbst einen Ausweg suchen.

In einem großen Braukessel wurde Suppe gekocht, und Hasen sowie Kaninchen wurden am Spieß gebraten.

"Du sollst heute nacht mit mir bei allen meinen lieben Tierchen schlafen", sagte das Räubermädchen. Nachdem sie nun gegessen und getrunken hatten, gingen sie in eine Ecke, wo Stroh und Decken lagen. Oben darüber saßen auf Latten und Stangen wohl hundert Tauben, die zu schlafen schienen, sich aber doch ein wenig bewegten, als das kleine Mädchen kam.

"Diese gehören alle mir!" sagte das kleine Räubermädchen. Damit faßte sie schnell eine der nächsten an den Beinen und schüttelte sie, bis sie mit den Flügeln schlug.

"Küsse sie!" rief sie und hielt sie Gerda dicht vor das Gesicht.

"Dort drüben sitzt das Waldgesindel!" fuhr sie fort und deutete auf eine Reihe Stäbe, die vor einem Loch oben in die Mauer eingeschlagen waren. "Die beiden sind wirkliches Waldgesindel; sie fliegen sogleich fort, wenn man sie nicht gut einschließt, und hier steht mein allerliebster Bäh!" Dabei zog sie ein Rentier, das einen blanken Kupferring um den Hals hatte und angebunden war, an den Hörnern hervor. "Ihn müssen wir auch immer anbinden, sonst läuft er uns davon. Jeden Abend kitzle ich ihn mit meinem scharfen Messer am Hals, und davor fürchtet er sich gewaltig."

Bei diesen Worten zog das kleine Mädchen ein langes Messer aus einer Spalte in der Mauer und ließ es über den Hals des armen Tieres hingleiten. Das Rentier schlug mit den Beinen aus, aber das Räubermädchen lachte nur und zog dann Gerda mit auf die Lagerstelle.

"Willst du denn das Messer während des Schlafs bei dir behalten?" fragte Gerda und sah ganz ängstlich aus.

"Ich schlafe immer mit dem Messer neben mir", sagte das Räubermädchen. "Man weiß nie, was geschehen kann. Aber erzähle mir noch einmal, was du mir vorhin von dem kleinen Kay mitteiltest, und warum du in die Welt hinausgezogen bist."

Da erzählte Gerda ihre Geschichte wieder von Anfang an, während die Waldtauben oben in ihrem Käfig girrten, die andern Tauben aber fest schliefen. Dann legte das kleine Räubermädchen seinen Arm um Gerdas Hals, hielt das Messer in der andern Hand und schlief bald tief und fest. Gerda jedoch konnte kein Auge schließen. Sie wußte ja nicht, ob sie nicht vielleicht morgen schon sterben müsse.

Indessen saßen die Räuber rings ums Feuer, sangen und tranken, und das Räuberweib schlug Purzelbäume. O, dieser Anblick war wirklich gräßlich für das kleine Mädchen! Plötzlich begann die Waldtaube zu girren: "Kurre, kurre! Wir haben den kleinen Kay gesehen! Ein weißes Huhn trug seinen Schlitten; aber er saß auf dem Wagen der Schneekönigin, die über den Wald, wo wir im Nest lagen, hinfuhr. Sie blies uns junge Tauben an, und mit Ausnahme von uns beiden starben alle. Kurre, kurre!"

"Was sagt ihr?" rief Gerda. "Wohin reiste die Schneekönigin? Wißt ihr etwas davon?"

"Wahrscheinlich nach Lappland, denn dort ist immer Eis und Schnee. Frage nur das Rentier, das dort angebunden steht."

"Ja, ja, dort ist Eis und Schnee. O, es ist ein gutes und schönes Land!" versetzte das Rentier. "Dort springt man in den großen, glänzenden Tälern frei umher. Ja, die Schneekönigin hat dort ihr Sommerzelt, aber ihr festes Schloß ist droben am Nordpol, auf der Insel, die Spitzbergen genannt wird."

"O Kay, lieber Kay!" rief Gerda.

"Nun mußt du aber still liegen!" sagte das Räubermädchen. "Sonst stoße ich dir das Messer ins Herz!"

Am Morgen erzählte Gerda dem Räubermädchen alles, was die Waldtauben gesagt hatten, und da sah es ganz ernsthaft drein, nickte jedoch mit dem Kopf und sagte: "Das ist einerlei! Weißt du, wo Lappland liegt?" fragte sie dann das Rentier.

"Wer wüßte das besser als ich", antwortete dieses mit leuchtenden Augen. "Ich bin ja dort geboren und aufgewachsen und so oft auf den weiten Schneefeldern umhergesprungen."

"Nun höre!" sagte das Räubermädchen zu Gerda. "Wie du siehst, sind die Männer jetzt alle fort, aber meine Mutter ist noch hier und bleibt auch heute zu Hause. Zum Frühstück trinkt sie aus der großen Flasche dort, und dann macht sie ein Schläfchen – dann will ich etwas für dich tun." Damit sprang sie rasch von ihrer Lagerstätte auf, fiel ihrer Mutter stürmisch um den Hals, zauste sie an ihrem Bart und sagte: "Mein liebes, gutes Ziegenböckchen, guten Morgen!" Und die Mutter versetzte dem Kindchen einen Nasenstüber, daß dessen Nase rot und blau anlief; aber das geschah alles nur aus Zärtlichkeit.

Als die Mutter dann aus der Flasche getrunken hatte und ihr Schläfchen machte, ging das Räubermädchen zu dem Rentier hin und sagte: "Ich hätte zwar die größte Lust, dich noch oft mit dem scharfen Messer zu kitzeln, denn dann bist du so possierlich, aber das ist nun einerlei. Ich will deinen Strick lösen und dir hinaus helfen, daß du nach Lappland laufen kannst. Du mußt jedoch aus Leibeskräften laufen und dieses kleine Mädchen hier nach dem Schloß der Schneekönigin bringen, wo ihr Spielkamerad weilt. Du hast ja natürlich alles gehört, was sie erzählte; denn sie erzählte ziemlich laut, und du pflegst zu horchen."

Das Rentier sprang vor Freude hoch auf, das Räubermädchen hob die kleine Gerda hinauf, gab ihr auch noch ein Kissen als Sattel und band sie mit einem Strick fest. "Das ist nun einerlei", sagte sie, "hier hast du auch deine Pelzstiefelchen wieder, denn es wird kalt werden da oben; aber den Muff behalte ich, er ist gar zu niedlich! Trotzdem sollst du nicht frieren. Hier hast du die großen Fausthandschuhe meiner Mutter, die reichen dir bis an die Ellbogen. Ziehe sie nur an! Nun siehst du an den Händen gerade wie meine häßliche Mutter aus."

Gerda weinte vor Freude.

"Das kann ich nicht leiden!" sagte das kleine Räubermädchen. "Laß das Flennen und sieh vergnügt aus! Hier hast du noch zwei Brotlaibe und einen Schinken, damit du unterwegs keinen Hunger leidest."

Beides wurde hinten auf das Rentier gebunden. Das kleine Räubermädchen öffnete die Türe, lockte alle die kleinen Hunde herbei, zerschnitt dann den Strick des Rentiers und sagte zu ihm: "Nun lauf, aber gib wohl auf das kleine Mädchen acht!"

Gerda streckte die Hände mit den großen Fausthandschuhen nach dem Räubermädchen aus und sagte ihm Lebewohl. Dann flog das Rentier vorwärts über Stock und Stein durch den großen Wald, über Sümpfe und Steppen, so schnell es zu laufen vermochte.

Die Wölfe heulten, und die Raben schrien. Am Himmel zeigte sich ein roter Schein, der immer heller wurde.

"O, das sind meine Nordlichter!" rief das Rentier. "Sieh, wie sie leuchten!"

Und dann lief es noch hurtiger Tag und Nacht vorwärts.

Das Brot wurde verzehrt, der Schinken auch, und dann waren sie in Lappland.

Sechste Geschichte.
Die Lappin und die Finnin

Vor einem ärmlichen Häuschen machten sie endlich Halt. Das Dach reichte bis auf die Erde hinunter, und die Türe war so niedrig, daß die Bewohner nur auf dem Bauche kriechend hinein- und herausgelangen konnten.

Mit Ausnahme einer alten Lappin, die an einer Tranlampe Fische briet, war niemand daheim. Das Rentier erzählte ihr Gerdas ganze Geschichte, doch zuerst erzählte es seine eigene, die ihm viel wichtiger vorkam. Die kleine Gerda war vor Kälte so erstarrt, daß sie nicht sprechen konnte.

"Ach, ihr Armen!" sagte die Lappin. "Da habt ihr noch einen weiten Weg! Ihr müßt über hundert Meilen weit ganz nach Finnmarken hinein, denn dort hat die Schneekönigin ihre Sommerwohnung und zündet jeden Abend bengalische Flammen an. Ich will ein paar Worte auf einen trockenen Klippfisch schreiben – denn Papier habe ich nicht – den werde ich euch an die Finnin dort oben mitgeben, die kann euch bessere Auskunft erteilen als ich."

Nachdem Gerda wieder erwärmt war und etwas gegessen und getrunken hatte, schrieb die Lappin ein paar Worte auf einen trockenen Klippfisch und befahl Gerda, ihn wohl zu verwahren. Darauf band sie das kleine Mädchen wieder auf das Rentier fest, und dieses lief mit ihm von dannen.

Wie Funken sprühte es durch die Luft, und die ganze Nacht hindurch leuchteten die schönsten Nordlichter am Himmel. Dann kamen sie nach Finnmarken und klopften an den Schornstein der Finnin; denn sie hatte nicht einmal eine Türe an ihrem Hause.

Aber welch eine schreckliche Hitze herrschte da drinnen, so schrecklich, daß sogar die Finnin fast ganz nackend umherging! Sie war sehr klein und starrte vor Schmutz. Sofort löste sie die Kleider der kleinen Gerda auf, zog ihr die Fausthandschuhe und die Stiefel aus, weil sie es in der Hitze sonst nicht hätte aushalten können, legte dem Rentier ein Stück Eis auf den Kopf und las dann, was auf dem Klippfisch geschrieben stand. Sie las es dreimal aufmerksam durch, und nachdem sie es auswendig wußte, steckte sie den Fisch in den Fleischtopf; denn er konnte ja recht gut gegessen werden, und sie verschwendete nie etwas.

Nun erzählte das Rentier zuerst wieder seine eigene Geschichte und dann die der kleinen Gerda. Die Finnin blinzelte mit den klugen Augen, sagte aber kein Wort.

"Du bist eine kluge Frau", sagte das Rentier, "und ich weiß, daß du alle Winde der Welt mit einem Zwirnfaden zusammenbinden kannst. Wenn dann der Schiffer den einen Knoten löst, erhält er guten Wind; löst er den andern, dann gibt es hohen Seegang; löst er aber den dritten und fährt, dann stürmt es so, daß die Wälder einstürzen. Willst du nun dem kleinen Mädchen hier nicht einen Trank geben, daß sie die Kraft von zwölf Männern erhält und die Schneekönigin überwindet?"

"Die Kraft von zwölf Männern?" erwiderte die Finnin. "Ach, das würde nicht viel helfen!" Damit ging sie an ein Wandbrett, langte ein großes zusammengerolltes Vlies herab und rollte es aus. Es standen sonderbare Buchstaben darauf, und die Finnin studierte darin, daß ihr dicke Schweißtropfen auf der Stirn standen.

Aber das Rentier bat so innig für die kleine Gerda, und diese schaute die Finnin mit so flehenden, tränenerfüllten Augen an, daß diese wieder zu blinzeln begann und das Rentier in eine Ecke zog, wo sie ihm, während sie ihm frisches Eis auf den Kopf legte, zuflüsterte: "Der kleine Kay ist allerdings bei der Schneekönigin. Er findet dort alles nach seinem Wunsch und Gefallen und meint, es sei ihm das beste Los der Welt zugefallen. Das kommt aber davon, daß ihm ein Glassplitter ins Herz und ein Glaskörnchen ins Auge gedrungen ist. Diese müssen zuerst wieder heraus, sonst wird er nie wieder ein tüchtiger Mensch, und die Schneekönigin behält Gewalt über ihn."

"Kannst du denn der kleinen Gerda nichts eingeben, daß sie Macht über das Gute bekommt?"

"Größere Macht, als sie schon hat, kann ich ihr nicht geben. Begreifst du denn nicht, wie groß diese ist? Siehst du nicht, wie Mensch und Tier ihr dienen müssen, und daß sie barfuß so weit in der Welt vorwärts gekommen ist? Aber wir dürfen ihr diese Macht nicht zum Bewußtsein bringen; sie sitzt in ihrem Herzen und besteht darin, daß sie ein süßes, unschuldiges Kind ist. Wenn sie nicht selbst ins Schloß der Schneekönigin eindringen und den kleinen Kay von dem Glas befreien kann, dann können wir auch nicht helfen. Zwei Meilen von hier beginnt der Garten der Schneekönigin; dorthin kannst du das kleine Mädchen bringen. Trage sie bis zu dem großen Busch, der mit roten Beeren bedeckt im Schnee steht. Dann setze sie ab und kehre zu mir zurück. Aber beeile dich und halte dich nicht mit langem Geschwätz auf!"

Darauf setzte die Finnin die kleine Gerda wieder auf das Rentier, das eiligst mit ihr davonlief.

"Ach, ich habe meine Stiefelchen und meine Fausthandschuhe nicht!" rief die kleine Gerda, die vor Kälte bebte.

Aber das Rentier wagte nicht anzuhalten. Es lief, bis es den großen Busch mit den roten Beeren erreicht hatte. Dort setzte es Gerda ab, küßte sie auf den Mund, wobei dem guten Tiere die hellen Tränen über die Backen rollten, und dann lief es, so schnell es konnte, wieder zurück.

Da stand nun die arme Gerda ohne Stiefelchen und ohne Handschuhe in der kalten, wilden Finnmark.

So schnell sie konnte, lief sie vorwärts. Da kam ihr plötzlich ein ganzes Regiment Schneeflocken entgegen. Sie waren aber nicht etwa vom Himmel herabgefallen – der war ganz klar und strahlte von Nordlichtern –, sondern die Schneeflocken trieben gerade über die Oberfläche der Erde hin, und je näher sie kamen, desto größer wurden sie. Gerda erinnerte sich wohl noch, wie groß und kunstvoll eine Schneeflocke einst unter dem Vergrößerungsglas ausgesehen hatte; aber hier zeigten sie sich in noch ganz anderer Größe, in einer wahren Schreckgestalt. Es waren lebendige Wesen, die Vorposten der Schneekönigin. Sie hatten die sonderbarsten Gestalten. Einige sahen aus wie häßliche, große Stachelschweine, andere wie Schlangenknäuel, die die Köpfe nach allen Seiten hinausstreckten, wieder andere wie kleine, dicke Bären mit gesträubten Haaren; alle aber schimmerten weiß, und alle waren lebendige Schneeflocken. Da betete die kleine Gerda ein Vaterunser. Es war so kalt, daß sie ihren eigenen Atem sehen konnte, der wie Rauch aus ihrem Munde drang. Der Rauch wurde dichter und dichter, und aus ihm bildeten sich kleine, lichte Engel, die, sobald sie die Erde berührten, rasch größer wurden und alle Helme auf dem Kopfe sowie Spieße und Schilder in den Händen hatten. Es wurden ihrer immer mehr, und als Gerda das Vaterunser beendet hatte, war eine ganze Legion um sie versammelt. Sie stachen mit ihren Spießen nach den schrecklichen Schneeflocken, da zersprangen diese in tausend Stücke, und die kleine Gerda ging nun mutig vorwärts.

Die Engel streichelten ihr die Füße und Hände; da fühlte sie die Kälte weniger und ging nun rasch auf das Schloß der Schneekönigin zu.

Aber nun müssen wir erst sehen, wie es Kay seither ergangen ist.

Er dachte allerdings nicht an die kleine Gerda, und am allerwenigsten ahnte er, daß sie draußen vor dem Schlosse war.

Siebente Geschichte.
Was sich im Schlosse der Schneekönigin und fernerhin ereignet

Die Mauern des Schlosses bestanden aus aufgetürmtem Schnee, und schneidende Winde hatten die Türen und Fenster gebildet; wohl über hundert Säle reihten sich aneinander, wie sie durch das Schneetreiben zusammengeweht worden waren. Der größte erstreckte sich viele Meilen weit; alle waren von starken Nordlichtern erleuchtet, aber alle waren groß, leer, eisig kalt und hell schimmernd.

Nie gab es hier eine Lustbarkeit, nicht einmal einen kleinen Bärenball, wobei der Sturm hätte aufspielen und die Eisbären tanzen und ihre feinen Manieren hätten zeigen können.

Nie gab es hier Gesellschaftsspiele mit Maulschellen und Tatzen auf die Hand, nie einen kleinen Kaffeeklatsch für die weißen Fuchsfräulein; leer, öde und kalt war es in den Sälen der Schneekönigin.

Die Nordlichter flammten so regelmäßig, daß man gut berechnen konnte, wann sie am höchsten und wann sie am niedrigsten standen.

Mitten in dem leeren und unendlichen Schneesaal befand sich ein zugefrorener See, der zwar in tausend Stücke zerborsten war, aber jedes Stück glich dem andern bis ins kleinste, so daß es ein wahres Kunstwerk war.

Mitten auf diesem See saß die Schneekönigin, wenn sie zu Hause war. Und dann behauptete sie, sie sitze im Spiegel des Verstands, und dieser sei der erste und beste in der ganzen Welt.

Der kleine Kay war ganz blau von Kälte, ja fast schwarz. Aber er merkte es nicht, denn die Schneekönigin hatte ihm den Frostschauer weggeküßt, und sein Herz war ja wie ein Eisklumpen. Er schleppte einige eckige, flache Eisstücke herbei, die er auf die verschiedensten Arten zusammenlegte, um ein bestimmtes Muster zu bilden, gerade so, wie wir kleine Holzstückchen zu bestimmten Figuren zusammenlegen, was man das "chinesische Spiel" nennt.

So legte nun auch Kay Figuren zusammen, und zwar die allerkunstreichsten. Dies war das Eisspiel des Verstands. In seinen Augen waren diese Figuren ganz prächtig und von allerhöchster Wichtigkeit. Das kam jedoch nur von dem Glaskörnchen her, das in seinem Auge war. Bald legte er ganze Figuren, die ein geschriebenes Wort bildeten, zusammen; aber es gelang ihm nie, ein Wort, um das er sich besonders abmühte, nämlich das Wort "Ewigkeit", zusammenzubringen. Und doch hatte ihm die Schneekönigin gesagt: "Wenn du diese Figur zustande bringst, dann sollst du dein eigener Herr sein, dann schenke ich dir die ganze Welt und noch ein Paar Schlittschuhe dazu."

Aber er konnte es eben nicht zusammenbringen.

"Nun eile ich fort nach den warmen Ländern", sagte die Schneekönigin. "Ich will dort in meine schwarzen Töpfe hineinschauen." Damit meinte sie die feuerspeienden Berge Ätna und Vesuv.

"Ich will sie ein wenig mit Weiß überziehen; das tut den Zitronen und Weintrauben gut."

Darauf flog die Schneekönigin fort, und Kay saß nun allein in dem viele Meilen weiten, leeren Eissaale, betrachtete die Eisstücke und sann und sann, daß es ordentlich in ihm knackte. Ganz steif und still saß er da; man hätte meinen können, er sei erfroren.

In diesem Augenblick trat die kleine Gerda durch das Hoftor in das Schloß. Schneidende Winde fuhren ihr entgegen. Aber sie sprach ihr Abendgebet, und da legten sich die Winde, als ob sie schlafen wollten.

Gerda betrat den großen, leeren Saal, da gewahrte sie Kay. Sie erkannte ihn sofort, flog ihm an den Hals und hielt ihn fest umschlungen und rief: "Kay, lieber Kay, so habe ich dich doch endlich gefunden!"

Er aber saß ganz still, kalt und steif da. – Da begann die kleine Gerda zu weinen, und ihre Tränen fielen auf seine Brust. Sie drangen in sein Herz, sie tauten den Eisklumpen auf und schmolzen das kleine Spiegelsplitterchen dahin. Nun schaute er sie an, und sie sang den Vers:

"Die Rose verkündet in ihrer Pracht,
Die Liebe des Herrn, die selig uns macht."

Da brach Kay in Tränen aus. Er weinte so heftig, daß das Spiegelkörnchen aus seinem Auge geschwemmt wurde, und nun erkannte er die treue Spielgefährtin und jubelte: "Gerda, liebe Gerda, wo bist du doch so lange gewesen, und wo war ich denn?"

Erstaunt schaute er umher. "Hu, wie kalt ist es hier, wie leer und weit!" Ängstlich umfaßte er Gerda, die vor Freude lachte und weinte.

Das war ein lieblicher Anblick; selbst die Eisstücke tanzten vor Freude ringsumher, und als sie dann müde waren, legten sie sich nieder und bildeten gerade die Buchstaben, von denen die Schneekönigin gesagt hatte, wenn Kay sie ausfindig machen könne, so solle er sein eigener Herr sein; sie werde ihm dann die ganze Welt und obendrein noch ein Paar neue Schlittschuhe schenken.

Gerda küßte Kay auf die Wangen, da wurden sie wieder rosig; sie küßte ihn auf die Augen, da strahlten sie wie die ihrigen; sie küßte ihn auf die Hände und die Füße, da wurden sie gesund und munter.

Nun mochte die Königin dreist nach Hause kommen; sein Freibrief, das Wort "Ewigkeit", stand mit flimmernden Eisstücken geschrieben da.

Darauf reichten sie einander die Hand und wanderten miteinander aus dem großen Schloß fort. Sie sprachen von der Großmutter, von den Rosen auf dem Dache, und wo sie gingen, legten sich die Winde und die Sonne brach hervor. Als sie den Busch mit den roten Beeren erreichten, stand das Rentier schon da und wartete auf sie.

Es hatte ein anderes, junges Rentier bei sich, dessen Euter voll war; dieses gab den Kleinen seine warme Milch und küßte sie auf den Mund. Dann trug das Rentier Gerda und Kay zuerst zu der Finnin, in deren heißer Stube sie sich erwärmten und über die Heimreise Auskunft erhielten, und dann zu der Lappin, die ihnen indessen neue Kleider genäht und ihren Schlitten für sie instand gesetzt hatte.

Das Rentier und das Junge sprangen nebenher und begleiteten sie bis an die Landesgrenze. Dort, wo das erste Grün hervorsproßte, nahmen die Kinder von den Tieren und der Lappin Abschied.

"Lebt wohl, lebt wohl!" riefen alle. Und nun zwitscherten auch schon die ersten Vögelchen; der Wald trieb grüne Knospen, und heraus kam auf einem prächtigen Pferd, das Gerda wohl kannte – es war vor den goldenen Wagen gespannt gewesen – ein junges Mädchen geritten mit einer weithin leuchtenden roten Mütze auf dem Kopfe und Pistolen im Halfter. Es war das kleine Räubermädchen, dem es zu Hause zu langweilig geworden war, das zuerst nach Norden und später, wenn es Lust dazu verspürte, nach einer andern Richtung reisen wollte.

Sie erkannte Gerda sofort, und Gerda erkannte sie. Das war eine Freude!

"Du bist ein rechter Herumstreicher!" sagte sie zu dem kleinen Kay. "Ich möchte wohl wissen, ob du es auch verdienst, daß man deinetwegen bis an das Ende der Welt läuft!"

Aber Gerda streichelte ihr die Wange und fragte nach dem Prinzen und der Prinzessin.

"Sie sind in das Ausland gereist", sagte das Räubermädchen.

"Aber die Krähe?" fragte die kleine Gerda.

"Die Krähe ist tot!" antwortete sie. "Seine zahme Geliebte ist nun Witwe und geht mit einem schwarzen Wollfaden um das Bein. Sie trauert und klagt; aber das Ganze ist doch nur so ein Getue. – Doch nun erzähle mir, wie es dir ergangen ist und wo du ihn gefunden hast."

Und Gerda und Kay erzählten alle beide. Und "Schnipp-schnapp-schnurre-baselure!" sagte das Räubermädchen. Damit reichte sie beiden die Hand und versprach ihnen, sie zu besuchen, wenn sie einmal in ihre Stadt kommen sollte, und dann ritt sie in die weite Welt hinein.

Aber Kay und Gerda gingen Hand in Hand weiter, und während sie dahinschritten, war es plötzlich herrliches Frühlingswetter mit Blumen und frischem Grün. Die Kirchenglocken läuteten, und sie erkannten die hohen Türme. Das war ja ihre Heimatstadt, wo sie geboren waren! Rasch eilten sie hinein und hin zu der Türe der Großmutter, die Treppe hinauf und in die Stube hinein, wo noch alles auf derselben Stelle wie früher stand. Die Uhr ließ ihr "Ticktack!" ertönen, und die Zeiger drehten sich. Aber als sie durch die Türe gingen, bemerkten sie, daß sie nun erwachsene Menschen waren.

Die Rosen schauten von der Dachrinne zum offenen Fenster herein, und da standen auch noch die alten Kinderstühlchen. Kay und Gerda setzten sich jedes auf das seinige, hielten aber einander immerfort an den Händen gefaßt.

Wie einen bösen Traum hatten sie die kalte Herrlichkeit bei der Schneekönigin vergessen. Die Großmutter saß in Gottes klarem Sonnenschein da und las laut aus der Bibel vor: "Es sei denn, daß ihr umkehret und werdet wie die Kinder, so könnt ihr nicht in das Reich Gottes kommen."

Da schauten Kay und Gerda einander in die Augen, und nun verstanden sie auf einmal das alte Lied:

"Die Rose verkündet in ihrer Pracht,
Die Liebe des Herrn, die selig uns macht."

Da saßen nun die beiden erwachsenen Menschen, und doch Kinder, Kinder nach dem Herzen, und es war Sommer, warmer, segensreicher Sommer.

Liebesleute

Ein Kreisel und ein Ball lagen zwischen andern Spielsachen nebeneinander in einer Schieblade und da sagte der Kreisel zu dem Bällchen: "Wollen wir nicht Brautleute sein, da wir doch in einer Schieblade nebeneinander liegen?" Aber das Bällchen, das aus Saffianleder genäht war und sich ebensoviel einbildete als ein feines Fräulein, gab auf so etwas gar keine Antwort.

Am nächsten Tag kam der kleine Knabe, dem das Spielzeug gehörte. Er nahm den Kreisel aus der Schieblade und bemalte ihn rot und gelb. Dann schlug er einen Messingnagel mitten hinein, und das sah ganz prächtig aus, wenn der Kreisel herumtanzte.

"Sehen Sie mich nun an!" sagte der Kreisel zu dem Bällchen. "Wie gefalle ich Ihnen? Wollen wir jetzt nicht Liebesleute sein? Wir passen gerade gut zueinander. Sie springen und ich tanze. So ein glückliches Paar gäbe es gar nicht wieder!"

"So, meinen Sie wirklich?" fragte das Bällchen. "Sie wissen wohl gar nicht, daß mein Vater und meine Mutter Saffianpantoffel gewesen sind und daß ich einen spanischen Kork im Leibe habe!"

"Aber ich bin aus Mahagoniholz", sagte der Kreisel, "und der Bürgermeister selbst hat mich gedreht. Er hat eine eigene Drehbank, und es hat ihm viel Vergnügen gemacht."

"Kann ich mich darauf verlassen?" fragte das Bällchen.

"Ich will niemals wieder die Peitsche bekommen, wenn ich lüge!" beteuerte der Kreisel.

"Sie verstehen ja sehr gut, für sich zu sprechen", sagte das Bällchen. "Aber ich kann trotzdem nicht ›Ja‹ sagen, denn ich bin schon halb und halb mit einer Schwalbe versprochen. So oft ich in die Luft fliege, steckt sie den Kopf zu ihrem Nest heraus und fragt mich: ›Wollen Sie, wollen Sie?‹ Innerlich habe ich nun schon eingewilligt, und das ist so gut wie eine halbe Verlobung. Aber ich werde Sie nie vergessen, das verspreche ich Ihnen." "Das wird mir viel helfen!" sagte der Kreisel, und von da an sprachen die beiden nicht mehr miteinander.

Am nächsten Tag wurde das Bällchen hervorgeholt. Der Kreisel sah, wie es einem Vogel gleich hoch in die Luft flog, daß man es gar nicht mehr wahrnehmen konnte, aber immer kam es wieder zurück und machte dann, sobald es die Erde berührte, einen hohen Sprung, entweder aus Sehnsucht oder weil es einen Kork im Leibe hatte. Beim neunten Mal aber blieb das Bällchen fort und kam nicht wieder.

"Ich weiß wohl, wo es ist!" seufzte der Kreisel. "Es ist im Schwalbennest und hat sich mit der Schwalbe verheiratet."

Je länger der Kreisel darüber nachdachte, desto mehr sehnte er sich nach dem Bällchen. Weil er es nicht bekommen konnte, deshalb nahm seine Liebe zu; daß es einen andern genommen hatte, gerade das reizte ihn. Und der Kreisel tanzte und schnurrte herum wie zuvor, aber dabei dachte er immer an das Bällchen, das in seinen Gedanken schöner und immer schöner wurde. Darüber verstrich manches Jahr – nun war es eine alte Liebe.

Der Kreisel war jetzt auch nicht mehr jung. Aber da wurde er eines Tages über und über vergoldet. Noch nie hatte er so prächtig ausgesehen; jetzt war er ein Goldkreisel und tanzte und sprang, daß es nur so schnurrte. Das gefiel dem Kreisel, aber auf einmal sprang er zu hoch und – fort war er. Man suchte und suchte, sogar unten im Keller, aber er war nirgends zu finden.

Wo war er nur? Ja, wo war er? In den Kehrichteimer war er gesprungen, wo allerlei Abfälle durcheinander lagen: Kohlstrünke, Kehricht sowie Moos und Schutt, die von der Dachrinne heruntergefallen waren.

"Na, das ist mir ein schönes Lager, da wird die Vergoldung bald dahin sein! Da bin ich ja unter ein ordentliches Lumpengesindel geraten!" Dabei schielte er zu einem ganz abgeblätterten, zerschundenen Kohlstrunk hinüber und einem sonderbaren runden Ding, das wie ein eingeschnurrter alter Apfel aussah – aber es war kein Apfel: es war ein alter Ball, der jahrelang in der Dachrinne gelegen hatte und von dem Wasser ganz durchweicht und verdorben war.

"Gott sei Dank! da kommt einer von meinesgleichen, mit dem man vernünftig reden kann!" sagte das Bällchen und betrachtete den vergoldeten Kreisel. "Ich bin eigentlich aus Saffianleder, von zarten Jungfrauenhänden genäht und habe einen spanischen Kork im Leibe; aber das wird mir jetzt wohl niemand mehr ansehen. Ich war eben im Begriff, mich mit einer Schwalbe zu verheiraten. Aber da fiel ich in die Dachrinne, wo ich fünf Jahre lang gelegen habe und nun vom Wasser ganz aufgequollen bin. Ach, das ist eine lange Zeit für ein junges Mädchen!"

Der Kreisel gab keine Antwort; aber er gedachte seiner alten Flamme, und je länger er zuhörte, desto klarer wurde es ihm, daß sie es war.

Da kam das Dienstmädchen und wollte den Kehrichteimer umwenden. "Heisa, da ist der goldene Kreisel!" rief sie. Nun kam der Kreisel wieder in die Stube und wurde dort mit Jubelrufen empfangen, aber von dem Bällchen hörte und sah man nichts weiter. Von seiner alten Liebe jedoch sprach der Kreisel nie wieder. Die geht vorüber, wenn die Geliebte fünf Jahre lang in der Dachrinne liegt und ganz aufgequollen ist; ja, man erkennt sie nicht einmal mehr, wenn man ihr im Kehrichteimer begegnet.

Das häßliche junge Entlein

Draußen auf dem Land war es herrlich. Es war Sommer; gelb stand das Korn, grün der Hafer; auf den Wiesen drunten war das Heu auf Haufen aufgesetzt; und da spazierte der Storch auf seinen langen roten Beinen und klapperte ägyptisch, denn diese Sprache hatte er von seiner Mutter gelernt. Große Wälder erstreckten sich rings um den Acker und die Wiesen, und mittendrin lagen tiefe Seen. O, es war herrlich, da draußen auf dem Land!

Mitten im warmen Sonnenschein lag da ein alter Herrenhof, von tiefen Kanälen umgeben, und von dessen Mauern an bis hinab zum Wasser wuchsen grüne Klettenstauden, die so hoch waren, daß unter den größten ihrer Blätter kleine Kinder aufrecht stehen konnten. Es war so wild hier wie im tiefsten Wald.

Da saß eine Ente in ihrem Nest auf ihren Eiern; aber sie war nun schon ein wenig verdrießlich, weil es gar so lange dauerte, bis die Jungen ausschlüpften, und sie nur selten Besuch bekam. Die andern Enten schwammen lieber auf den Kanälen umher, anstatt bei ihr unter einem Klettenblatt zu sitzen und mit ihr zu plaudern.

Endlich platzte ein Ei nach dem andern. "Piep, piep!" erklang es. Alle Eidotter waren lebendig geworden und streckten die Köpfchen heraus.

"Rapp, rapp, eilt, eilt!" rief die alte Ente, und da rappelten und beeilten sich die Jungen aus Leibeskräften und guckten unter den grünen Blättern nach allen Seiten umher. Die Mutter ließ sie sich umschauen, soviel sie wollten; denn das Grün ist gut für die Augen.

"Ach, wie groß ist die Welt!" sagten alle Jungen. Jetzt hatten sie freilich ganz anders Platz, als da sie noch drinnen im Ei lagen. "Meint ihr, das sei die ganze Welt?" sagte die Mutter. "O nein, sie erstreckt sich noch weit über die andere Seite des Gartens hin, ja bis an den Zaun des Pfarrers; dort bin ich freilich noch nie gewesen! – Nun seid ihr wohl alle da?" fügte sie hinzu und erhob sich. "Ach nein, es sind noch nicht alle! Das größte Ei liegt immer noch da. Wie lang soll denn das noch dauern? Nun habe ich es wirklich bald satt!" Darauf setzte sie sich wieder.

"Nun, wie geht's?" fragte eine alte Ente, die sie besuchen kam.

"Mit dem einen dauert es gar so lange", sagte die brütende Ente. "Es zeigt sich noch immer kein Loch darin, aber sieh dir nur die andern an. Das sind wirklich die niedlichsten Entlein, die ich je gesehen habe. Sie sehen alle ihrem Vater gleich. Der Bösewicht, er besucht mich nicht einmal!"

"Laß mich doch das eine sehen, das nicht platzen will", erwiderte die Alte. "O, das ist ein Putenei; du kannst dich darauf verlassen! So bin ich auch einmal angeführt worden und hatte meine liebe Not mit den Jungen; denn sie fürchteten sich vor dem Wasser. Ich konnte sie gar nicht hineinbringen, soviel ich auch rappte und schnappte; es half alles nichts! Laß mich doch einmal das eine sehen! Jawohl, das ist ein Putenei! Laß es nur liegen und lehre lieber deine andern Kinder schwimmen."

"Ein Weilchen will ich doch noch daraufsitzen bleiben", entgegnete die Ente. "Habe ich nun so lange gesessen, so kommt es auf ein Weilchen auch nicht mehr an."

"Ganz nach Belieben", sagte die alte Ente und darauf verabschiedete sie sich.

Endlich platzte das große Ei. "Piep, piep!" sagte das Junge und kroch heraus. Es war sehr groß und auffallend häßlich. Die alte Ente betrachtete es: "Das ist ja ein schrecklich großes Entlein", sagte sie; "keines von den andern sieht so aus. Sollte es wirklich eine junge Pute sein? Nun, das werden wir bald sehen. Ins Wasser muß es, und wenn ich es selbst hineinstoßen müßte."

Am nächsten Tag war herrliches Wetter. Die Sonne strahlte hell auf all die grünen Kletten. Die Entleinmutter erschien mit ihrer ganzen Familie am Kanal. Platsch! sprang sie ins Wasser. "Rapp, rapp!" rief sie, und ein Entlein nach dem andern plumpste hinein. Das Wasser schlug über ihnen zusammen, aber sie tauchten gleich wieder auf und schwammen nun stolz dahin. Die Beinchen bewegten sich von selbst, und alle waren lustig und vergnügt im Wasser; selbst das häßliche graue Junge schwamm mit.

"Nein, das ist keine Pute", sagte die alte Ente, "man braucht nur zu sehen, wie hübsch es die Beine gebraucht und wie gerade es sich hält. Nein, es ist mein eigenes Kind. Eigentlich ist es ganz hübsch, wenn man es genau betrachtet. Rapp, rapp! Kommt jetzt mit mir, dann werde ich euch in die Welt einführen und euch im Entenhofe vorstellen. Aber haltet euch immer in meiner Nähe, damit euch niemand tritt, und nehmt euch besonders vor der Katze in acht."

So kamen sie auf den Entenhof. Drinnen war ein schrecklicher Lärm, denn es waren zwei Familien da, die sich um einen Aalkopf stritten, den dann schließlich doch die Katze ergatterte.

"Seht, so geht es in der Welt zu", sagte die Entenmutter und wetzte ihren Schnabel, denn sie hätte den Aalkopf auch gern gehabt.

"Nun gebraucht eure Beine; seht zu, daß ihr euch beeilt und neigt den Hals vor der alten Ente dort! Sie ist die vornehmste von allen hier. In ihren Adern rollt spanisches Blut, deshalb ist sie so steif und dick. Wie ihr seht, trägt sie einen roten Lappen um das Bein; das ist etwas besonders Schönes und die höchste Auszeichnung, die einer Ente zuteil werden kann. Es bedeutet, daß man sie nicht verlieren will und daß sie von Tieren und Menschen gleich erkannt werden soll. Rappelt euch, beeilt euch, setzt die Füße nicht einwärts! Ein wohlerzogenes Entlein setzt die Füße auswärts, gerade wie Vater und Mutter. Seht, so! und nun neigt eure Hälse und sagt ›rapp‹!"

Das taten die jungen Entlein; aber die andern Enten ringsumher betrachteten sie und sprachen: "Ei, ei, nun sollen wir diese Sippschaft auch noch hier haben, als ob wir nicht vorher schon genug gewesen wären! Pfui, wie sieht das eine Entlein aus! das wollen wir nicht unter uns dulden!" Und sogleich flog eine Ente hin und biß es in den Nacken.

"Laßt es in Ruhe!" sagte die Mutter. "Es tut ja niemand etwas zuleid!"

"Ja, aber es ist so groß und seltsam", erwiderte die Ente, die es gebissen hatte, "und deshalb muß es gepufft werden."

"Ihr habt ja recht hübsche Kinderchen, Mütterchen", sagte die alte Ente mit dem Lappen um den Fuß. "Sie sind alle recht hübsch, mit Ausnahme des einen, das ist mißglückt! Ich wollte, ihr könntet es noch einmal ausbrüten."

"Das geht nicht, Ihro Gnaden", sagte die Entenmutter. "Es ist allerdings nicht hübsch, aber es hat ein sehr gutes Herz und schwimmt ebenso gut wie die andern, ja fast noch besser. Ich denke, es wird mit der Zeit schon in seine Größe hineinwachsen. Es hat nur zu lange im Ei gelegen und deshalb die rechte Gestalt nicht bekommen."

Dabei zupfte sie es im Nacken und glättete sein flaumiges Gefieder. "Übrigens ist es ein Enterich, und da schadet es nicht so viel", fuhr sie fort. "Ich denke, es wird besonders kräftig werden, und dann schlägt es sich schon durch."

"Eure andern Kinder sind ja recht niedlich", sagte die alte Ente. "Tut nun ganz, als ob ihr zu Hause wäret", wandte sie sich an die Entlein, "und wenn ihr einen Aalkopf findet, könnt ihr ihn mir bringen!"

So waren sie nun zu Hause auf dem Entenhof.

Aber das arme Entlein, das zuletzt aus dem Ei gekrochen und so häßlich war, wurde gebissen, gepufft und von den Enten wie von den Hühnern gehänselt. "Es ist zu groß", sagten sie einstimmig. Und der Puterhahn, der mit Sporen auf die Welt gekommen war und sich deshalb einbildete, er sei ein Kaiser, blies sich wie ein Schiff mit vollen Segeln auf, ging gerade auf das arme Entlein zu, und dann kollerte er und bekam einen feuerroten Kopf. Das häßliche Entlein wußte nicht, wo es stehen oder gehen sollte; es war tief betrübt, daß es so häßlich aussah und von dem ganzen Entenhof verspottet wurde.

So ging es am ersten Tag, und später wurde es immer schlimmer. Das arme Entlein wurde von allen gejagt, selbst seine Geschwister waren unartig gegen es und sagten immer: "Wenn dich nur die Katze holen würde! Du häßliches Ding!"

Ja, selbst die Mutter seufzte: "Wärest du nur weit fort!"

Die Enten bissen es; die Hühner hieben mit dem Schnabel auf es ein, und die Magd, die die Tiere fütterte, stieß es mit dem Fuß weg.

Da lief es fort und flog über den Zaun, wo die Vöglein erschrocken von den Büschen aufflogen.

"Ach, auch daran ist meine Häßlichkeit schuld!" dachte das Entlein und kniff die Augen zusammen, lief aber trotzdem weiter. So gelangte es bis zu dem großen Moor, wo die Wildenten wohnten. Hier lag es die ganze Nacht hindurch; denn es war sehr müde und kummervoll.

Gegen Morgen flogen die Enten auf und entdeckten den neuen Kameraden. "Was bist denn du für ein Landsmann?" fragten sie, und das Entlein drehte sich und grüßte nach allen Seiten, so gut es konnte.

"Du bist ja schrecklich häßlich!" sagten die Wildenten. "Aber das ist uns einerlei, wenn du nur nicht in unsere Familien hinein heiratest."

Ach, das arme Entlein dachte wahrlich nicht ans Heiraten. Es war ganz zufrieden, wenn es nur die Erlaubnis erhielt, im Schilf zu liegen und Moorwasser zu trinken.

Schon zwei Tage hatte es nun dagelegen, als zwei Wildgänse, oder vielmehr Gänseriche, dorthin kamen. Sie waren noch nicht lange aus dem Ei gekrochen und deshalb auch etwas vorlaut.

"Höre, Kamerad, du bist so häßlich, daß du uns gerade dadurch gefällst. Willst du zu uns halten und Zugvogel sein? Hier ganz in der Nähe, in einem andern See, wohnen einige allerliebste Wildgänschen, lauter Fräulein, die reizend ›rapp, rapp‹ sagen können. Dort kannst du vielleicht dein Glück machen, so häßlich du auch bist!"

"Piff, paff!" knallte es plötzlich und die beiden Wildgänseriche fielen tot ins Schilf und das Wasser färbte sich ringsherum blutrot.

"Piff, paff!" knallte es abermals, und ganze Scharen wilder Gänse flogen aus dem Schilfe auf. Wieder und wieder knallte es. Es war große Jagd; die Jäger lagen rings um das Moor herum; ja einige saßen oben in den Baumzweigen, die sich weit über das Röhricht hinstreckten. Der blaue Pulverdampf zog wie Wolken in die dunklen Bäume hinein und weit über das Wasser hin. Nun kamen die Jagdhunde. Platsch, platsch! ging es ins Rohr hinein; Schilf und Rohr neigten sich nach allen Seiten. Welch ein Schrecken für das arme Entlein!

Es drehte den Kopf, um ihn unter die Flügel zu stecken; aber in demselben Augenblick stand ein fürchterlich großer Hund vor ihm; die Zunge hing ihm lang aus dem Hals heraus, und seine Augen funkelten entsetzlich. Er berührte das Entlein fast mit der Schnauze, wies seine scharfen Zähne und – platsch, platsch! zog er sich wieder zurück, ohne es zu packen.

"Gott sei Dank!" seufzte das Entlein, "ich bin so häßlich, daß mich selbst der Hund nicht beißen mag."

So lag es denn ganz still, während die Schrotkörner durch das Schilf sausten und Schuß auf Schuß knallte.

Erst am späten Nachmittag wurde es ringsum ganz still; aber selbst dann wagte das arme Entlein noch nicht sich zu erheben. Es wartete noch mehrere Stunden, ehe es sich umschaute, und dann eilte es so schnell es konnte aus dem Moor fort. Es lief über Wiesen und Felder, und dabei war ein solcher Sturm, daß es kaum vorwärts kommen konnte.

Gegen Abend erreichte es ein ärmliches Bauernhäuschen, das so baufällig war, daß es selbst nicht wußte, nach welcher Seite es fallen sollte, und deshalb blieb es stehen. Aber nun brauste der Sturm draußen um das Entlein, daß es sich setzen mußte, um Widerstand zu leisten; und es wurde immer noch schlimmer. Da bemerkte das Entlein, daß die Türe aus einer Angel herausgehoben war und nun so schief hing, daß es gerade durch die Spalten in die Stube hineinschlüpfen konnte, und das tat es.

Hier wohnte eine alte Frau mit ihrer Katze und ihrer Henne. Die Katze, die sie "Söhnchen" nannte, konnte einen krummen Buckel machen und schnurren, ja sie konnte sogar Funken sprühen, wenn man ihr im Dunkeln gegen die Haare strich. Das Huhn hatte kleine, niedrige Beine und wurde deshalb "Hinkebeinchen" genannt. Sie legte fleißig Eier. Die Frau liebte die Tiere wie ihre eigenen Kinder.

Am nächsten Morgen bemerkte man sogleich das fremde Entlein. Die Katze begann zu schnurren und das Huhn zu glucksen.

"Was ist das?" rief die Frau und schaute sich um. Da sie aber nicht gut sah, hielt sie das Entlein für eine fette Ente, die sich verirrt habe. "Das ist ja ein seltener Fang", sagte sie. "Nun kann ich Enteneier bekommen; wenn es nur kein Enterich ist, das müssen wir erproben."

So wurde denn das Entlein für drei Wochen auf Probe genommen. Aber es kamen keine Eier. Übrigens war hier die Katze der Herr im Hause und das Huhn die Frau. Beide sagten stets: "Wir und die Welt." Denn sie glaubten, sie seien die eine Hälfte und natürlich der bessere Teil. Dem Entlein kam es freilich hie und da vor, als ob man auch anderer Meinung sein könne; aber das duldete das Huhn nicht.

"Kannst du Eier legen?" fragte sie.

"Nein!"

"Nun, dann halte auch deinen Mund!"

Und die Katze sagte: "Kannst du einen krummen Buckel machen? Kannst du schnurren? Kannst du Funken sprühen?"

"Nein!"

"Dann darfst du auch keine eigene Meinung haben, wenn vernünftige Leute reden!"

Das Entlein saß im Winkel und war schlechter Laune. Unwillkürlich dachte es an die freie Luft und den Sonnenschein, und da überkam es eine so eigentümliche Lust, auf dem Wasser zu schwimmen, daß es zuletzt nicht mehr schweigen konnte, sondern mit der Henne darüber sprach.

"Was fällt dir ein?" sagte diese. "Du hast nichts zu tun, deshalb kommst du auf so sonderbare Grillen. Lege Eier oder schnurre, dann gehen sie vorüber!"

"Aber es ist herrlich, auf dem Wasser zu schwimmen!" sagte das Entlein, "herrlich, unterzutauchen und das Wasser über dem Kopf zusammenschlagen zu lassen."

"Ja, das muß wirklich ein großes Vergnügen sein!" sagte die Henne spöttisch. "Bist du denn verrückt geworden? Frage einmal die Katze; sie ist die klügste, die ich kenne, ob es ihr so angenehm vorkommt, auf dem Wasser zu schwimmen oder unterzutauchen! Von mir selbst will ich gar nicht reden, oder frage unsere Herrschaft, die alte Frau, sie ist die klügste auf der ganzen Welt. Meinst du, sie hätte Lust, zu schwimmen oder sich das Wasser über dem Kopf zusammenschlagen zu lassen?"

"Ihr versteht mich nicht", sagte das Entlein.

"Wenn wir dich nicht verstehen, wer soll dich dann verstehen? Du wirst doch nicht klüger sein wollen als die Katze und die Frau, von mir selbst gar nicht zu reden. Ziere dich nicht, mein Kind, sondern danke deinem Schöpfer für all das Gute, das man dir erwiesen hat. Hat man dich nicht in eine warme Stube und in einen Familienkreis aufgenommen, von dem du etwas lernen kannst? Aber du bist ein Faselhans, und es ist keine Freude, mit dir umzugehen. Du kannst mir glauben, denn ich meine es gut mit dir. Ich tadle dich offen, und daran erkennt man seine wirklichen Freunde. Gib dir nur recht Mühe, daß du Eier legen oder schnurren oder Funken sprühen lernst."

"Ich denke, ich will in die weite Welt hinaus", sagte das Entlein.

"Ja, das tue nur", entgegnete das Huhn.

Darauf ging das Entlein fort. Es schwamm auf dem Wasser; es tauchte unter; aber von allen Tieren wurde es wegen seiner Häßlichkeit übersehen.

Nun wurde es Herbst; die Blätter im Wald wurden gelb und braun; der Sturm entführte sie und wirbelte sie umher; die Kälte nahm überhand.

Schwere Wolken hingen am Himmel, und auf dem Zaune stand ein Rabe und schrie: "Krah, krah!" und: "Au!" vor lauter Kälte. Ja, es fror einen schon, wenn man nur daran dachte. Dem armen Entlein ging es wirklich nicht gut.

Eines Abends – die Sonne ging gerade wunderschön unter – kam ein Schwarm großer prächtiger Vögel, wie sie das Entlein noch nicht gesehen hatte, aus dem Gebüsch hervor. Sie waren blendend weiß und hatten lange, geschmeidige Hälse: es waren Schwäne. Sie stießen einen sonderbaren Laut aus, erhoben ihre prächtigen, großen Schwingen und flogen aus der kalten Gegend fort nach den warmen Ländern, nach offenen Seen. Sie stiegen so hoch, so hoch, daß dem häßlichen jungen Entlein ganz merkwürdig dabei zu Mute wurde. Wie ein Rad drehte es sich im Wasser herum, streckte den Hals nach ihnen aus und stieß einen so eigentümlichen Schrei aus, daß es sich ordentlich vor sich selber fürchtete. Es konnte die herrlichen, glücklichen Vögel nicht vergessen, und als es sie nicht mehr erblicken konnte, tauchte es bis auf den Grund unter und war, als es wieder empor kam, ganz erregt und verwirrt. Zwar wußte es nicht, wie die Vögel hießen, noch wohin sie zogen, aber es hatte sie so innig lieb gewonnen, wie nie jemand zuvor. Gleichwohl fühlte es keinen Neid; wie hätte ihm auch einfallen können, sich eine solche Schönheit zu wünschen! Es wäre schon froh gewesen, wenn es die Enten unter sich geduldet hätten – das arme, häßliche Tier!

Es wurde ein bitter kalter Winter. Das Entlein mußte unermüdlich im Teich umherschwimmen, um das Einfrieren zu verhindern. Aber jede Nacht wurde das Loch, in dem es schwamm, kleiner und kleiner. Es war so kalt, daß die Eisdecke knirschte und krachte, und das Entlein mußte fortwährend die Beine gebrauchen, damit das Loch sich nicht völlig schloß. Endlich war es völlig erschöpft, lag ganz still da und fror so im Eise fest.

Am nächsten Morgen kam ein Bauer vorbei, und der gewahrte das arme Tier. Er ging hin, zerschlug das Eis mit seinem Holzschuh, nahm das Entlein heraus und trug es heim zu seiner Frau. Da lebte es wieder auf.

Die Kinder wollten mit ihm spielen. Aber das Entlein glaubte, sie wollten ihm ein Leid zufügen, und fuhr in der Angst gerade in die Milchschüssel, so daß die Milch in der Stube umherspritzte. Die Frau schlug entsetzt die Hände zusammen, und nun flog das Entlein zuerst in das Butterfaß, dann von hier in die Mehltonne hinein und dann wieder in die Höhe. O weh, wie sah es aus! Die Frau schrie und schlug mit der Feuerzange nach ihm; die Kinder rannten einander über den Haufen, lachten und lärmten. Zum Glück stand die Türe offen, so konnte sich das Entlein zwischen die Sträucher in den frisch gefallenen Schnee hinaus retten, und da lag es nun zum Tode erschöpft.

Aber es wäre wirklich zu traurig, all die Not und das Elend zu erzählen, die das Entlein in dem harten Winter erdulden mußte. – Es lag zwischen dem Schilf im Moor, als die Sonne wieder zu scheinen begann, als die Lerchen sangen und es Frühling wurde.

Da konnte es mit einemmal seine Flügel ausbreiten. Stärker rauschten sie als je zuvor und trugen es kräftig von dannen. Und ehe das Entlein recht wußte, wie ihm geschah, befand es sich in einem großen Garten, wo die Apfelbäume in voller Blüte standen, wo die Fliedersträucher dufteten und ihre langen grünen Zweige über die sich sanft dahinschlängelnden Bäche und Kanäle ausstreckten. O wie schön war es hier, wie lenzesfrisch!

Und gerade vor ihm kamen aus dem Dickicht drei große schöne Schwäne angeschwommen. Sie rauschten mit ihren Flügeln und glitten leicht und anmutig über das Wasser hin. Das Entlein erkannte die prächtigen Tiere und wurde von einer eigentümlichen Traurigkeit ergriffen.

"Ich will zu ihnen hinfliegen, zu diesen königlichen Vögeln. Sie werden mich freilich totbeißen, weil ich, das häßliche Tier, es wage, mich ihnen zu nähern; aber meinetwegen! Besser von ihnen getötet, als von den Enten gezwickt, von den Hühnern gepickt, von der Hühnermagd gestoßen zu werden und im Winter Mangel leiden zu müssen!" Damit flog es auf das Wasser und schwamm den prächtigen Tieren entgegen. Als diese das Entlein erblickten, schossen sie mit gesträubten Federn darauflos.

"Ja, tötet mich nur!" sagte das arme Tier, senkte den Kopf auf den Wasserspiegel und erwartete den Tod – aber was erschaute es in dem klaren Wasser? Es sah unter sich sein eigenes Bild: allein es war kein plumper, schwarzer, häßlicher Vogel mehr; es war selbst ein Schwan.

Es tut nichts, in einem Entenhofe geboren zu sein, wenn man nur in einem Schwanenei gelegen hat!

Nun fühlte es sich förmlich glücklich über all die Not und Drangsale, die es ausgestanden hatte. Nun verstand es erst sein Glück und die Herrlichkeit, die es überall begrüßte, recht zu schätzen. Und die großen Schwäne umschwammen es und streichelten es mit ihren Schnäbeln.

Nun kamen einige kleine Kinder in den Garten. Sie warfen Brot und Korn in das Wasser, und das jüngste rief: "Da ist ein neuer!"

Da jubelten die andern Kinder mit: "Ja, es ist ein neuer angekommen!" Sie klatschten in die Hände, tanzten umher und holten Vater und Mutter herbei. Es wurde Brot und Kuchen in das Wasser geworfen, und sie sagten alle: "Der neue ist der schönste, so jung und majestätisch!" Und die alten Schwäne neigten sich vor ihm.

Da fühlte sich der junge Schwan ganz beschämt und verbarg den Kopf unter den Flügeln. Es war ihm so sonderbar zu Mute, er wußte selbst nicht wie; er war allzu glücklich, aber durchaus nicht hochmütig, denn ein gutes Herz wird nie und niemals hochmütig. Er dachte daran, wie er verfolgt und verhöhnt worden war, und daß nun alle sagten, er sei der schönste von allen schönen Vögeln. Die Fliedersträucher neigten ihre Zweige zu ihm ins Wasser herunter, und die Sonne schien warm und herrlich. Da sträubte er sein Gefieder, erhob den schlanken Hals und jubelte aus vollem Herzen: "Soviel Glück hätte ich mir nicht träumen lassen, als ich noch das häßliche Entlein war!"

Däumelinchen

Es war einmal eine Frau, die gar zu gern ein Kindchen gehabt hätte. Aber sie wußte gar nicht, wo sie es herbekommen sollte. Da ging sie zu einer alten Hexe und sagte zu ihr: "Ich möchte gar zu gern ein Kindchen haben. Kannst du mir nicht sagen, wie ich mir eins verschaffen kann?"

"O ja, da können wir schon helfen", erwiderte die Hexe. "Hier hast du ein Gerstenkorn. Es ist aber durchaus keins von der Art, wie es auf dem Felde des Bauern wächst oder womit man die Hühner füttert. Lege es nur in einen Blumentopf, dann wirst du bald etwas zu sehen bekommen."

"Vielen Dank!" sagte die Frau und gab der Hexe acht Silbergroschen dafür. Dann ging sie nach Hause, pflanzte das Gerstenkorn, und sogleich wuchs eine große, herrliche Blume hervor, die vollkommen einer Tulpe glich. Aber die Blätter waren so fest geschlossen, als ob sie noch in der Knospe wären.

"Das ist eine schöne Blume", sagte die Frau und küßte sie auf die prächtigen rot- und gelbgefärbten Blätter. Aber während sie diese küßte, ertönte plötzlich ein starker Knall, und die Blume öffnete sich. Es war, wie man nun sehen konnte, eine wirkliche Blume; allein mitten in der Blüte, auf dem grünen Griffel, saß ein winzig kleines, gar feines und liebliches Mädchen wie auf einem Stuhle. Es war nicht größer als ein Daumen und wurde daher "Däumelinchen" genannt.

Eine prächtige, lackierte Wallnußschale erhielt Däumelinchen als Wiege, blaue Veilchenblätter waren ihre Matratze und ein Rosenblatt ihr Deckbett. Darin schlief sie des Nachts. Aber am Tage spielte sie auf dem Tisch, auf den die Frau einen mit Wasser gefüllten und mit Blumen bekränzten Teller gestellt hatte. Die Blumenstiele standen im Wasser, und darin schwamm ein großes Tulpenblatt; auf dieses durfte Däumelinchen sitzen, und von der einen Seite des Tellers nach der andern fahren. Zum Rudern hatte sie zwei Roßhaare. Das sah wirklich allerliebst aus. Sie konnte auch singen, o, so zart und fein, wie es noch nie jemand gehört hatte. Eines Nachts, als Däumelinchen in ihrem hübschen Bettchen lag, hüpfte eine häßliche Kröte durchs Fenster, an dem eine Scheibe zerbrochen war, herein. Die Kröte war schrecklich garstig, groß und naß. Sie hüpfte gerade auf den Tisch hernieder, wo Däumelinchen lag und unter dem roten Rosenblatte schlief.

"Das wäre eine reizende Frau für meinen Sohn!" sagte die Kröte. Darauf ergriff sie die Wallnußschale, worin Däumelinchen schlief, und hüpfte mit ihr durch die zerbrochene Scheibe in den Garten hinunter. Da floß ein großer, breiter Bach; aber neben dem Ufer war es sumpfig und morastig. Hier wohnte die Kröte mit ihrem Sohne. Huh! der war ebenso garstig und häßlich wie seine Mutter und ihr zum Verwechseln ähnlich. "Krax, krax, breckekekex!" war alles, was er sagen konnte, als er das niedliche kleine Mädchen in der Nußschale erblickte.

"Rede nicht so laut, sonst erwacht sie!" sagte die alte Kröte. "Sie könnte uns am Ende noch entfliehen; denn sie ist so leicht wie Schwanenflaum! Wir wollen sie in den Bach hinaus auf eins der breiten Wasserlilienblätter setzen. Das ist für sie, die so klein und leicht ist, wie eine Insel. Da kann die nicht davonlaufen, während wir drunten im Sumpfe die Staatsstube, wo ihr wohnen und leben sollt, instand setzen."

Nach der Mitte des Baches hin wuchsen viele Wasserlilien mit ihren breiten, grünen Blättern. Es sah aus, als ob diese auf dem Wasser schwämmen, und das Blatt, das am weitesten vom Ufer entfernt stand, war zugleich auch das allergrößte. Dorthin schwamm die alte Kröte und setzte die Nußschale mit Däumelinchen darauf.

Das arme kleine Mädchen erwachte früh am nächsten Morgen, und als es wahrnahm, wo es war, begann es bitterlich zu weinen. Denn auf allen Seiten war das große, grüne Blatt von Wasser umgeben, und es war Däumelinchen unmöglich, ans Land zu kommen.

Die alte Kröte saß indessen unten im Sumpfe und schmückte ihr Zimmer mit Schilf und gelben Wasserrosen; denn für die neue Schwiegertochter sollte alles aufs hübscheste hergerichtet werden. Darauf schwamm sie mit ihrem häßlichen Sohne zu dem Blatte hinaus, wo Däumelinchen sich befand. Sie wollten deren niedliches Bett holen, das in das Brautgemach gestellt werden sollte, ehe die Braut selbst dessen Schwelle überschritt.

Die alte Kröte verneigte sich tief im Wasser vor ihr und sagte: "Hier stelle ich dir meinen Sohn vor, der dein Ehegemahl werden soll. Ihr werdet drunten im Sumpfe ganz herrlich wohnen."

"Krax, krax, breckekekex!" war alles, was der Sohn hervorbrachte.

Nun nahmen sie das prächtige kleine Bett und schwammen damit fort. Däumelinchen aber saß einsam auf dem grünen Blatt und vergoß heiße Tränen. Sie wollte ja weder bei der häßlichen Kröte wohnen, noch ihren häßlichen Sohn zum Manne haben. Aber die kleinen Fische, die unten im Wasser schwammen, hatten die Kröte wohl gesehen und auch gehört, was sie zu Däumelinchen gesagt hatte. Sie streckten deshalb alle die Köpfe in die Höhe, denn sie wollten doch auch das kleine Mädchen sehen. Kaum hatten sie es erblickt, da fanden sie es wunderhübsch, und es war ihnen von Herzen leid, daß es zu der häßlichen Kröte hinunter sollte. Nein, das durfte nicht geschehen! Sie versammelten sich also unten im Wasser, rings um den grünen Stengel des großen Blattes, worauf Däumelinchen stand, und nagten den Stiel ab, und nun schwamm das Blatt mit Däumelinchen darauf den Bach hinab, weit, weit fort, wohin die Kröte nicht gelangen konnte.

Däumelinchen fuhr nun an vielen Städten vorüber. Die kleinen Vögel saßen in den Büschen, sahen sie und sangen: "Welch niedliches, kleines Mädchen!" Weiter und immer weiter schwamm das Blatt mit ihr, und so reiste Däumelinchen ins Ausland.

Ein hübscher, kleiner, weißer Schmetterling umflatterte sie beständig und ließ sich endlich auf dem Blatte nieder; denn Däumelinchen gefiel ihm gar zu gut. Diese war sehr glücklich, daß die Kröte sie nun nicht mehr erreichen konnte; und wo sie vorbeifuhr, war es überall wunderschön. Die Sonne glänzte auf dem Wasser, daß es wie flüssiges Gold leuchtete. Da nahm Däumelinchen ihren Gürtel, schlang das eine Ende um den Schmetterling und band das andere am Blatte fest. Dieses glitt nun noch weit schneller dahin und Däumelinchen mit; denn sie stand ja auf dem Blatte. Plötzlich kam ein großer Maikäfer dahergeflogen. Der gewahrte sie, legte sofort seine Klauen um ihren schlanken Leib und flog mit ihr auf einen Baum. Das grüne Blatt aber schwamm den Bach hinab, und der Schmetterling flog mit, denn er war ja an das Blatt gebunden und konnte sich nicht losmachen.

O, wie sehr erschrak das arme Däumelinchen, als der Maikäfer mit ihr auf den Baum hinaufflog! Am meisten bekümmerte sie jedoch der Gedanke an den schönen weißen Schmetterling, den sie an das Blatt gebunden hatte. Wenn er nicht auf irgend eine Weise loskam, mußte er verhungern. Aber das war dem Maikäfer ganz einerlei. Er setzte sich mit ihr auf das größte grüne Blatt, bewirtete sie mit Blütenhonig und sagte ihr, sie sei wunderschön, obgleich sie durchaus nicht wie ein Maikäfer aussehe. Später kamen alle die andern Maikäfer, die auf dem Baume wohnten, zu Besuch. Sie beguckten Däumelinchen von allen Seiten, aber die Maikäferfräulein rümpften die Fühlhörner, und eins sagte: "Sie hat ja nur zwei Füße; das sieht doch zu ärmlich aus!" – "Sie hat keine Fühlhörner!" rief ein anderes. – "O, wie schlank sie um die Hüften ist!" spottete ein drittes. – "Pfui, sie sieht ja gerade wie ein Mensch aus!" riefen alle miteinander. Und doch war Däumelinchen allerliebst. Das fand nun der Maikäfer auch, der sie entführt hatte. Da aber alle andern sie einstimmig häßlich fanden, glaubte er es zuletzt selbst und wollte sie nun gar nicht mehr haben. Sie konnte gehen, wohin sie wollte. Darauf flogen die Maikäfer mit ihr vom Baume hinunter und setzten sie auf ein Gänseblümchen. Da vergoß Däumelinchen bittere Tränen darüber, daß sie so häßlich sei, daß nicht einmal die Maikäfer sie unter sich dulden wollten. Und doch war sie über alle Begriffe schön, so fein und zart wie das herrlichste Rosenblatt. Den ganzen Sommer hindurch lebte das arme Däumelinchen ganz allein in dem großen Walde. Sie flocht sich ein Bett aus Grashalmen und hing es unter einem breiten Klettenblatte auf, so daß sie gegen den Regen geschützt war. Blütenhonig war ihre Speise und der Morgentau ihr Trank. So verstrichen Sommer und Herbst; aber nun kam der Winter, der kalte, lange Winter. Alle die Vögelein, die ihr so schön vorgesungen harten, flogen davon; die Bäume verloren die Blätter; die Blumen verwelkten; das große Klettenblatt, unter dem sie gewohnt hatte, schrumpfte zusammen, und es blieb nur ein gelber vertrockneter Stengel übrig. Sie fror entsetzlich. Ihre Kleider waren zerrissen und sie selbst war ja so gar zart und klein – das arme Däumelinchen mußte erfrieren. Es begann zu schneien; und jede Schneeflocke, die auf sie fiel, war für sie eine ebensogroße Masse, als wenn man auf uns eine ganze Schaufel voll wirft. Denn wir sind groß, sie aber war nur so lang wie ein Daumen. Da hüllte sie sich in ein welkes Blatt; aber das erwärmte sie nicht, sie zitterte vor Kälte.

Dicht am Waldessaume, den Däumelinchen jetzt erreicht hatte, lag ein großes Kornfeld. Das Korn war längst eingeheimst; nur die nackten, trockenen Stoppeln ragten aus der gefrorenen Erde hervor. Ihr kamen sie wie ein großer Wald vor, den sie durchwandern mußte; und sie bebte nur so vor Kälte. Da gelangte sie an die Türe der Feldmaus, deren Wohnung aus einer kleinen Höhle unter den Stoppeln bestand. Hier wohnte die Feldmaus warm und behaglich, hatte die ganze Stube voll Korn und eine prächtige Küche und Speisekammer. Das arme Däumelinchen stellte sich wie ein Bettelmädchen vor die Türe und bat um ein kleines Stück Gerstenkorn; denn sie hatte seit zwei Tagen nicht das geringste gegessen.

"Du arme Kleine!" sagte die Feldmaus, die im Grunde genommen eine gute alte Feldmaus war, "komm herein in meine warme Stube und iß mit mir."

Da sie nun Gefallen an Däumelinchen fand, sagte sie: "Du kannst meinetwegen den Winter über bei mir bleiben. Aber du mußt die Stube hübsch sauber halten und mir Geschichten erzählen; das ist meine größte Freude."

Däumelinchen tat, was die gute alte Feldmaus verlangte, und so hatte sie es ausgezeichnet bei ihr.

"Nun bekommen wir wohl bald Besuch!" sagte die Feldmaus. "Mein Nachbar pflegt mich jede Woche einmal zu besuchen. Der ist noch viel wohlhabender als ich. Er hat große Säle und trägt einen herrlichen schwarzen Samtpelz. Wenn du den zum Manne bekommen könntest, dann wärest du gut versorgt. Aber er ist blind, und du mußt ihm die allerschönsten Geschichten erzählen, die du weißt."

Aber daraus machte sich Däumelinchen nichts. Sie wollte den Nachbar gar nicht haben; denn es war ein Maulwurf. Er kam auch richtig in seinem schwarzen Samtpelze daher, um der Maus einen Besuch abzustatten. Er sei sehr reich und sehr gelehrt, sagte die Feldmaus; auch sei seine Wohnung wohl zwanzigmal größer als die ihrige. Er besaß auch in der Tat eine ganz bedeutende Gelehrsamkeit, aber die Sonne und die schönen Blumen konnte er gar nicht leiden. Er wußte nur Schlimmes über sie zu sagen, weil er sie nie gesehen hatte. Nun sollte Däumelinchen singen, und sie sang sowohl: "Maikäfer flieg!" als auch: "Der Mönch geht auf die Wiese!" Ihrer schönen Stimme wegen verliebte sich der Maulwurf sofort in Däumelinchen, sagte aber vorerst noch nichts, denn er war ein gar besonnener Mann. Vor kurzem hatte er von seinem Hause bis zur Wohnung der Feldmaus einen langen Gang gegraben, und nun gab er seiner Freundin und Däumelinchen die Erlaubnis, so oft sie wollten, darin spazieren zu gehen. Er sagte ihnen nur, sie sollten vor einem toten Vogel, der mitten im Gange liegt, ja nicht erschrecken. Es sei nämlich ein ganzer Vogel mit Federn und Schnabel, der erst kürzlich, zu Anfang des Winters, gestorben sein könne und nun gerade da, wo er seinen Gang angelegt habe, begraben liege. Der Maulwurf nahm ein Stück faules Holz ins Maul – denn das schimmert im Dunkeln wie Feuer – ging dann voran und leuchtete den beiden in dem langen, finstern Gange. Als sie zu der Stelle gelangten, wo der tote Vogel lag, drückte der Maulwurf mit seiner breiten Nase gegen die Decke und stieß die Erde auf, so daß ein großes Loch entstand, wodurch das Licht hereinschimmerte. Mitten auf dem Boden lag eine tote Schwalbe. Ihre schönen Flügel waren fest an die Seiten gedrückt, die Beine und der Kopf unter die Federn gezogen. Der arme Vogel war gewiß erfroren. Däumelinchen hatte inniges Mitleid mit ihm. Sie liebte all die kleinen Vögel; sie hatten ihr ja den ganzen Sommer hindurch so schön vorgesungen und vorgezwitschert. Aber der Maulwurf stieß ihn mit seinen kurzen Beinen an und sagte: "Nun pfeift er nicht mehr! Es muß doch jämmerlich sein, als solch ein kleiner Vogel geboren zu werden. Gott sei

Dank, daß keins meiner Kinder je ein Vogel werden kann! Außer seinem ›Quivit‹ hat er ja gar nichts und muß im Winter elendiglich verhungern!"

"Ja, das könnt ihr als ein vernünftiger Mann wohl sagen!" entgegnete die Feldmaus. "Was hat nun so ein Vogel für all sein ›Quivit‹, wenn der Winter kommt? Er muß hungern und frieren. Doch das soll ja vornehm sein!"

Däumelinchen sagte nichts. Als aber die beiden andern dem Vogel den Rücken wandten, neigte sie sich hinab, schob die Federn, die über seinem Kopfe lagen, zur Seite und küßte ihn auf die geschlossenen Augen. "Vielleicht war er es, der mir im Sommer so schön vorsang", dachte sie. "Wieviel Freude hat er mir bereitet, der liebe, schöne Vogel!"

Nun stopfte der Maulwurf das Loch an der Decke wieder zu und begleitete dann die Damen nach Hause. Aber in der Nacht konnte Däumelinchen nicht einschlafen. Da erhob sie sich von ihrem Bette und flocht aus Heu einen großen, schönen Teppich. Den trug sie hinunter, breitete ihn über den toten Vogel und legte noch weiche Baumwolle, die sie im Zimmer der Feldmaus fand, dicht neben den Vogel, damit er in der kalten Erde recht warm liegen möchte.

"Lebe wohl, du schöner, lieber Vogel!" sagte sie. "Lebe wohl und habe Dank für deinen herrlichen Gesang im Sommer, als die Bäume grün waren und die liebe Sonne so warm auf uns herabschien!" Darauf legte sie ihr Köpfchen an des Vogels Brust, fuhr aber sogleich erschrocken zurück; denn es war fast, als ob etwas darin klopfte. Das war das Herz des Vogels. Der Vogel war nicht tot; er war von der Kälte nur erstarrt, und jetzt, da er erwärmt worden, kam wieder Leben in ihn. Im Herbste fliegen alle Schwalben nach den warmen Ländern. Wenn sich aber eine verspätet, friert sie so, daß sie wie tot zur Erde fällt und da liegen bleibt, wo sie gerade hinfällt, um dann vom kalten Schnee bedeckt zu werden. Däumelinchen bebte am ganzen Körper, so sehr war sie erschrocken; denn der Vogel war ja ihr gegenüber, die kaum einen Daumen lang war, entsetzlich groß. Aber bald faßte sie wieder Mut, legte die Baumwolle noch dichter um die Schwalbe, holte dann ein Krauseminzblatt, das ihr selbst als Decke gedient hatte, und legte es über den Kopf der Schwalbe. In der nächsten Nacht schlich sie sich wieder zur Schwalbe hinaus, und da war diese lebendig, aber so matt, daß sie nur einen Augenblick ihre Augen öffnen und Däumelinchen anzusehen vermochte, die, weil sie kein anderes Licht hatte, mit einem Stückchen faulen Holzes in der Hand neben ihr stand.

"Innigen Dank, du niedliches, liebes Kind!" sagte die kranke Schwalbe zu ihr. "Ich bin vortrefflich erwärmt! Bald bekomme ich meine Kräfte wieder und kann dann aufs neue draußen im warmen Sonnenschein umherfliegen."

"Ach!" erwiderte Däumelinchen, "es ist draußen noch bitter kalt; es schneit und friert! Bleibe nur in deinem warmen Bettchen, ich werde dich schon pflegen."

Darauf brachte sie der Schwalbe Wasser in einem Blumenblatte. Diese labte sich daran und erzählte dann, daß sie sich an einem Dornbusche einen ihrer Flügel verletzt habe und darum nicht so schnell wie die andern Schwalben habe fliegen können, als diese weit fort nach den wärmeren Ländern gezogen seien. Schließlich sei sie auf die Erde gefallen. Aber an das Weitere konnte sie sich nicht mehr erinnern und wußte auch gar nicht, wie sie hierhergekommen war. Den ganzen Winter blieb die Schwalbe nun da unten, und Däumelinchen nahm sich ihrer aufs beste an und gewann sie herzlich lieb. Weder der Maulwurf noch die Feldmaus erfuhr das geringste davon; denn sie konnten ja die arme Schwalbe nicht leiden. Sobald der Frühling kam und die Sonne die Erde erwärmte, sagte die Schwalbe Däumelinchen Lebewohl. Diese öffnete nun das Loch, das der Maulwurf oben in der Decke gemacht hatte. Die Sonne schien freundlich herein, und die Schwalbe fragte Däumelinchen, ob sie nicht Lust habe, mitzukommen. Sie könne sich auf ihren Rücken setzen und dann wollten sie weit hinaus in den grünen Wald fliegen. Aber Däumelinchen wußte, daß es die alte Feldmaus betrüben würde, wenn sie auf diese Weise davonginge.

"Nein, ich kann nicht!" sagte Däumelinchen.

"Lebe wohl, lebe wohl, du gutes, liebes Mädchen!" zwitscherte die Schwalbe und flog hinaus in den Sonnenschein. Däumelinchen sah ihr nach, und die Tränen traten ihr in die Augen; denn sie hatte die arme Schwalbe sehr lieb gewonnen.

"Quivit, quivit!" sang der Vogel und flog in den grünen Wald hinein.

Däumelinchen war tief betrübt. Sie durfte nie in den warmen Sonnenschein hinausgehen. Das Korn, das auf dem Acker über der Wohnung der Feldmaus gesät war, wuchs nun auch hoch empor, und für das arme kleine Mädchen, das kaum Daumenlänge hatte, war es ein großer, dichter Wald.

"Während des Sommers sollst du an deiner Aussteuer nähen!" sagte die Feldmaus zu ihr; denn nun hatte der Nachbar, der langweilige Maulwurf, sich um Däumelinchen beworben. "Du sollst sowohl wollene als auch leinene Sachen bekommen. Ich gebe dir alles recht reichlich, da du nun die Frau des Maulwurfs wirst."

So mußte Däumelinchen die Spindel drehen, und die Feldmaus stellte auch noch vier Spinnen an, die Tag und Nacht spinnen und weben mußten. Jeden Abend kam der Maulwurf zu Besuch und sprach nur immer davon, daß er, sobald der Sommer vergangen und die Sonne nicht mehr so heiß brenne – denn jetzt brenne sie ja die Erde fest wie Stein – ja, wenn der Sommer endlich vorbei sei, dann wolle er Däumelinchen heiraten. Sie aber war gar nicht vergnügt; denn sie hatte den langweiligen Maulwurf keineswegs lieb. Jeden Morgen, wenn die Sonne aufging, und jeden Abend, wenn sie unterging, schlich sie sich zur Türe hinaus, und wenn dann der Wind die Kornähren auseinanderwehte und sie den blauen Himmel sehen konnte, dachte sie, wie schön es doch hier draußen sei, und dann wünschte sie so innig, die liebe Schwalbe wiederzusehen. Aber ach, die kam nie wieder. Sie war gewiß weit fort und flog in dem schönen, grünen Wald umher. Als es nun Herbst wurde, war Däumelinchens Aussteuer fertig.

"In vier Wochen soll die Hochzeit sein!" sagte die Feldmaus zu ihr. Aber Däumelinchen begann zu weinen und sagte, sie wolle den langweiligen Maulwurf gar nicht haben.

"Ach, Schnickschnack!" sagte die Feldmaus, "sei nur nicht widerspenstig, sonst muß ich dich mit meinen weißen Zähnen beißen. Du bekommst einen ganz vortrefflichen Mann. Solch einen schwarzen Samtpelz hat selbst die Königin nicht. Seine Küche und sein Keller sind alle beide wohlbestellt. Du hast allen Grund, Gott zu danken, daß er dich zur Frau will."

Nun sollte die Hochzeit gefeiert werden. Der Maulwurf war schon gekommen, um Däumelinchen zu holen. Sie sollte nun bei ihm tief drunten in der Erde wohnen und würde nie wieder in den warmen Sonnenschein hinauskommen, weil er ihn nicht leiden konnte. Das arme Kind war tief betrübt. Nun sollte sie also der schönen Sonne Lebewohl sagen, die sie bei der Feldmaus doch wenigstens von der Türe aus hatte sehen dürfen.

"Lebe wohl, du helle Sonne!" sagte sie und streckte die Arme hoch empor. Sie ging auch eine kleine Strecke vom Hause der Feldmaus fort; denn nun war die Ernte vorüber und nur die dürren Stoppeln standen noch auf dem Felde. "Leb wohl, leb wohl!" rief sie wieder und schlang ihre Ärmchen um eine kleine rote Blume. "Grüße die liebe Schwalbe von mir, wenn du sie jemals siehst!"

"Quivit, quivit!" erklang es in diesem Augenblick über ihrem Kopfe. Sie blickte auf; es war die Schwalbe, die gerade vorüberflog. Sobald die Schwalbe Däumelinchen gewahrte, freute sie sich über die Maßen. Und die Kleine erzählte nun der Schwalbe, wie ungern sie den garstigen Maulwurf zum Manne nehme, und daß sie dann tief drunten in der Erde wohnen solle, wo kein Sonnenstrahl je hineindringe. Dabei konnte sie sich der Tränen nicht erwehren.

"Nun wird es bald wieder Winter", sagte die Schwalbe, "und da ziehe ich in die warmen Länder fort. Willst du mich begleiten? Du kannst auf meinem Rücken sitzen! Binde dich nur mit deinem Gürtel fest. Dann fliegen wir von dem garstigen Maulwurf und seiner finsteren Behausung fort, weit, weit über die Berge nach den warmen Ländern, wo die Sonne schöner scheint als hier, wo ewiger Sommer herrscht und wo immer prächtige

Blumen blühen. Fliege nur mit mir, du süßes kleines Däumelinchen, das mir das Leben rettete, als ich erfroren in der finsteren Erde lag!"

"Ja, ich will mit dir ziehen", sagte Däumelinchen. Sogleich setzte sie sich auf den Rücken der Schwalbe, stützte ihre Füßchen auf seine ausgebreiteten Flügel, band ihren Gürtel an einer der stärksten Federn fest, und nun erhob sich die Schwalbe hoch in die Lüfte und flog über Wälder und Seen und hoch über die großen Gebirge, wo ewiger Schnee liegt. Däumelinchen fror zwar in der kalten Luft, verbarg sich aber unter den warmen Federn des Vogels und streckte nur das Köpfchen hervor, um all die Herrlichkeiten unter sich betrachten zu können. Endlich kamen sie in den warmen Ländern an. Dort leuchtete die Sonne viel heller als hier; der Himmel erschien doppelt so hoch, und an Gräben und Hecken wuchsen die prächtigsten grünen und blauen Weintrauben. In den Wäldern hingen Zitronen und Apfelsinen; überall duftete es nach Myrthen und Krauseminze, und auf den Landstraßen sprangen die niedlichsten Kinder und spielten mit großen bunten Schmetterlingen. Aber die Schwalbe flog immer weiter, und es wurde immer schöner. Unter prachtvollen grünen Bäumen an einem blauen See stand ein altes Schloß aus blendend weißem Marmor. Weinreben rankten sich an den hohen Säulen empor, und oben an diesen hingen unzählige Schwalbennester. In einem davon wohnte die Schwalbe, die Däumelinchen trug.

"Hier ist mein Haus!" sagte die Schwalbe. "Wähle du dir aber eine der prächtigen Blumen, die da unten wachsen. Ich werde dich dann hineinsetzen, und du wirst es so gut haben, als du dir nur wünschen kannst."

"O wie herrlich!" rief sie und klatschte in die Händchen.

Da lag eine große weiße Marmorsäule, die umgestürzt und in drei Stücke zerborsten war, und zwischen diesen wuchsen wunderschöne große weiße Blumen. Dorthin flog die Schwalbe mit Däumelinchen und setzte sie auf eins der breiten Blätter. Aber wer beschreibt ihr Erstaunen: mitten in der Blume saß ein Männlein, das war so weiß und durchsichtig, als ob es von Glas wäre. Auf dem Kopfe hatte es eine niedliche goldene Krone und wunderschöne glänzende Flügel an den Schultern. Es war nicht größer als Däumelinchen. In jeder der Blumen wohnte solch ein kleiner Mann oder eine Frau, das Männlein in der weißen Blume aber war der König über alle.

"Lieber Gott, wie schön er ist!" flüsterte Däumelinchen der Schwalbe zu.

Der kleine Prinz erschrak gewaltig vor der Schwalbe. Denn im Vergleich zu ihm, der so klein und zart war, erschien sie wie ein wahrer Riesenvogel. Als er aber Däumelinchen gewahrte, wurde er gar froh. Sie war ja das allerschönste Mädchen, das er je gesehen hatte. Deshalb nahm er die goldene Krone von seinem Haupte, setzte sie ihr auf und fragte sie, wie sie heiße und ob sie seine Gemahlin werden wolle. Sie werde alsdann Königin über alle Blumen sein. Ja, das war fürwahr ein anderer Mann als der Sohn der Kröte oder der Maulwurf mit dem schwarzen Samtpelz! Däumelinchen gab deshalb dem schönen Prinzen das Jawort, und darauf kam aus jeder Blume eine Dame oder ein Herr hervor. Die waren so niedlich, daß es eine wahre Lust war, sie anzusehen. Jedes brachte Däumelinchen ein Geschenk, aber das beste von allen war doch das schöne Flügelpaar einer großen weißen Fliege. Die Flügel wurden Däumlinchen am Rücken befestigt, und nun konnte auch sie von Blume zu Blume fliegen. Nun herrschte überall große Freude, und die Schwalbe saß oben in ihrem Neste und sang ihnen vor, so gut sie es vermochte, obgleich sie im Innern recht betrübt war; denn sie hatte Däumelinchen innig lieb und hätte sich am liebsten nie wieder von ihr getrennt.

"Du sollst fortan nicht mehr Däumelinchen heißen!" sagte der Engel der Blumen zu ihr. "Das ist ein häßlicher Name, und du bist doch so schön! Wir wollen dich Maja nennen."

"Lebe wohl, lebe wohl!" zwitscherte die Schwalbe, und zog wieder fort aus den warmen Ländern, weit fort bis in unser Vaterland hier im Norden. Da hatte sie ein kleines Nest oben am Fenster, wo der Mann wohnt, der Märchen erzählen kann. Diesem sang sie ihr "Quivit, quivit!" vor, und daher wissen wir die ganze Geschichte.